Russische Schriftsteller
im Berlin
der zwanziger Jahre

НАШИ ЗА ГРАНИЦЕЙ.

Фот. для „Огонька" Дж. Грауденц.

Поэт Сергей Есенин и знаменитая танцовщица Айседора Дункан сняты у Бранденбургских ворот, в Берлине. С. Есенин вскоре возвращается в Россию.

Thomas Urban

Russische Schriftsteller im Berlin der zwanziger Jahre

nicolai

Inhalt

Vorwort

Rund 400 000 Russen lebten Anfang der zwanziger Jahre vorübergehend in der deutschen Hauptstadt, darunter viele prominente Künstler und Intellektuelle. Die Biografien fast aller großen russischen Schriftsteller dieser Zeit weisen ein Berlin-Kapitel auf.

Erst seit wenigen Jahren wird dieses wichtige Kapitel der russischen Kulturgeschichte Schicht um Schicht freigelegt. Westliche Forscher interessierten sich früher kaum für die Emigration. Und Literaturhistoriker in der Sowjetunion durften sie nicht näher erforschen – es galt die Maxime, dass außerhalb Russlands keine gute Literatur entstehen könne. Die in der Emigration entstandenen Meistererzählungen des Nobelpreisträgers Iwan Bunin wurden stark zensiert, Vladimir Nabokovs Werke durften erst während der Perestroika in seiner Heimat erscheinen.

Die Politik hatte ihre Schatten schon auf das »russische Berlin« der zwanziger Jahre geworfen. Die Debatten unter den Emigranten wurden von Moskau aus sehr genau beobachtet. Die Revolutionsführer Wladimir Lenin und Leo Trotzki versuchten auf das Leben einiger der Schriftsteller persönlich Einfluss zu nehmen. In diesem Buch sollen auch diese politischen Hintergründe erhellt werden. Daneben stehen die Alltagsprobleme der Literaten im Mittelpunkt, ihre materiellen Sorgen, ihre Skandale, Intrigen, aber auch ihre Romanzen und Liebesnöte.

Den Anstoß für meine Forschungen zum »russischen Berlin« gab mir Lew Kopelew; vor genau anderthalb Jahrzehnten nahm er meinen ersten Aufsatz zu dem Thema in seine Reihe *West-östliche*

Spiegelungen auf. Zu Dank verpflichtet bin ich auch dem im Januar dieses Jahres verstorbenen Kölner Professor Wolfgang Kasack, der den Schnittstellen zwischen Literatur und Politik immer besondere Aufmerksamkeit geschenkt hat. Er betreute meine Examensarbeit über die Darstellung des Lebens im Exil seitens der emigrierten Schriftsteller. Danken möchte ich auch Professor Alexander Uschakow vom Gorki-Literaturinstitut in Moskau, der mich bei diesem Buchprojekt sehr unterstützt hat.

Schließlich hätte ich nicht über den »Klub der Berliner Poeten« schreiben können, ohne mich auf die Dissertation meiner Kollegin Amory Burchard über die Organisationen der russischen Literaten in Berlin zu stützen. Die Autorin, heute Journalistin des *Tagesspiegel*, hat damit nicht nur ein Standardwerk geschaffen, sondern sich auch als exzellente Übersetzerin russischer Lyrik erwiesen.

Dieses Buch ist D. Mirajew gewidmet. Über das tragische Schicksal, das sich hinter diesem Namen verbirgt, gibt das letzte Kapitel Aufschluss.

Thomas Urban
Konstancin bei Warschau, im Juli 2003

Russischer Mikrokosmos am NEPski-Prospekt

»Berlin – Stiefmutter der russischen Städte«, schrieb der Dichter Wladislaw Chodassewitsch. Er spielte damit auf den berühmten Vers aus der mittelalterlichen *Nestorchronik* an, in dem Kiew als »Mutter der russischen Städte« bezeichnet wird. »Stiefmutter« war Berlin, weil es nicht russisch war, aber doch vorübergehend eine überragende Rolle für das russische Kultur- und Geistesleben spielte: zwischen Herbst 1921 und Ende 1923 – bis die Masse der Emigranten dann vor allem nach Paris weiterzog oder in das sowjetisch gewordene Russland zurückkehrte.

In der Berliner Emigrantenkolonie lebten in diesen Jahren die bedeutendsten der russischen Schriftsteller, Namen, die in der Literaturgeschichte des 20. Jahrhunderts ihren festen Platz haben: der weltberühmte Sozialkritiker Maxim Gorki, der Symbolist und Anthroposoph Andrej Bely, der verschrobene Legenden- und Märchenerzähler Alexej Remisow, der geistreiche Satiriker Ilja Ehrenburg, der »rote Graf« Alexej Tolstoi, der Literatur- und Filmtheoretiker Viktor Schklowski, die jungen Lyriker Marina Zwetajewa, Boris Pasternak und Wladislaw Chodassewitsch, schließlich der später in den USA zu Weltruhm gelangte Vladimir Nabokov. Mehrmals reiste der Revolutionsdichter Wladimir Majakowski an, um für die Errungenschaften der Sowjetmacht zu werben, aber auch, um gezielt Unruhe unter den Emigranten zu stiften. Auf einer Weltreise an der Seite seiner Frau, der amerikanischen Tänzerin Isadora Duncan, machte auch das *enfant terrible* der russischen Dichter, Sergej Jessenin, zweimal für mehrere Wochen in der deutschen Hauptstadt Station – und sorgte für einige handfeste Skandale.

Berlin lag näher an Mütterchen Russland als Paris, das andere Zentrum der Emigration. Hier ließ sich leichter an eine Rückkehr denken, vor allem lebte es sich hier leichter: Der Sturzflug der Reichsmark erlaubte den Besitzern harter Devisen Transaktionen mit vielfachem Gewinn durch Hin- und Rücktausch. Majakowski entrüstete sich in Berichten für die Moskauer Presse über die Moral seiner Landsleute, die zur Aufbesserung ihrer Kasse allzu gern in das finanzschwache Deutschland reisten. Auch Bely erbitterte sich über die Russen, die vor den Wechselstuben Schlange standen, dank ihrer Finanzmanipulationen besser lebten als die meisten Deutschen und in Berlin großspurig auftraten.

Habgierige Vermieter und sture Beamte

»Die russische Emigrantenkolonie in Berlin war eine Pyramide, von der nur noch die Spitze übrig war. Es fehlten die unteren und mittleren Volksschichten, die Arbeiter und Bauern, Handwerker und kleinen Kaufleute. Stattdessen waren Offiziere, Beamte, Künstler, Finanziers, Politiker und Mitglieder der alten Hofgesellschaft vertreten«, stellte ein deutscher Beobachter fest. Die meisten hatten allerdings durch die Flucht fast ihren ganzen Besitz verloren und befanden sich in einer prekären Lage. Sie waren auf Gedeih und Verderb ihren Hauswirten ausgeliefert. Die Vermieter verlangten durchweg horrende Vorauszahlungen, oft in Devisen, und dezimierten so rasch das Hab und Gut der Russen – zur Freude der Pfandleiher. Nabokov beschreibt in seinen Romanen *Maschenka* und *Die Gabe* die qualvolle Enge in Pensionen und Mietswohnungen sowie die Tyrannei der deutschen und der gleichermaßen habgierigen russischen Hauseigentümer. Dem tief religiös geprägten Prosaiker Boris Saizew, der hoch gebildet war und mehrere Fremdsprachen beherrschte, schlugen die tiefsten Vorurteile seitens seiner Vermieter entgegen. Sie hätten

Angst gehabt, die russischen Untermieter könnten, »wie das ja viele Menschen aus dem Osten tun«, die Einrichtung beschädigen oder gar stehlen. Als Familienmitglieder des Schriftstellers erkrankten, gerieten die Hauseigentümer in Panik, die Russen könnten Typhus oder Cholera eingeschleppt haben.

Die Emigranten mussten sich auch mit sturen Beamten herumschlagen und hatten die allergrößte Not, Arbeit zu finden. Sie galten als staatenlos, nachdem das neue Regime in Moskau international anerkannt worden war und begonnen hatte, eigene sowjetische Pässe auszugeben, und als Staatenlose durften sie von den Arbeitsämtern nicht registriert werden.

Zarentochter und Balalaikaspieler

Der Völkerbund schätzte für das Jahr 1923 die Zahl der russischen Flüchtlinge im deutschen Reichsgebiet auf 600 000. Allein in Berlin suchten in diesem Jahr 360 000 von ihnen um Asyl nach. Die meisten ließen sich in Schöneberg, Wilmersdorf und Charlottenburg nieder. Im Bezirk Tiergarten lebten vorzugsweise die besser betuchten Emigranten. Die Deutschen sprachen von Berlin als der »zweiten Hauptstadt Russlands« und nannten den Kurfürstendamm in Anlehnung an den Petersburger Newski Prospekt und in Anspielung auf Lenins »Neue Ökonomische Politik« (russisch abgekürzt NEP) den NEPski-Prospekt. Sie erzählten sich Witze wie den von dem alten Berliner, der sich auf dem Ku'damm nicht mehr verständigen kann, weil überall nur noch Russisch gesprochen wird, und der sich in seiner Wohnung erhängt, nachdem er in einem Schaufenster ein Schild mit der Aufschrift »Man spricht auch Deutsch« gesehen hat.

Dutzende von Standesverbänden vertraten in Berlin die russischen Ärzte, Journalisten, Lehrer, Juristen, Makler, Vermieter, Bankiers, Kaufleute und Künstler. Daneben warben unzählige Komitees um Gehör, vom »Komitee für die Hebung der Schulbildung russischer Kinder im Ausland« bis zum »Komitee zur

Sammlung von Finanzmitteln für die Pflege des russischen Kunstliedes«. Mit ihrer Organisationswut schienen viele Russen die Verzweiflung über ihre Lage verdrängen zu wollen.

Die Emigranten blieben weitgehend unter sich, Deutsche und Russen waren wie »Wasser und Öl«, wie ein Zeitzeuge festhielt. »Das Leben war so reichhaltig und intensiv«, kommentierte Nabokov in seiner Autobiografie, »dass diese russischen *intelligenty* weder Zeit noch Grund hatten, Kontakte außerhalb ihres eigenen Kreises zu suchen.«

Nur selten berichteten die Berliner Zeitungen über den mühseligen Alltag der meisten Emigranten. Das einzige Thema, das auch sie näher zu interessieren schien, war die Geschichte um die angeblich wieder aufgetauchte Zarentochter. Am 17. Februar 1920 war eine junge Frau aus dem Landwehrkanal gerettet worden, die vorgab die Großfürstin Anastasia zu sein. Bei der Exekution der Zarenfamilie durch die Bolschewiken habe sie nur leichte Schussverletzungen erlitten, erzählte sie. Sie habe sich zunächst tot gestellt, sei dann von einem Soldaten gerettet worden und nach ihrer Genesung aus Russland geflohen. Die Geschichte schlug in Berlin hohe Wellen. Sie spaltete nicht nur die Romanows, die Verwandten des Zaren, die sich ins Exil hatten retten können, sondern die gesamte Emigration. Der Streit beschäftigte auch immer wieder die internationale Presse. Erst Mitte der neunziger Jahre, ein Jahrzehnt nach ihrem Tod, konnte die angebliche Zarentochter durch eine Genanalyse als Hochstaplerin entlarvt werden.

Was die Berliner durchaus wahrnahmen, war die lebhafte russische Kulturszene, die in der deutschen Hauptstadt entstanden war. Balletttruppen, Kammerorchester, Balalaikaspieler wetteiferten um die Gunst des Publikums. Wiederholt trat der junge Komponist Sergej Prokofjew, der aufsteigende Stern am Musikhimmel, in Berlin auf, auch bei privaten Soirées, etwa in der Wohnung des russischen Publizisten und Politikers Jossif Hessens in der Charlottenburger Gieselerstraße 23.

Russisches Delikatessengeschäft Aga, Nürnberger Straße.

Einen besonderen Platz nahm das Theater »Blauer Vogel« ein, das russische Schauspieler Ende 1921 gegründet hatten. Zunächst richtete sich die Truppe in einem ehemaligen Kino im Hinterhof des Hauses Goltzstraße 9 in Schöneberg ein. Sie wollte die Tradition des russischen Kabaretts fortsetzen. Anfangs bemühte sie sich auch, ein deutsches Publikum anzusprechen, und nahm ein paar deutschsprachige Darbietungen in ihr Programm auf. Diese Vorführungen entsprachen dem Klischee, das bei den Deutschen über Russland und die Russen vorherrschte. »Das neue deutsche Bürgertum entdeckte plötzlich die ›russische Seele‹«, hieß es in einem zeitgenössischen Feuilleton. »Die armen Reichen der Inflation ließen sich die kleinen bunten Wunder des Blauen Vogels als ›Russland, wie es ist‹ vorzaubern.« Der Schriftsteller Joseph Roth, damals Reporter der *Frankfurter Zeitung*, schrieb: »Europa kannte die Kosacken aus dem Varieté, die russischen Bauernhochzeiten aus opernhaften Bühnenszenen, die russischen Sänger und die Balalaikas. Je länger die Emigration dauerte, desto näher kamen die Russen der Vorstellung, die man sich von ihnen gemacht hatte. Sie taten uns den Gefallen und assimilierten sich an unser Klischee.« Zeitweise erfreute sich der »Blaue Vogel«, für den auch der junge Nabokov zahlreiche Sketche beisteuerte, großer Popularität in der Berliner Kulturszene; zu den Besuchern gehörte auch der Schriftsteller und Publizist Kurt Tucholsky.

Tummelplatz für Agenten

Berlin war damals auch Tummelplatz für russische Agenten, Informanten, Konfidenten aller Art. Die Führung in Moskau ließ die Exilorganisationen ausspähen, die auf deutschem Boden den Sturz der neuen Machthaber im Kreml vorbereiten wollten. Emigranten und Bolschewiken belauerten sich gegenseitig und versuchten, die andere Seite zu unterwandern und deutsche Intellektuelle und Amtsstellen für die eigene Sache einzuspannen. Beide Parteien schreckten dabei vor Gewaltakten nicht zurück. Es gab Mordanschläge und Überfälle. So wurde, wenn auch mit anderen Mitteln, der Bürgerkrieg auf deutschem Boden fortgesetzt: Rote gegen Weiße. Und beide Seiten standen unter Beobachtung des deutschen Staatsschutzes.

Ganze Hundertschaften von Agenten kamen damals aus Moskau nach Berlin. Einige von ihnen wurden, wie man heute weiß, gezielt auf den berühmtesten Berliner Russen, Maxim Gorki, angesetzt. Nach der Abkürzung »Tscheka« für die neu gegründete Geheimpolizei – offiziell hieß sie Außerordentliche Kommission – nannten sie sich Tschekisten. In den zwanziger Jahren wurde sie in Staatliche Politische Verwaltung (russ. Abk. GPU) umbenannt. Die sowjetische Handelsvertretung und die Botschaft Unter den Linden wurden die Auslandszentrale der Tschekisten; Überläufer berichteten von Fälscherwerkstätten, gar Folterkammern im Keller des Gebäudes. Die Empfänge des Botschafters Nikolai Krestinski wurden auch zum Treffpunkt der »Freunde des neuen Russland«, einer Gesellschaft, deren Mitglieder überwiegend mit der bolschewistischen Führung sympathisierten.

Ihr gehörte allerdings auch der Antikommunist Thomas Mann an, der ein großer Kenner der russischen Literatur war und den die Aufbruchstimmung unter den jungen Literaten nach der Revolution faszinierte. Mann pflegte darüber hinaus Kontakt zu einigen prominenten russischen Emigranten.

Die Parteiführer Lenin und Trotzki, die beide ausgezeichnet Deutsch sprachen, sahen in der Machtübernahme durch das »deutsche Proletariat« in Berlin die Voraussetzung für einen weltweiten Siegeszug des Kommunismus. Lenin schwärmte ohnehin von der »deutschen Organisationskunst«. Die perfekte staatliche Organisation, nach deren Vorbild ein künftiger kommunistischer Staat aufgebaut werden müsse, war nach seiner Meinung die deutsche Reichspost. Diese Passagen wurden später von der sowjetischen Zensur aus seinen Werken gestrichen.

Die »deutsche Revolution« war für November 1923 geplant. Sowjetische Agenten organisierten, vor allem mit Freiwilligen aus der KPD, »deutsche kommunistische Militärformationen«. Majakowski beschwor damals die Vision eines ewigen Bündnisses der deutschen Werktätigen mit den russischen Kommunisten und prophezeite, die entscheidende Etappe der Weltrevolution würde in Berlin ihren Anfang nehmen. Der Putschversuch scheiterte indes, auch weil die deutsche Regierung rechtzeitig darüber informiert worden war. Um die paramilitärischen Verbände der KPD aufzulösen, schickte sie Einheiten der Reichswehr nach Sachsen und Thüringen, wo die »deutsche Revolution« ihren Ausgang nehmen sollte. Der Putsch wurde ohne größere Zusammenstöße niedergeschlagen. Ein Teil der Moskauer Agenten verließ daraufhin wieder Berlin.

Krieg der Zeitungen

Auf die russische Emigrantenkolonie aber wirkten sich zwei andere Ereignisse viel stärker aus als der gescheiterte Putschversuch: die Währungsreform und der Vertrag von Rapallo. Mit der

Einführung der Rentenmark 1923 wurde den wilden Spekulationen mit Devisen ein Ende gesetzt, das Leben in Berlin wurde zu teuer. In dem ein Jahr zuvor geschlossenen Vertrag verzichtete Moskau auf Reparationen aus dem Weltkrieg und im Gegenzug Berlin auf die Teilnahme an einer gegen Sowjetrussland gerichteten internationalen Wirtschaftsblockade. Zu den Nebeneffekten der Annäherung zwischen den beiden Regierungen gehörte, dass die deutschen Behörden begannen, den politischen Organisationen der Emigranten Schwierigkeiten zu bereiten. Die Exilpresse begann sogar über Pläne zur Aufhebung des politischen Asyls für Russen zu spekulieren. Die schlagartig gestiegenen Lebenshaltungskosten und die politische Unsicherheit führten dazu, dass die Emigrantenkolonie von Herbst 1923 an rapide zusammenschmolz. 1928 lebten in ganz Deutschland nur noch 180 000 Russen, ein Jahrzehnt später war ihre Zahl auf 45 000 geschrumpft.

Bis zur Währungsreform jedoch gedieh das russische Berlin prächtig. Russische Kleinunternehmen schossen wie Pilze aus dem Boden. Besonders rasant war die Entwicklung in Presse und Verlagswesen. 1920 erschienen in Berlin bereits neun russische Zeitschriften, drei Jahre später waren es 39. Die wichtigste Tageszeitung wurde *Rul* (»Das Ruder«). Chefredakteure waren die beiden liberalen Exilpolitiker Jossif Hessen und Vladimir D. Nabokov, der Vater des Schriftstellers. Das Vorhaben unterstützte der finanzstarke Ullstein-Verlag, er stellte Redaktionsräume in der Zimmerstraße 7–8 in Berlin-Mitte zur Verfügung und bei ihm wurde das Blatt auch gedruckt. Die Redaktion lehnte zwar eine Rückkehr zur Zarenherrschaft ab, griff aber auch das Sowjetregime heftig an. Die Chefredakteure wurden, wie viele andere prominente Emigranten, sowohl vom deutschen Staatsschutz als auch von der Tscheka beobachtet. Zaristen schmähten *Rul* als »Postille jüdischer Vaterlandsverräter« – Hessen war ebenso wie die Familie Ullstein jüdischen Glaubens –, für die Bolschewiken war sie hingegen »Sprachrohr des Monopolkapitals«.

In Konkurrenz zu *Rul* wurde in Berlin die Tageszeitung *Dni* (»Tage«) gegründet. Sie wurde von der SPD subventioniert und arbeitete eng mit dem *Vorwärts* zusammen. Politischer Kommentator des Blattes war der frühere Ministerpräsident und der Führer der Sozialrevolutionäre Alexander Kerenski, der im Herbst 1917 von den Bolschewiken aus dem Amt geputscht worden war.

Offen prosowjetisch war dagegen die 1922 gegründete Tageszeitung *Nakanune* (»Am Vorabend«), deren Redaktion sich in der Beuthstraße 8 ebenfalls in Berlin-Mitte befand. Da sie sich immer wieder für die Anerkennung der »politischen Realitäten« und für eine Heimkehr der Emigranten nach Russland aussprach, äußerten viele Exilpolitiker den Verdacht, Moskau finanziere das Blatt. Es wurde sowohl von Liberalen und Sozialdemokraten als auch von Zaristen als »trojanisches Pferd Moskaus« unter den Emigranten angesehen. Diesen Verdacht bestätigten Akten, die in den neunziger Jahren in Moskau gefunden wurden: *Nakanune* wurde tatsächlich vom Kreml finanziert; das Blatt sollte die Emigrantenszene spalten.

Reiche und arme Poeten

In einem Verzeichnis von 1923 werden nicht weniger als 86 russische Verlage und Buchhandlungen in Berlin aufgeführt. Mehrere sowjetische Verlage eröffneten Niederlassungen mit Druckereien, da für sie in Deutschland die finanziellen Konditionen günstiger waren als in Sowjetrussland. Einige von ihnen verlegten auch Werke von emigrierten Schriftstellern, die dann allerdings nicht in Russland verkauft werden durften. 1922 und 1923 erschienen in Berlin mehr Bücher auf Russisch als jeweils in Moskau und Petrograd. Schon vor dem Weltkrieg waren in der deutschen Hauptstadt viele Schriften auf Russisch gedruckt worden, vor allem Bücher und Postillen der Zarengegner. Die Druckstöcke mit kyrillischen Buchstaben waren also bereits vorhanden. Dies war neben den günstigen finanziellen Rahmenbedingungen für viele Verleger ein gewichtiger Grund, sich nach der Flucht aus der Heimat in Berlin niederzulassen. Und in ihrem Gefolge kamen viele Literaten.

Damals druckten die Verlage alles: Klassiker, Kirchenväter, Kochbücher, technische Anleitungen, politische Pamphlete – und natürlich belletristische Werke. Da Buchausgaben für Devisenbesitzer extrem billig waren, ließen zahlreiche Schriftsteller ihre früheren Werke neu auflegen oder fühlten sich veranlasst, in rascher Folge Neues auf den Markt zu bringen. Alexej Tolstoi veröffentlichte neben seiner Arbeit als Feuilletonredakteur in *Nakanune* zehn Bücher in Berlin. Andrej Bely, der auch für *Dni* arbeitete, brachte es gar auf sieben teils überarbeitete Neuauflagen und neun Ersterscheinungen. Ilja Ehrenburg, der über einen sowjetischen Pass verfügte, veröffentlichte ebenfalls neun neue Bücher. Boris Saizew ließ sich sogar die Ehre einer siebenbändigen Werkausgabe angedeihen. Der emsigste von allen aber war Alexej Remisow: Von ihm erschienen allein im Jahr 1922 in Berlin 17 Bücher auf Russisch, überwiegend Neuauflagen.

Die Fülle der Publikationen aber änderte nur wenig an der verzweifelten materiellen Lage der meisten Literaten. Nabokov hielt in seinen Erinnerungen fest: »Da ihre Werke im Ausland nur einen beschränkten Leserkreis hatten, konnten selbst die Emigrantenschriftsteller der älteren Generation, deren Ruhm im vorrevolutionären Leben fest begründet war, nicht daran denken, von ihren Büchern zu leben ... Hin und wieder brachten Übersetzungen in andere Sprachen einen unverhofften Verdienst; im übrigen aber waren ältere Autoren, um ihr Leben zu fristen, auf die Unterstützung durch verschiedene Emigrantenorganisationen, auf die Einnahmen aus öffentlichen Vorträgen und auf private Freigebigkeit angewiesen.« Nabokov selbst gehörte anfangs zu den Nutznießern eines Hilfsfonds für Emigranten.

Die Publikationen der russischen Verlage in Berlin beschäftigten wiederholt das Politbüro in Moskau. Kein Geringerer als

Trotzki, der Gründer der Roten Armee, ließ sich regelmäßig darüber unterrichten. Er widmete auch ein Kapitel seines polemischen Buches *Literatur und Revolution* den emigrierten Schriftstellern. Die Bücher, die in Berlin erschienen, könnten kaum Literatur genannt werden, heißt es darin. »All das sind Stilübungen auf dem Berliner Bahnhof: Der Zug nach Moskau lässt auf sich warten, die Fahrgäste äußern sich dazu.« Die Exilanten seien »Leichen, die nie geboren wurden«.

Streit um Poesie und Politik

Die Schriftsteller trafen sich vorzugsweise in den Cafés um den Nollendorfplatz und den Prager Platz, wo sich Dutzende von russischen Geschäften, Friseurläden und Kanzleien angesiedelt hatten. Hier zählte zunächst nur die Literatur, hier wurde gelesen, spontan rezitiert und heftig über Bücher gestritten; für politische Manifestationen war wenig Raum. Es war damals nichts Ungewöhnliches, wenn nur wenige Schritte voneinander entfernt gleichzeitig mehrere Dichterlesungen stattfanden. Besonderer Beliebtheit erfreute sich die Prager Diele. Sie wurde zum Treffpunkt der Neuankömmlinge aus Russland. Bely erfand das Wort »pragerdilieren« (pragerdilstwowatj), worunter er das Philosophieren und Polemisieren in blauem Dunst bei einem Glas Kognak verstand. Auch der schwermütige Chodassewitsch kam oft in die Prager Diele. Er widmete dem Café das überaus düstere Gedicht *Berlinerisches*. Ehrenburg hatte gar einen Stammplatz in der Prager Diele, wo er, scheinbar unbehelligt vom Kommen und Gehen um ihn herum, auf einer klapprigen Schreibmaschine seine Texte schrieb.

Im ersten Stock des Café Leon am Nollendorfplatz trafen sich einmal wöchentlich die Mitglieder des »Klubs der Schriftsteller«, zu dessen Gründungsmitgliedern Bely, Chodassewitsch, Saizew sowie der Philosoph Nikolaj Berdjajew gehörten. Im Café Landgraf auf der Kurfürstenstraße 75 fanden dagegen die meisten Ver-

Anzeige des Restaurants und Cafés Landgraf.

anstaltungen des »Hauses der Künste« statt, eines weiteren Vereins von Schriftstellern und Künstlern, der, was die meisten seiner Mitglieder wohl kaum ahnten, heimlich von der Sowjetbotschaft finanziell unterstützt wurde. Eines Abends saß auch der stellvertretende sowjetische Ministerpräsident Alexej Rykow inkognito unter den Gästen. Die Nachricht davon verbreitete sich schnell in Berlin, es wurde – zutreffenderweise – gemunkelt, Rykow sei zu einer Alkoholentziehungskur nach Deutschland gekommen. Geheim halten ließ sich auch nicht, dass er in Berlin mit Maxim Gorki zusammentraf, der zwischen Exil und Rückkehr in die Heimat schwankte.

Als zunehmend Debatten über die Frage, ob die Sowjetherrschaft anerkannt werden solle, das Klima unter den Emigranten bestimmte, wurde das »Haus der Künste« zur Hochburg der Sympathisanten der neuen Führung in Moskau, während sich im »Klub« die unversöhnlichen Gegner der Bolschewiken trafen. Ilja Ehrenburg schildert in seinen Memoiren die Versammlungen im »Haus der Künste« noch vor der politischen Frontenbildung innerhalb der Emigrantenkolonie: »In einem gewöhnlichen Café trafen sich jeden Freitag russische Schriftsteller ... Majakowski trat auf, Jessenin, Marina Zwetajewa, Andrej Bely, Pasternak und Chodassewitsch rezitierten Gedichte ... Zwei oder drei Jahre später hätte der Lyriker Chodassewitsch für nichts in der Welt einen Raum betreten, in dem sich Majakowski befand.«

An dem politischen Streit zerbrachen viele Freundschaften. Der spätere Nobelpreisträger Iwan Bunin, der nach Paris emigriert war, überwarf sich bei einem Besuch in Berlin mit dem Grafen Tolstoi, mit dem er viele Jahre befreundet gewesen war. Nabokov, der damals gerade Anfang zwanzig war und noch keine bedeutenden Werke veröffentlicht hatte, berichtete später, wie er in einem Berliner Restaurant Bely und Tolstoi erblickte, sie aber, obgleich er sie sehr wohl kannte, nicht begrüßte – beide galten als Sympathisanten der neuen Machthaber in Moskau.

Das Leben der russischen Schriftsteller in Berlin war also alles andere als ein harmonisches Miteinander. Es gab lautstarke Streitereien und hinterhältige Intrigen, Skandale und Kabale, aber auch Liebesgeschichten, glückliche wie traurige. Für alle Schriftsteller jedoch bedeutete Berlin einen Wendepunkt in ihrem Leben: Von hier aus setzten sie entweder ihr Exil fort – und mussten in Kauf nehmen, dass ihre Werke in Kleinstauflagen erschienen. Oder sie entschieden sich für eine Rückkehr in die sowjetisch gewordene Heimat, in der Stalin bald alle Macht innehatte. Dies hieß für die Rückkehrer Anpassung und Angst, Verlust der dichterischen Kraft oder innere Emigration, manchmal sogar der frühe Tod.

Maulwurf und Affenkanzler. Alexej Remisow

1877–1957. Hauptwerke: *Die Schwestern im Kreuz* (Roman, 1910, dt. 1913), *Aus dem flammenden Russland* (Skizzen und Essays, 1921), *Russland im Wirbelsturm* (Autobiografische Skizzen, 1927), *Gang auf Simsen* (Autobiografische Skizzen, 1929, dt. 1991), *Mit gestutzten Augen* (Memoiren, 1951).
In Berlin von August 1921 bis Dezember 1923.
Berliner Adressen:
– Pension Schnabel, Bayreuther Straße 10
– Kirchstraße 2 (heute Gierkezeile)
– Lessingstraße 41 (Tiergarten)

»Durch das Fenster klingt hell das sonntägliche Geläut aus Moabit, und aus Tiergarten weht der erdige Geruch der frisch knospenden Bäume herüber. Darüber legt sich das dumpfe Dröhnen der Glocken der Gedächtniskirche. Alles beginnt zu grünen – und man könnte nicht sagen, ob man in Moskau oder in Berlin ist.«

Der Vergleich des ungeliebten Berlin mit der aus der Ferne verklärten Heimatstadt Moskau zieht sich wie ein roter Faden durch die Briefe und Aufzeichnungen Alexej Remisows. Nur ganz selten, wie in diesen Sätzen aus dem Erinnerungsbuch *Gang auf Simsen*, hält die deutsche Hauptstadt den Vergleich aus. Remisow erlebte sie vielmehr, wie wohl die überwältigende Mehrheit der russischen Emigranten, als ungemütlich und abweisend.

Der Schriftsteller und seine Frau Serafima hatten eigentlich ihre Heimat gar nicht verlassen wollen. Doch die sowjetischen Behörden schikanierten Remisow immer stärker. Wegen seines Poems *Mär vom Untergang des russischen Landes* über das Chaos des Revolutionsjahres 1917 und wegen seiner früheren Erzählungen, in denen sich Volkssagen, christliche Legenden und eigene Träume vermischten, hielten ihn die Bolschewiken für einen ebenso unverbesserlichen wie unerbittlichen Reaktionär. Als er schließlich für sich und seine Frau Ausreisevisa beantragte, erhielt er sie problemlos.

Wie so viele seiner Landsleute litt Remisow in Berlin an starkem Heimweh. Er versuchte daher, sich mit seiner Frau so einzurichten »wie in Russland«: Mit Figuren und Kulissen, die er aus Russland mitgebracht hatte, schuf er sich eine eigene kleine Welt. Auf alle Besucher machte die Ausstattung des Zimmers, in das man durch einen mit Kisten und Bücherschränken voll gestellten Flur gelangte, einen tiefen Eindruck: An Fäden hingen seltsame Figuren von der Decke herab und ein Sammelsurium von angeblich magischen Gegenständen war überall im Raum verteilt: »Da war ein Besen, auf dem die Hexe Baba Jaga zu einem Treffen mit dem Teufel in die Lüfte flog, daneben lag ein langer Oberschenkelknochen, den Remisow irgendwo auf einem aufgehobenen Friedhof stibitzt hatte: Das sei der Oberschenkelknochen der Baba Jaga gewesen, die ein Knochenbein hatte. Ausgestopfte Vögel tummelten sich auf einem dürren Ast. Alraunemännchen aller Art hingen an den Wänden, die er für mumifizierte Enkelkinder des Teufels erklärte. Ein völlig abgetragener Damenschuh mit schiefem Absatz sollte dem armen Aschenputtel gehört haben. Allerlei Gestein von sonderbaren Formationen, das weiße Horn eines Einhorns, und seine riesige aus zwei Halbkugeln bestehende Seychellennuss, die an einen nackten Kinderpopo erinnerte, diese sei weiland König Ludwig XIV. für vierhunderttausend Dukaten verkauft worden, weil sie Wunderkräfte besitze. Einen völlig verschrumpelten Apfel erklärte der Dichter als Apfel des Paris, den dieser damals heimlich weggeworfen habe, weil er zu sauer gewesen sei.«

Die Erklärungen gab Remisow seinen Besuchern stets in aller Ernsthaftigkeit, so wie er sich bei den deutschen Behörden als »Naturforscher« registrieren ließ. Gelegentlich trieb er auch Späße mit seiner Zimmerwirtin: Bevor er in die Stadt ging, hängte er ein paar Teufelchen oder Gummispinnen so auf, dass sie der neugierigen Frau direkt ins Gesicht baumelten, wenn sie die Tür öffnete.

Die Kinder aus der Nachbarschaft aber liebten »Herrn Remersdorf«, wie er genannt wurde, nachdem sich herumgesprochen hatte, welche Wunderwelt es in seiner Wohnung zu besichtigen gab. Neben all den Zauberdingen fand sich dort sogar ein kleiner Zoo: Spielzeugtiere, die an kreuz und quer gespannten Fäden unter der Decke ihr eigenes Leben zu führen schienen, aber auch heruntergelassen werden konnten. »Kleine Holzstücke, Strohhälmchen werden zu Geistern und kommen auf die mit Silberpapier ausgelegte magische Wand, die Remisow aus Russland in sein Exil hinübergerettet hat«, erinnerte sich der Dichter Michail Gorlin. »Die Gabe, das Wunderbare im Alltag zu sehen, ist Remisow mit den Kindern gemeinsam.«

Ruhestörung und Sachbeschädigung

Gegenüber dieser Märchenwelt empfand Remisow die Berliner Wirklichkeit als rau und unangenehm. Besonders die unvermeidlichen Behördengänge waren ihm verhasst. Nicht nur, dass das Ausländeramt ihm das Leben äußerst schwer machte, er bekam sogar Schwierigkeiten mit der Polizei. Nur mit knapper Not entging er der Abschiebung aus Deutschland. Anlass war eine Anzeige wegen massiver Ruhestörung und Sachbeschädigung, die seine Zimmerwirtin am Silvestertag 1922 bei einem Polizeiposten im Stadtteil Wilmersdorf zu Protokoll gegeben hatte. Außerdem ging man bei der Polizei offenbar davon aus, dass Remisow mit Devisen spekulierte.

Der Schriftsteller war fassungslos, war er doch eigentlich ein überaus verträglicher und zurückhaltender Zeitgenosse. In der Tat war er auch gar nicht der Schuldige bei der ganzen Angelegenheit, sondern der temperamentvolle Dichter Andrej Bely. Der hatte sich in der Wohnung Remisows in der Kirchstraße bei einer Diskussion mit einem anderen Landsmann so sehr erregt, dass er begann, das Geschirr der Zimmerwirtin zu zerschlagen – die daraufhin prompt den »Herrn Remersdorf« anzeigte.

In diesem Konflikt mit den Behörden suchte Remisow Verbündete und fand sie in dem sowjetischen Botschafter Nikolai Krestinski sowie dem Schriftsteller Thomas Mann. Krestinski, einer der Deutschland-Experten der Bolschewiken, intervenierte beim preußischen Innenministerium gegen die Ausweisung Remisows. Auch Thomas Mann, der den russischen Schriftsteller wenige Wochen zuvor kennen gelernt hatte, schrieb an die Behörden. Remisow selbst ließ er die tröstlichen Worte zukommen: »Ich höre, dass Russen in Berlin jetzt zuweilen Aufenthaltsschwierigkeiten von amtlicher Seite erfahren. Ich bin überzeugt, dass man vor Ihrem Namen unter allen Umständen Halt machen wird, möchte Ihnen aber jedenfalls ausdrücken, wie ganz besonders schmerzlich es mir wäre, wenn Ihnen in Deutschland etwas Unangenehmes zustieße. Meiner Meinung nach kann Berlin stolz sein, einen der ersten Dichter des heutigen Russland in seinen Mauern zu beherbergen.« Der Einsatz der beiden prominenten Fürsprecher bei den Behörden hatte Erfolg. Remisow und seine Frau Serafima durften in Berlin bleiben.

Ärger mit der gelben Karte

Indes änderte sich für sie nichts an der mühsamen Meldeprozedur für russische Emigranten: »Alle drei Monate mussten wir die ›gelbe Karte‹ (Personalausweis) erneuern – und für mich war es immer schrecklich. Manchen Glücklichen gelang es, sich *auf immer* oder *ohne Termin* oder bis auf weiteres einzurichten, mir gelang es nicht, und so wartete ich alle drei Monate auf die ›gelbe Karte‹, niemals sicher, im Gegenteil, immer gewärtig, nicht nur der Absage, sondern auch der Ausweisung.« Zuerst musste er auf dem Polizeipräsidium den provisorischen Ausweis in Empfang nehmen, dann mit der S-Bahn zur Bezirkspolizeistation von Tiergarten fahren, um seine Anmeldung zu verlängern, und schließlich musste er den frischen Meldestempel im Einwohnermeldeamt präsentieren.

Vier aus dem »Affenrat«: Andrej Bely und Alexej Remisow (hinten), Boris Pilnjak und Alexej Tolstoi (vorne).

Remisow fiel diese Prozedur immer schwerer, am Vortag bekam er regelmäßig Kopfschmerzen. Überhaupt stand es mit seiner Gesundheit nicht zum besten. Er war übergewichtig und neigte deshalb zu Kurzatmigkeit und Herzrasen. Da er gelegentlich an Gleichgewichtsstörungen litt, ging der kleine gedrungene Mann, der damals erst Mitte vierzig war, immer öfter mit einem Spazierstock aus. Hinzu kam seine starke Kurzsichtigkeit – elf Dioptrien. Manche Zeitgenossen erinnerte er daher an einen alten Maulwurf. In einem Erinnerungsbuch über das russische Berlin ist festgehalten: »Ein Kopf mit wirrem borstenartigem Haar, der sich wie eine verbrauchte Klosettbürste ausnahm, dazu ein Babygesicht mit kleiner Nase, auf der eine ungeheuer dicke Brille saß.« Viktor Schklowski beschrieb ihn mit den Worten: »Er ist von kleinem Wuchs, sein Haar ist dicht und steht in einer einzigen Bürstentolle hoch. Er hält sich gebückt, seine Lippen aber sind ganz, ganz rot. Er hat eine Stupsnase – und alles absichtlich.«

Seine Ehegattin Serafima, die nicht nur fast einen Kopf größer, sondern auch viel breiter war als er, war ein mütterlicher Typ mit rundem, rosigem Gesicht. Ihre ein wenig strenge und Aufmerksamkeit heischende Stimme ließ jedoch keinen Zweifel daran aufkommen, dass sie für die Bewältigung des Alltags zuständig war, dass sie bei Bedarf auch ihren kurzsichtigen Mann an die Hand nahm. Besonders vor Brücken musste sie ihn stützen, weil er eine panische Tiefenangst hatte. Remisow war, wie ein Besucher bemerkte, allein nicht einmal in der Lage, sich ein Rührei oder Butterbrot zu bereiten.

Satiren und Sottisen

Schon in Russland als überaus begabter Zeichner und Kalligraf bekannt, knüpfte Remisow Kontakte zur brodelnden Berliner Kunstszene. Er fand Anschluss an die Künstlergruppe »Sturm«, in der sich auch Pablo Picasso engagierte. Vor allem aber nahm er rege am Leben der russischen Schriftstellerkolonie teil. Schon kurz nach seiner Ankunft in Berlin unterzeichnete er mit mehreren russischen Verlagshäusern Verträge über den Neudruck früherer Werke. Da er Devisen besaß, aber in Reichsmark bezahlte, waren die Kosten gering. Vielleicht rührt daher der bei der Polizei protokollierte Vorwurf, er spekuliere mit Devisen.

Er übernahm auch Ämter in den Schriftstellerklubs. So wurde er zum stellvertretenden Vorsitzenden des neu gegründeten Zirkels gewählt, der sich nach Petrograder Vorbild »Haus der Künste« nannte und zu öffentlichen Literaturabenden einlud. Jedes Mal, wenn Remisow das Wort ergriff, herrschte im Publikum absolute Stille. Viele der Schriftsteller sahen in ihm einen Erneuerer der Literatursprache und lauschten jedem seiner Worte und Einfälle, die er mit leiser Stimme und meist nuschelnd vortrug.

Auch schrieb er zahlreiche Artikel für die meist kurzlebigen Literaturzeitschriften, die in Berlin erschienen – und machte sich dabei gelegentlich über seine Kollegen lustig, etwa über den unsteten, ständig neue philosophische Denkmodelle entwerfenden Bely, dem er ansonsten sehr gewogen war. So hieß es in einer seiner literarischen Skizzen, Bely habe mitten in der Nacht sein Fenster in der Pension Crampe aufgerissen und über den Viktoria-Luise-Platz geschrien: »Existiere ich oder existiere ich nicht?« Der Beschriebene war natürlich nicht sehr erfreut.

Das Charlottenburger Affenmanifest

Trotz seiner Kauzigkeit sah Remisow, dass die Emigrantenkolonie in zwei einander feindlich gesonnene Lager zu zerfallen drohte: Befürworter der Oktoberrevolution, die einer Rückkehr nach Russland das Wort redeten, standen den Gegnern des bolschewistischen Regimes gegenüber, die im Exil auf dessen raschen Zusammenbruch hofften.

Remisow bezog in der Kontroverse keine Stellung, er verfasste keine politischen Streitschriften wie manche seiner Kollegen. Doch vom Willen beseelt, Frieden zu stiften, gründete er eine Organisation mit einem auf den ersten Blick überaus bizarren Programm und Namen: die »Große und Freie Affenkammer«. Zweifellos war ihm der Einfall dazu bei der Beschäftigung mit der indischen und ägyptischen Mythologie gekommen. Darin tauchen schreibende Affen auf, die, im Bunde mit überirdischen Kräften, ihrem Affenkönig und den Menschen helfen. Remisow stellte seine Affen aber auch in die Tradition der Spielmänner, Sänger, Puppenspieler und Bärenführer, die im mittelalterlichen Russland von Dorf zu Dorf und von Stadt zu Stadt zogen.

Es ist zweifelhaft, ob alle russischen Schriftsteller seine Absicht erkannten, in allegorischen, an Fabeln gemahnenden Formen Streit zu schlichten. Für viele war die »Affenkammer« einfach ein großer Spaß – der es für Remisow durchaus auch war. Doch sprach es für die Beliebtheit des Sonderlings, dass fast alle russischen Literaten, die sich in Berlin aufhielten, dem »Affenrat« beitraten.

Im ersten Paragraphen des *Affenmanifests* wurde die Kammer zur Geheimgesellschaft erklärt. Ferner hieß es: »Herkunft – ungewiss, Ziele – frei erklärte Anarchie, Absichten – unerforschlich, Mittel – keine.« Die »menschliche Heuchelei« wurde scharf verurteilt; wer trotzdem dieser Sünde verfalle, müsse in das elende Menschenreich zurückkehren. Remisow war selbst der »Kanzler«, der eigenhändig in persiflierter Amtssprache die vielfach verzierten und verschnörkelten Mitgliedsurkunden ausstellte und Abzeichen malte.

Den höchsten Rang nahm nach dem vom »Affenkanzler« angelegten Hierarchieregister Maxim Gorki ein, damals der international bekannteste russische Schriftsteller. Er erhielt den Titel »Affenfürst und Stellvertreter des Altmeisters in Deutschland, Affenritter mit dem Globus«. Alexej Tolstoi, der sich, wie damals kolportiert wurde, kurz zuvor aus Paris nach Berlin abgesetzt hatte, weil er seine dortigen Schulden nicht zurückzahlen wollte, wurde zum »flüchtigen Affenfürsten von Paris« ernannt, der meist arrogant auftretende Iwan Bunin, der als humorlos galt, zum »großen Mufti«. Der stille und tief religiöse Boris Saizew konnte über die Weihe zum »Fürstbischof« wohl nur säuerlich lächeln. Viktor Schklowski, der in Berlin an heftigem Liebeskummer litt und dies auch nicht verhehlte, bekam den Titel »kurzschwänziger Jungaffe«. Ilja Ehrenburg rühmte sich des Titels »Ritter mit dem Laufkäferrüssel«; der Laufkäfer gibt zu seiner Verteidigung eine ätzende Flüssigkeit ab – Ehrenburg galt, wie er es selbst nannte, als »böser Zyniker«.

Anfang Dezember 1923 wickelte Remisows Frau das *Affenmanifest*, die Zeichnungen, Figürchen, Mineralien, die Seychellennuss, den Apfel des Paris, die ganze Wunderwelt ihres Mannes in alte Zeitungen und packte sie in mehrere Koffer und Kisten. Bekannte brachten das Umzugsgut zum Bahnhof Zoo. Von dort fuhren die Remisows nach Paris, wohin die meisten ihrer Berliner Freunde schon gezogen waren. Nach Berlin kehrten sie nie mehr zurück.

Im Pariser Exil verlief das Leben der Remisows gleichförmig und ohne äußere Höhepunkte. Sie waren bettelarm und auf finanzielle Unterstützung von Organisationen der Exilrussen angewiesen. Nach dem Tod seiner Frau Serafima beantragte der fast erblindete und kränkelnde Remisow 1945 einen sowjetischen Pass. Doch kehrte er nicht in die Heimat zurück.

Sein teilweise religiös geprägtes Werk geriet rasch in Vergessenheit, in der Sowjetunion war es wegen »ideologischer Schädlichkeit« verboten. Doch genau deshalb wurden die wenigen ins Land geschmuggelten Exemplare seiner Bücher von Hand zu Hand weitergereicht. Bizarr in Form und Stil, haben sie viele junge Schriftsteller stark beeinflusst. Heute gilt Remisow als größter Wortschöpfer der russischen Literatur des 20. Jahrhunderts.

Der sowjetische Spitzenfunktionär Nikolai Krestinski, der sich als Botschafter in Berlin für ihn eingesetzt hatte, war einer der Angeklagten des Ersten Moskauer Schauprozesses von 1936. Am ersten Verhandlungstag erklärte er sich für unschuldig, doch gestand er am zweiten Tag – offenbar nach Folter und Todesdrohungen gegen seine Familienmitglieder –, Spion der Deutschen gewesen zu sein. Er wurde auf Befehl Stalins erschossen.

Der rote Graf. Alexej Tolstoi

1883–1945. Hauptwerke: *Der Leidensweg* (Romantrilogie, 1920–41, dt. 1922, 1946/47), *Aelita* (Roman, 1923, dt. 1924), *Peter der Erste* (Roman, 1929–45, dt. 1961), *Iwan IV.* (Drama, 1943, dt. 1946).
In Berlin von Oktober 1921 bis Juli 1923.
Berliner Adressen:
– Pension Pragerplatz, Prager Platz 9
– Pension Fischer, Kurfürstendamm 31 / Ecke Uhlandstraße
– Belziger Straße 46

»Wenn man in Deutschland lebt, kann man nicht schlecht verdienen«, schrieb Graf Alexej Tolstoi im November 1921 aus Berlin an den befreundeten Schriftsteller Iwan Bunin, den es nach der Flucht aus dem bolschewistischen Russland nach Paris verschlagen hatte. Die Inflation ermögliche den Devisenbesitzern ein bequemes Leben, auch sei in Deutschland kein roter Umsturz zu befürchten: »Man spürt hier förmlich die Ruhe in der Masse des Volkes, den Willen zur Arbeit. Die Deutschen arbeiten so sehr wie sonst niemand. Bolschewismus wird es hier nicht geben, das ist klar.«

Die Werke Alexej Tolstois allerdings zeigen eine ganz andere Seite. Das Berlin der zwanziger Jahre erscheint darin als Hauptstadt einer kranken, von sozialen Verwerfungen erschütterten Gesellschaft. In der Erzählung *Der schwarze Freitag* schildert Tolstoi eine Straßenszene: »Die Prostituierten schlenderten in Scharen die Friedrichstraße entlang. Es waren so viele, dass niemand mehr an diesen durchnässten Weibern mit den Papierrosen auf dem Hut oder auch am Kleid Interesse haben konnte. Aber offenbar zogen diese Überbleibsel einer guten alten Romantik immer noch blau rasierte Herren in steifen Hüten und mit Spazierstöcken an, bekümmerte deutsche Familienväter, die ihre Kontore und Wechselstuben geschlossen hatten, und abgerissene junge Leute mit unrasierten Gesichtern – sie alle tauchten an Straßenkreuzungen auf, an den Tabakläden, sahen mit bleiernen Augen irgendwohin daran vorbei.«

Auch die heruntergekommene Passage in der Friedrichstraße spiegelt in dieser Erzählung die Not Berlins: »Die schon in den achtziger Jahren gebaute Passage war einstmals eine Art Vergnügungszentrum der Berliner. Hier befand sich das berühmte Panoptikum, prunkten Läden mit ›Pariser Chic‹ und moderne Cafés. Er war eine sorglose, hoffnungsreiche Zeit gewesen. Das Glasdach schimmerte, grelle Laternen beleuchteten gut gekleidete Menschen, die von einem für lange Jahrhunderte aufgebauten sicheren Leben überzeugt waren ... Aber die Welt erwies sich als wandelbar. Die Passage wurde unansehnlich, trübe brannten die Laternen unter dem schmutzig gewordenen Glasdach. Staub legte sich auf Fenster und Simse. Die Stoffe auf den Wachsfiguren im Panoptikum vermoderten, Motten zerfraßen ihr Haar. Und nur melancholische Jünglinge und Fremde kamen noch hin, verfrorene Mädchen, um sich aufzuwärmen, ohne für die Büste des Präsidenten Carnot, den Helm Bismarcks oder die Embryos mit den großen Köpfen in Spiritus etwas übrig zu haben.«

Hauptfiguren in dieser und anderen Erzählungen sowie in einigen der Romane, die Tolstoi ab Mitte der zwanziger Jahre schrieb, sind habgierige, hasserfüllte und hinterlistige Emigranten, die Handlung kreist um finanzielle Manipulationen und Betrügereien. Der Autor wollte ganz offensichtlich eine politische Botschaft vermitteln: Die kapitalistische Welt ist dem Untergang geweiht und das Heil nicht nur der Russen, sondern der ganzen Menschheit ist in der jungen Sowjetunion zu suchen! Das war gewissermaßen Tolstois Dank an die sowjetischen Machthaber dafür, dass er im Juli 1923, nach fünfjährigem Exil, nach Russland zurückkehren durfte.

Dabei hatte Tolstoi zunächst zu den erbitterten Gegnern der Bolschewiken gehört. Im Bürgerkrieg hatte er sogar für die Weißen Verbände Propagandapamphlete verfasst. Doch allmählich

Alexej Tolstoi.

Friedrich-, Ecke Behrenstraße mit dem Eingang zum Panoptikum.

setzte ein Gesinnungswandel ein, für den es ein ganzes Bündel von Gründen gab: das Heimweh eines Romantikers, der auf dem Land groß geworden war und der russischen Scholle immer verbunden blieb; die Erkenntnis, dass sich die roten Herren im Kreml wie die Zaren als »Sammler der russischen Erde« bewährten; die Perspektive, in Russland ein weitaus bequemeres Leben als in der Emigration führen und eine herausragende Rolle in der Literaturszene spielen zu können; schließlich die Flucht vor Gläubigern, die ihn zunehmend bedrängten.

Leben wie ein Edelmann

Dass er einmal einer der bekanntesten, bedeutendsten – und auch wohlhabendsten – Sowjetbürger werden würde, kam Alexej Tolstois sicher nicht in den Sinn, als er im Herbst 1921 mit dem Zug von Paris, wohin es ihn ein Jahr zuvor nach der Flucht aus Russland verschlagen hatte, nach Berlin reiste. Bunin berichtete später, den Freund hätten nicht nur die finanziellen Aussichten in der deutschen Hauptstadt gereizt, sondern er sei schlicht seinen

Pariser Gläubigern davongelaufen. Nichts jedenfalls deutete darauf hin, dass er an eine Rückkehr nach Russland dachte. Er schien sich vielmehr auf einen längeren Aufenthalt in Berlin einzurichten.

Nach ein paar Tagen in der Pension Pragerplatz, wo auch Ilja Ehrenburg wohnte, mietete Tolstoi mit seiner zweiten Frau Natalja Krandijewskaja, deren Sohn aus erster Ehe und dem dreijährigen gemeinsamen Sohn Nikita vier Zimmer in der Pension Fischer auf dem Kurfürstendamm, Ecke Uhlandstraße. Der Schriftsteller war begeistert von seinem plötzlichen Wohlstand und schrieb Bunin nach Paris: »Ich wundere mich, warum du dich so sehr dagegen sträubst, nach Berlin zu kommen. Du könntest beispielsweise von dem Geld, das du für einen Literaturabend bekommst, mit Begleitung neun Monate lang in der besten Pension im besten Stadtteil leben: du lebtest wie ein Edelmann und müsstest dir keine Sorgen machen.«

Tolstoi lebte anfangs selbst nach diesem Motto, zumal er sich in Berlin unter wesentlich günstigeren Voraussetzungen einrichten konnte als die meisten seiner Schriftstellerkollegen. Zum einen sprach er exzellent Deutsch – er hatte vor dem Weltkrieg in Dresden zwei Semester Ingenieurwesen studiert. Zum anderen war sein Name einigen deutschen Verlegern bereits ein Begriff, so dass er rasch Honorare für Übersetzungen seiner Werke bekam. Natürlich hatte Tolstoi auch seinem berühmten Familiennamen einiges zu verdanken hatte. Immerhin galt er als ein Verwandter des großen Romanciers und Pädagogen Leo Tolstoi, des Verfassers von *Krieg und Frieden* und *Anna Karenina*.

Schon während seiner Berliner Zeit kursierte allerdings das Gerücht, Alexej Tolstoi sei überhaupt kein echter Sprössling des berühmten Adelsgeschlechts, sondern stamme aus der illegitimen Verbindung zwischen einer angeheirateten Gräfin Tolstoi und einem Gutsverwalter. Ob jener Alexej Bostrom sein Vater war oder Nikolai Tolstoi, darüber herrscht selbst in der weit verzweigten Sippe der Tolstois bis heute keine Einigkeit. Fest steht nur, dass die bereits mit Alexej schwangere Mutter den Grafen Tolstoi, einen trunksüchtigen Raufbold, verließ, um mit dem Verwalter zusammenzuleben. Da das Kind noch vor der Scheidung geboren wurde und der Graf die Vaterschaft nicht anfocht, war die Rechtslage klar.

Die Herkunft Alexej Tolstois war ein gern erörtertes Thema, doch der Schriftsteller ließ sich von dem gelegentlich gehässigen Klatsch wenig beeindrucken. Demonstrativ pflegte er seine jeweilige Frau oder Lebensgefährtin in Gegenwart anderer »Gräfin« zu nennen, wobei er die Zuhörer im Unklaren ließ, ob er es ernst meinte oder scherzte. Er verhehlte nicht, dass er um die Wirkung seines Namens wusste, nicht nur auf Russen, sondern auch auf Deutsche – sogar auf deutsche Polizisten. In Berlin machte damals die Geschichte die Runde, wie Tolstoi und die beiden Dichter Alexander Kussikow und Sergej Jessenin nach einer Kneipentour auf der Straße so laut krakeelten, dass ein Schutzmann sie mit auf die Polizeiwache nahm. Als der Wachhabende erfuhr, dass er es mit einem russischen Schriftsteller namens Tolstoi zu tun hatte, rief er freudig aus: »Sind Sie es, der *Krieg und Frieden* geschrieben hat?« und Tolstoi antwortete: »Ja!« Selbstverständlich verzichteten die Polizisten darauf, ein Protokoll aufzunehmen, und baten die Russen nur, sich auf der Straße etwas ruhiger zu verhalten.

Ein moderner Kollege, der im Fleische wandelt

Schon in Russland hatte Alexej Tolstoi im Ruf gestanden, ein Stimmungsmacher zu sein, dem es an Tiefgang fehle. Seine frühen Werke besaßen Witz und oft einen erotischen Einschlag. Er selbst gab sich als Bohemien, der mehr an Skandälchen und Blödeleien als an philosophischen oder politischen Fragen interessiert war. In Berlin versuchte er zunächst nach Kräften, diesem Ruf gerecht zu werden. Der asketisch veranlagte Thomas Mann, der ihn während eines Literaturabends kennen gelernt hatte, nannte ihn in einer Mischung aus Erstaunen, Ablehnung und Spott »einen modernen Kollegen, der im Fleische wandelt«. Lautes, dröhnendes Lachen war das Markenzeichen Tolstois, doch konnte der Hüne mit der massigen Figur auch überaus galant mit Damen umgehen. Der eher spröde Bunin schrieb durchaus anerkennend über ihn: »Er verstand es, fast alle Zuhörer zu amüsieren: Er war ein humorvoller und interessanter Gesprächspartner, ein hervorragender Erzähler, er konnte vortrefflich aus seinen eigenen Werken lesen, er war ein in seiner Offenheit geradezu bezaubernder Zyniker; er hatte einen herausragenden scharfen Verstand, auch wenn er gern den etwas trotteligen und leichtsinnigen Taugenichts spielte; dabei war er ein begabter Schwindler und ein großzügiger Prasser.«

Umstellen der Wegemarken

Zweifellos erkannte Tolstoi während seiner Berliner Zeit, dass sich in der Sowjetunion nach den Wirren des Bürgerkriegs eine neue Elite herausbildete, die sich eines großzügigeren Lebensstils erfreuen wollte und zur Sicherung der eigenen Position vor allem stabile Verhältnisse anstrebte. Seine Rückkehr nach Moskau ist jedoch nicht allein auf materielle Motive zurückzuführen. Denn der Schriftsteller hatte sich während seines fünfjährigen Exils auch zum politischen Publizisten entwickelt, der sehr wohl seine Überzeugungen hatte und sie zu begründen wusste. Die Erfahrungen während der ersten Jahre der Weimarer Republik mit ihrem sozialen Elend, den Straßenschlachten und dem augenfälligen Verfall der öffentlichen Sitten führten Alexej Tolstois, dem trotz seines Hangs zur Boheme konservative Werte wie Ordnung und staatliche Autorität überaus wichtig waren, zu der Auffassung, dass die europäischen Staaten keine Zukunft hätten.

Gleichgesinnte fand er in den *Smenowechowzy*, den »Umstellern der Wegemarken«, einer politischen Gruppierung, deren

I-й год изд. № 19

НАКАНУНЕ

ЕЖЕДНЕВНАЯ ГАЗЕТА

Под редакцией Ю. В. КЛЮЧНИКОВА и Г. Л. КИРДЕЦОВА

При ближайшем участии С. С. Лукьянова, Б. В. Дюшен и Ю. Н. Потехина

Среда 19 апреля 1922

„Nakanune“

Russische Tageszeitung

Quotidien russe

ЦЕНА PREIS 2 марки Mark

В воскресенье в Генуе подписан Русско-Германский договор: обе стороны взаимно отказываются от возмещений, дипломатические сношения возобновляются полностью.

Заседания конференции в Генуе приостановлены впредь до выяснения отношения Антанты к новому факту.

Русско-германский договор.

В Генуе подписано соглашение между Россией и Германией.

«Здесь нет ни побежденных, ни победителей» — прозвучало в день открытия Генуэзской конференции. Но уже через несколько дней, когда от слов перешли к делу, дела резко разошлись со словами. Врученный русской делегации «лондонский меморандум» под благовидным предлогом экономического восстановления Европы, в частности России, говорил уже не о восстановлении, а о разграблении.

Берлин, 18 апреля 1922 г.

Впервые в Генуе заговорили языком цифр: 62 миллиарда франков золотом. Это — сумма, которую Европа, т. е. 28 ...

... взвалена на Россию? От нее, ведь, отделилось свыше 25 миллионов населения, образующих ныне независимую Польшу, Латвию, Литву и Эстонию. А не считалось ли основной незыблемой нормой современного ...

Von Moskau finanziert: die Tageszeitung *Nakanune*.

Mitglieder zwar das von den Bolschewiken angestrebte Gesellschaftssystem ablehnten, aber dennoch zur Anerkennung des Sowjetsystems – und somit zur Rückkehr aus dem Exil – aufriefen. Die neuen Herren des Kreml hätten sich nämlich um den Erhalt Russlands verdient gemacht, vor allem durch die militärischen Siege über ausländische Invasionstruppen. Der Name der Organisation leitet sich von den *wechi* ab, den althergebrachten Wegemarken in den weiten russischen Steppen.

In Sinne der *Smenowechowzy* propagierte Tolstoi den Neuaufbau des Staates als höchste Pflicht für russische Patrioten, egal unter welchen politischen Vorzeichen. Die Intellektuellen, die emigriert seien, müssten in die Heimat zurückkehren und sich an dieser großen Aufgabe beteiligen. Russland müsse sich auf seine eigene Stärke besinnen, denn Europa sei ausgezehrt, von Todessehnsucht geprägt, schrieb er in einem Aufsatz. »Die europäische Kultur ist schön, aber sie ist ein Mausoleum.«

Als die *Smenowechowzy* im März 1922 in Berlin die Tageszeitung *Nakanune* (»Am Vorabend«) gründeten, konnten sie Tolstoi als verantwortlichen Redakteur für die Literaturbeilage gewinnen. Für viele seiner Freunde und Bekannten aber war sein Übertritt in das Lager der »Kapitulanten«, die zur Anerkennung der Sowjetmacht aufriefen, ein Skandal. Tolstoi wurde von allen Seiten teils verbittert, teils empört angegriffen, die Exilpresse fiel über ihn her.

Bruch mit der Emigration

Schließlich sah sich Alexej Tolstoi veranlasst, in die Offensive zu gehen: *Nakanune* druckte einen offenen Brief an seine Kritiker ab. In ihm legte der Schriftsteller ausführlich dar, wie er vom Gegner zum Befürworter des neuen Regimes in Russland wurde. »Ich hasste die Bolschewiken physisch. Sie waren für mich die Zerstörer des russischen Staates, die Ursache allen Übels. In diesen Jahren kamen zwei meiner Brüder um, einer wurde niedergemetzelt, der andere erlag den Kriegswunden, erschossen wurden zwei Onkel, acht nächste Verwandte starben an Seuchen oder verhungerten. Ich selbst habe mit meiner Familie unsäglich gelitten. Ich hatte allen Grund zu hassen.« Doch sein Umdenken habe eingesetzt, als er erfahren habe, welches Leid Bürgerkrieg und Hungersnot sowie fremde Invasionstruppen über das russische Volk gebracht hätten.

Das Echo in der Exilpresse auf diesen offenen Brief war gewaltig. Kommentatoren beschimpften ihn als »Handlanger der roten Mörder im Kreml« und als Judas. Außerdem wurde er mit Protest- und Schmähbriefen überschüttet. Der Verband der russischen Schriftsteller und Journalisten unter Führung des prominenten Exilpolitikers Pawel Miljukow schloss Tolstoi aus seinen Reihen aus. Mehrere Schriftsteller, darunter der junge Vladimir Nabokov, verließen den Berliner Literaturzirkel *Wereteno* (»Die Spindel«), weil Tolstoi von dessen Vorstand zu einer Lesung eingeladen worden war. Der Bolschewikengegner Bunin kündigte Tolstoi schriftlich die Freundschaft auf. Schließlich zieh die gerade erst in Berlin angekommene Lyrikerin Marina Zwetajewa in einem offenen Brief Tolstoi der Naivität und Blindheit: »Oder sind Sie wirklich ein dreijähriges Kind, das nichts ahnt von der Existenz der GPU (gestern noch Tscheka) in Russland, nichts von der Abhängigkeit aller Sowjetbürger von dieser GPU, ... nichts von vielen anderen Dingen mehr ...?«

Trotz aller Kritik ließ Tolstoi sich nicht in seiner Haltung beirren. Ob die sowjetische Gesandtschaft in Berlin bei seinem »Frontwechsel«, wie es in manchen Artikeln hieß, nachgeholfen hat, ist bis heute nicht geklärt. Eindeutig bewiesen ist mittlerweile nur, dass die Redaktion von *Nakanune* Finanzmittel aus Moskau erhielt – was Tolstoi selbst in Berlin immer heftig bestritten hatte.

Moskauer Judaslohn?

Möglicherweise, so wurde damals schon innerhalb der Emigrantenkolonie spekuliert, bekam Tolstoi selbst auch Gelder von der sowjetischen Führung, einen »Moskauer Judaslohn«, wie man es gehässig nannte, ohne allerdings Beweise anführen zu können. Jedenfalls lebte der Schriftsteller in Berlin alles andere als sparsam. Er frönte seinem Hang zum Luxus, war dabei aber auch spendabel. So bot er dem ärmlich lebenden und schäbig gekleideten Lyriker Chodassewitsch einmal ungefragt Hilfe an: »Hören Sie mal, was für einen Anzug tragen Sie denn da? Was denn, wollen Sie sich in Europa nach Ihrer Ideologie kleiden?« Er nannte Chodassewitsch die Adresse seines Schneiders und schlug vor, ihm aus der Kasse von *Nakanune* einen Maßanzug zu bezahlen. Die Rechnung solle er an die Redaktion schicken. Chodassewitsch lehnte die Unterstützung durch das Blatt dankend ab.

Nicht auszuschließen ist jedoch, dass Tolstoi seinen Lebensstil auch ohne Moskauer Unterstützung, allein durch seine Honorare finanzieren konnte. Denn obwohl er häufiger Gast auf Festen und in Berliner Kneipen war, arbeitete er hart und diszipliniert.

Das Schreiben fiel ihm leicht und er sprühte damals vor Fantasie. In der zwischenzeitlich bezogenen Wohnung in der Belziger Straße 46 in Schöneberg entstand sein utopischer Roman *Aelita*, die amüsante Geschichte eines jungen russischen Ingenieurs, der auf den Mars kommt und dort eine proletarische Revolution anführt, nachdem er das Herz Aelitas, der schönen Marskönigin, erobert hat. Das Buch fand sofort einen deutschen Verleger, das Thema Mars war nämlich höchst aktuell, weil die Große Opposition des Planeten bevorstand, bei der er mit bloßem Auge am Nachthimmel gesehen werden konnte. In Berlin skizzierte Tolstoi auch das seinem Sohn Nikita gewidmete Märchen *Buratino oder das goldene Schlüsselchen*, die bis heute sehr beliebte russische Version des Pinocchio-Themas.

Unermüdlich verfasste er außerdem Erzählungen, Aufsätze und Artikel für Almanache, Journale und Zeitungen, auch für solche, die in der Sowjetunion erschienen. Sogar in Gegenwart von Besuchern schrieb er auf einer Schreibmaschine seine Texte herunter und schickte sie, ohne sie nochmals zu überarbeiten, sofort an den Staatsverlag nach Moskau, der längst für die Manuskripte bezahlt hatte – zumindest prahlte Tolstoi damit. Berlin allerdings spielte in den damals entstandenen Werken keine Rolle. Die Erzählung *Schwarzer Freitag* und die unvollendete Novelle *Legende vom Menschen*, deren Handlung »in einer Berliner Bierstube, gegen Abend« angesiedelt ist, verfasste er erst nach seiner Rückkehr nach Moskau.

Treffen mit Sowjetfreunden

Mit seiner prosowjetischen Haltung isolierte sich Tolstoi in der Berliner Emigrantenkolonie immer mehr. Er wurde nicht nur angefeindet, sondern auch geschnitten. Die Folge war, dass er Kontakt zu Kollegen suchte, die sich von den Klubs und Zirkeln der Emigranten fern hielten oder sich eindeutig zur Sowjetmacht bekannten. Wiederholt traf er sich mit Jessenin, der nie an Emi-

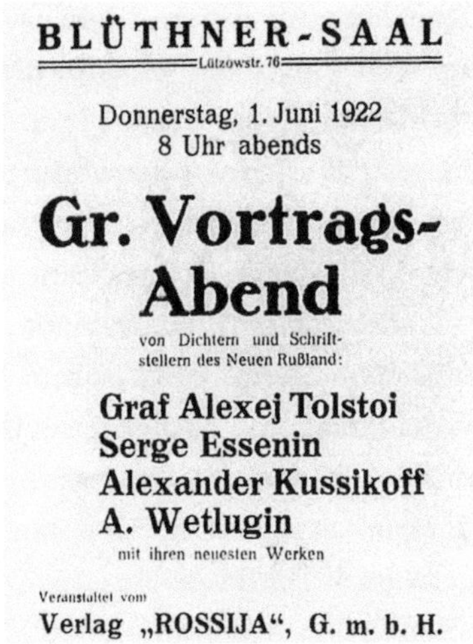

Der Eingang zum Lunapark in Halensee.

Ankündigung einer Lesung mit prosowjetischen Dichtern.

gration dachte hatte, und mit Majakowski, der sich früher gern öffentlich über den adligen Lebemann Tolstoi lustig gemacht und ihn als »überflüssigen Fresser« geschmäht hatte. Auch ergab sich ein engerer Kontakt zu Ehrenburg. Bisher hatten beide füreinander nur heftige Abneigung empfunden. Nichtsdestotrotz betrachteten viele Vertreter der politischen Linken Tolstoi nach wie vor mit Misstrauen, für sie blieb er ein sich liberal gebärdender Konservativer.

Kontakt nahm Tolstoi auch zu Maxim Gorki auf, dessen Haltung zum neuen Regime trotz seiner persönlichen Beziehung zu Lenin alles andere als eindeutig war. Tolstoi gab sogar ein großes Essen für seinen berühmten Kollegen, der damals genau gegenüber von seiner Pension auf dem Kurfürstendamm wohnte. Zu der Einladung fanden sich auch Kussikow sowie Jessenin in Begleitung seiner Frau Isadora Duncan ein. Der Abend endete mit einem gemeinsamen Bummel über den Berliner Lunapark, bei dem sich sogar der sonst eher verschlossene und schlecht gelaunte Gorki zu amüsieren schien.

Reise in eine andere Welt

Im Mai 1923 nahm Tolstoi die Einladung zu einer Reise nach Moskau an. Dort wurde er ganz offiziell und mit allen Ehren empfangen. Die Presse berichtete ausführlich. Tolstoi seinerseits schrieb für die *Iswestija* über die angebliche Lage in Berlin: Viele »unversöhnliche Emigranten« weigerten sich, die neuen Realitäten in Russland anzuerkennen, und terrorisierten die Rückkehrwilligen. Mehrere Russen in Berlin, die bei der sowjetischen Gesandtschaft ein Rückreisevisum beantragt hätten, seien gar ermordet worden. Tolstoi trat bei Empfängen auf und schien wieder ganz in seinem Element zu sein. Michail Bulgakow, der selbst gern nach Berlin gefahren wäre, aber keine Reisegenehmigung erhalten hatte, hielt in seinem Tagebuch fest: »Aus Berlin ist Graf Alexej Tolstoi gekommen. Er benimmt sich lasterhaft und unverfroren. Er trinkt viel.«

Die Moskau-Reise war für Tolstoi der letzte Test vor der endgültigen Entscheidung. Und er fiel positiv aus: Er kehrte nur noch nach Berlin zurück, um seinen Umzug zu organisieren. Vor seiner Abreise nach Stettin, wo er sich Ende Juli 1923 auf der »Schlesien« Richtung Petrograd einschiffte, schrieb er einen Abschiedsartikel an die Leser von *Nakanune*: »Kehre ich zurück in das Glück? Oh nein, Russland macht gerade Schlimmes durch. Wieder einmal überzieht es eine Welle des Hasses ... Ich kehre heim zu einem schweren Leben.«

Als Leiter einer Delegation sowjetischer Kulturfunktionäre kehrte er 1932 noch einmal nach Berlin zurück. Ein paar Eindrücke hielt er in dem Essay *Die Reise in eine andere Welt* fest. Darin heißt es, in Berlin herrschten Not und Verzweiflung. Arbeitslose redeten von Selbstmord. Nur an einem Ort sei Optimismus zu spüren: In der Schlange vor der sowjetischen Handelsmission, in der sich zahlreiche Ingenieure, Techniker und Wissenschaftler um eine Arbeitserlaubnis für die Sowjetunion bemühten, um beim Aufbau des Sozialismus zu helfen.

Unter Stalin stieg Tolstoi zum Hofdichter des Kreml auf, der bei der Staatsbank der UdSSR unbegrenzt Kredit erhielt. Mit seinen Erzählungen und Theaterstücken zu historischen Themen wurde der »rote Graf« einer der bekanntesten sowjetischen Schriftsteller, seine Porträts Peters des Großen oder Iwans des Schrecklichen als strenge, aber gerechte Zaren waren als Rechtfertigung der Diktatur Stalins gemeint. Zunehmend aber verließ ihn seine Schaffenskraft, er schrieb fast nur noch primitive Propagandawerke. Während der Schauprozesse verfasste er Hasstiraden auf die ehemaligen Parteiführer, die zum Tode verurteilt wurden. Bei den Säuberungen kamen die meisten der Smenowechowzy *um, die mit ihm in die Sowjetunion zurückgekehrt waren. Vorzeitig gealtert und geistig völlig erschöpft starb Alexej Tolstoi 1945.*

Sein früherer Freund Iwan Bunin, mit dem er sich in seiner Berliner Zeit überworfen hatte, blieb dagegen im Pariser Exil. 1933 erhielt er als erster Russe den Nobelpreis für Literatur – was zu Protesten der gesamten europäischen Linken führte, die diese Ehre für Gorki gefordert hatte. Völlig vergessen und in größter Armut starb Bunin ein paar Monate nach Stalin 1953 in Paris. Heute gilt er als einer der Klassiker der russischen Literatur, seine Werke wurden in seiner Heimat viele Male neu aufgelegt.

Spötter und Spitzel. Ilja Ehrenburg

1891–1967. Hauptwerke: *Die ungewöhnlichen Abenteuer des Julio Jurenito* (Roman, 1922, dt. 1923), *Das stürmische Leben des Lasik Roitschwantz* (Roman, 1928, dt. 1928), *Der Fall von Paris* (Roman, 1942, dt. 1945), *Tauwetter* (Roman, 1956, dt. 1957), *Menschen Jahre Leben* (Memoiren, 1960–65, 1990; dt. 1962–65, 1990).

In Berlin von Oktober 1921 bis Dezember 1923.

Berliner Adressen:

– Pension Pragerplatz, Prager Platz 9

– Pension Elisabeth Schmidt, Trautenaustraße 9

»Im Berlin des Jahres 1921 glaubte man sich von lauter Sinnestäuschungen umgeben. An den Häuserfassaden klebten nach wie vor steinerne Walküren mit dicken Brüsten. Die Fahrstühle waren in Betrieb, aber in den Wohnungen herrschten Hunger und Kälte. Der Schaffner half der Frau Geheimrat beflissen aus dem Wagen. Die Straßenbahnen nahmen ihren alten Weg, aber welchen Weg die Geschichte einschlagen würde, wusste niemand. Die Katastrophe maskierte sich als Ordnung. In den Auslagen sah ich rosafarbene und blaue Vorhemden – Ersatz für die viel zu teuren Oberhemden. Die Vorhemden waren das Aushängeschild, der Beweis wenn nicht des Wohlstands, so doch der Wohlanständigkeit. Im Café Josty, das ich gelegentlich besuchte, servierte man ein Gesöff, das Mokka hieß, in Metallkannen, an deren Henkel Schoner angebracht waren, damit sich der Gast nicht die Finger verbrannte. Den Kuchen buk man aus erfrorenen Kartoffeln. Wie in alten Zeiten wurden Zigarren geraucht, die Berliner nannten sie Havanna und Brasil, obwohl sie aus nikotingetränkten Krautblättern gedreht waren. Alles war ordentlich und wie's sich gehört, beinahe wie zu Kaisers Zeiten.«

Die Ordnung in der Krise – das war das Thema, auf das Ilja Ehrenburg während seiner beiden Jahre in Berlin, der, wie er es nannte, »Stadt der abscheulichen Denkmäler und der ruhelosen

Augen«, immer wieder zurückkam. Vor dem Weltkrieg hatte er bereits die »deutsche Ordnung« kennen, aber keineswegs schätzen gelernt. Das mechanisch Präzise, auch das Bürokratische dabei, beunruhigte ihn. Er fragte sich immer wieder, wie wohl die deutsche Gesellschaft aussähe, wenn der äußere Rahmen ihrer Ordnung zusammenbräche. Das Unheimliche daran, so schrieb er Anfang der zwanziger Jahre, habe er das erste Mal als Kind verspürt, bei seiner ersten Eisenbahnfahrt nach Deutschland kurz nach der Jahrhundertwende: »Als ich mich erstmals Berlin näherte, war ich noch ein kleiner Junge. Meine Mutter schlug damals ein dickes, unverständliches Buch auf, das mit einer Bibel oder mit einem Lehrbuch der Trigonometrie Ähnlichkeit hatte, und sagte zu mir: ›Wir werden um 9 Uhr 12 Minuten eintreffen.‹ Ich schenkte ihr keinen Glauben. Kannte ich doch damals nur die russischen Bahnhöfe mit ihren drei Glockenzeichen, mit den gemütlichen, Tee schlürfenden Fahrgästen, mit flirtenden Telegrafisten und duftenden Faulbaumblüten ... Ich schwieg eine Weile und fragte dann: ›Nun, so ungefähr um 10 oder 11 Uhr werden wir doch ankommen?‹ Darauf antwortete die Mutter lächelnd: ›Hier haben die Züge niemals Verspätung.‹ Ich entsinne mich, als der Zug sich dem Bahnhof Friedrichstraße näherte und ich, auf die Uhr blickend, sah, dass es tatsächlich 9 Uhr 12 Minuten war, da freute ich mich nicht – nein, ich erschrak. Ich konnte mich an jenem Tag auf keine Weise von dem Schreck über diese unfassbare Pünktlichkeit erholen – weder durch Nusstorte noch durch Warenhäuser, wo man für eine Mark einen märchenhaften Federkasten kaufen konnte.«

Die ablehnende Haltung gegenüber allem, was er unter deutscher Ordnung verstand, zog sich wie ein roter Faden nicht nur durch die Erinnerungen Ehrenburgs an seine Berliner Zeit, sondern auch durch sein literarisches Werk. Die Stadt, in der er sich wohl fühlte, war Paris. Dort hatte er mit Unterbrechungen fast ein ganzes Jahrzehnt vor dem Weltkrieg gelebt, viele Kontakte zur Künstlerszene gepflegt und sich selbst als ein Teil von ihr empfunden. Berlin blieb für ihn immer nur Zwischenstation auf dem Weg von oder nach Paris.

Im Spätherbst 1921 war er wieder einmal in die französische Hauptstadt gereist, um dort auf unbestimmte Zeit zu bleiben. Doch die Behörden wollten ihn nicht mehr im Lande sehen, vermutlich weil sie ihn für einen kommunistischen Spion hielten. Ohne Begründung wurde er über die belgische Grenze abgeschoben. In Belgien richtete er sich für zwei Monate in einem kleinen Fischerdorf ein und brachte in einem Zug seinen ersten großen Roman, *Die ungewöhnlichen Abenteuer des Julio Jurenito*, zu Papier. Mit dem Manuskript im Gepäck reiste er nach Berlin weiter.

Pamphlete für die Weißen

Ehrenburg hatte seine Reise nach Westeuropa mit Genehmigung der sowjetischen Behörden angetreten, mit der Auflage, ein Buch über das Europa der Nachkriegszeit zu schreiben. Er sollte die Krise der kapitalistischen Gesellschaften darstellen. Sein Förderer im Parteiapparat war kein Geringerer als Nikolai Bucharin, Mitglied des Politbüros und Chefredakteur des Parteiorgans *Prawda*. Die beiden kannten sich aus ihrer Jugendzeit; sie hatten dasselbe Gymnasium besucht.

Dem Parteiagitator hatte Ehrenburg bereits zu verdanken, dass er nicht in ein Straflager nach Sibirien deportiert oder gar erschossen worden war, nachdem ihn die Geheimpolizei Tscheka 1920 in Moskau verhaftet hatte. Für die Tschekisten stellte sich der Fall sehr eindeutig dar: Der Schriftsteller hatte während des Bürgerkriegs Pamphlete für die Weißen geschrieben und darin die neuen Herren im Kreml sowie die mit ihnen sympathisierenden Dichter, darunter Wladimir Majakowski, scharf angegriffen. Doch Ehrenburg kam schon nach wenigen Tagen wieder aus dem Gewahrsam der Tscheka frei. Bucharin hatte sich für ihn eingesetzt und als Gegenleistung für die Freilassung politische Loyalität zugesagt bekommen. Bucharin wusste sehr wohl, dass Ehrenburg sich in Europa, vor allem in Frankreich, gut auskannte. Paris war für die Führung in Moskau besonders interessant, weil es zum Zentrum der Bolschewiken-Gegner geworden war. Bucharin war sehr daran gelegen, aus erster Hand Informationen über die Organisationen der russischen Emigranten zu erhalten. In der *Prawda* ließ er Schmähartikel über sie drucken.

Die zeitgemäße Stadt

Ehrenburg schrieb allerdings vorerst keine Zeile für das Parteiorgan, sondern betonte seine Unabhängigkeit. Nach seiner Abschiebung aus Frankreich und dem Zwischenaufenthalt in Belgien richtete er sich erst einmal in Berlin ein. Er liebte die Stadt nicht, bekannte er in privaten Gesprächen; in seinen damals veröffentlichten, an einen fiktiven Adressaten gerichteten *Briefen aus dem Café* behauptet er indes ironisch das Gegenteil: »Ich weiß nicht, warum all diese Leute in Berlin leben! Valuta oder Passvisen? ... Emigranten oder sparsame Touristen? Jedenfalls sind sie alle mit Berlin unzufrieden und lassen sich keine Gelegenheit entgehen, darauf zu schimpfen. Besonders die Russen: Das gilt als guter Stil. Ich will durchaus nicht originell erscheinen. Ich fürchte, Du wirst mir nicht glauben – es klingt offenkundig paradox: Ich habe Berlin lieb gewonnen ...

Berlin ist trist, eintönig und hat keine Lokalfarbe. Das ist sein ›Antlitz‹, und darum liebe ich es. Es ist schwer, sich in den langen, geraden Straßen auszukennen: Die eine ist ein Abklatsch der anderen. Man kann eine Stunde gehen, zwei Stunden gehen und das gleiche sehen: Häuser mit widernatürlichen Walküren oder Zentauren an der Fassade, kümmerliche Bäume, gerupft durch den ewigen Zugwind ... Kompanien von Häusern treten zum täglichen Exerzieren an.«

Als Erstes knüpfte Ehrenburg Kontakte zur Berliner Künstlerszene. Die deutsche Hauptstadt war zu einem der Zentren der modernen Kunst, auch des modernen Theaters geworden, für Ehrenburg sogar zum wichtigsten Zentrum der Moderne überhaupt: »In Europa gibt es nur eine zeitgemäße Stadt – es ist Berlin.« Zu den Malern, die er damals kennen lernte, gehörte George Grosz, der Unmoral und Elend der Weimarer Republik zum Thema seiner sarkastischen, beängstigenden Bilder gemacht hatte und die Not der kleinen Leute der Prasserei der Spekulanten gegenüberstellte. Ehrenburg selbst sah zwar auch diese krassen Gegensätze, aber auch den Versuch der Deutschen, jegliches persönliche Unglück hinter einer Fassade der Ordnung zu verstecken:

»Die Kriegsversehrten waren bemüht, nicht mit ihren Prothesen zu klappern, die leeren Ärmel waren mit Sicherheitsnadeln zugesteckt. Wessen Gesicht vom Flammenwerfer verunstaltet war, der verbarg es unter einer großen schwarzen Brille. Der verlorene Krieg tarnte sich, wenn er durch die Straßen der Hauptstadt ging.«

Pawel Sawlowitsch

Die Befindlichkeit der Deutschen interessierte Ilja Ehrenburg damals allerdings nur am Rande. Vielmehr richtete er sein Augenmerk auf seine Landsleute in Berlin. Fast täglich saß er im Café Prager Diele an einem kleinen runden Tisch und schrieb an seinen Romanen, Essays und Rezensionen. Es sprach sich sogar bis nach Moskau herum, dass er in dem Café zu finden war: Neuankömmlinge, die mit dem Ost-West-Express angekommen waren, führte der erste Weg vom Bahnhof Zoo zum Nollendorfplatz, weil Ehrenburgs Stammplatz auch eine Art Nachrichtenbörse war. Von vielen der Berliner Russen wurde er jedoch mit großem Misstrauen behandelt. Das Gerücht machte die Runde, er sei ein Zuträger der Tscheka. Ein Zeitgenosse erinnerte sich: »Wir wussten schließlich, dass er sich oft direkt aus unserem Café in die sowjetische Botschaft begeben hat, wo er sich lange im geräumigen und prächtig ausgestatteten Kabinett des ›Kultur‹-Attachés aufhielt.«

Dass er einen sowjetischen Pass besaß, erregte Aufsehen, die Reaktionen darauf waren zwiespältig. Der mit dem Gedanken an eine Rückkehr spielende Viktor Schklowski beneidete ihn: »Die Natur hat Ehrenburg großzügig beschenkt, er hat einen Pass!« Für die Gegner der Bolschewiken aber stand fest, dass nur Sowjetspitzel einen Pass mitsamt einer Reiseerlaubnis bekommen. Dass Ehrenburg in einem der zahlreichen russischen Verlagshäuser in Berlin auch gleich eine Anthologie mit dem Titel *Die Dichtung des revolutionären Moskau* herausgab, bestärkte sie in ihrem Verdacht.

Ehrenburgs Umschwung vom Hass auf die Bolschewiken zu einer Zusammenarbeit mit ihnen brachte ihm den Beinamen Pawel Sawlowitsch ein, eine Anspielung auf den Apostel Paulus, der sich als Saulus an den Christenverfolgungen beteiligt hatte. Doch völlig eindeutig war Ehrenburgs Kehrtwende keineswegs. Viele seiner Zeitgenossen wussten ihn nicht genau einzuschätzen, so auch Viktor Schklowski: »Nachdem er sich vom jüdischen Katholiken und Slawophilen zum europäischen Konstruktivisten verwandelt hat, hat er die Vergangenheit nicht vergessen. Vom Saulus ist er nicht zum Paulus geworden. Er ist Pawel Sawlowitsch.«

Dem Gesinnungswandel Ehrenburgs dürfte auch die Einsicht zugrunde gelegen haben, dass die Weißen Generale eigentlich nur die Verhältnisse wie unter dem Zaren wiederherstellen wollten. Von ihnen hatte Ehrenburg, der aus einer wohlhabenden jüdischen Familie stammte, wenig Gutes zu erwarten. Denn die Juden waren während der Zarenherrschaft benachteiligt, Ehrenburg wusste auch, dass sich viele zaristische Offiziere an Pogromen beteiligt hatten. Hingegen waren viele Mitglieder der sowjetischen Parteiführung jüdischer Abstammung. Er sah also eher bei ihnen die Chance auf die Entwicklung einer toleranten Gesellschaft – und verschloss die Augen vor dem »roten Terror« der Tscheka.

Nikolaj Bucharin.

Titelseite der Zeitschrift
Weschtsch/Objet/Gegenstand.

Chronik des literarischen Lebens

Ehrenburg wurde allerdings von den Parteifunktionären keineswegs als einer der ihren betrachtet. Denn er hielt sich nicht mit Bemerkungen zurück, die die Bolschewiken nur als Provokation auffassen konnten. So machte er gern spöttische Bemerkungen über Lenin, den er für völlig humorlos hielt. Er hatte den Revolutionsführer vor dem Weltkrieg persönlich kennen gelernt. Lenin hatte aus seiner Antipathie gegen Ehrenburg keinen Hehl gemacht und ihn nur »Struwwelkopf« genannt.

In der Tat lief Ehrenburg meist mit zerzaustem Haar und auch äußerst nachlässig gekleidet herum. Der ungünstige Eindruck, den er in Berlin machte, wurde anfangs noch dadurch verstärkt, dass ihm zwei Schneidezähne fehlten, die er aber rasch ersetzen ließ.

Bei all seinem Hang zum Sarkasmus und Nihilismus war Ehrenburg in Berlin durchaus vom Gedanken getrieben, etwas Konstruktives zu leisten – als Chronist und Publizist. Gemeinsam mit dem russischen Maler El Lissitzky gab er die dreisprachige Kunstzeitschrift *Weschtsch/Objet/Gegenstand* heraus. Doch die edel aufgemachte *Internationale Rundschau der Kunst der Gegenwart* stellte nach nur drei Nummern ihr Erscheinen ein, nicht zuletzt deshalb, weil der Kreml ihre Einfuhr in die Sowjetunion verboten hatte. Heute sind sie gefragte bibliophile Raritäten.

Als Mitarbeiter der Berliner Zeitschriften *Russkaja Kniga* (»Russisches Buch«) und *Nowaja Russkaja Kniga* (»Neues Russisches Buch«) sammelte Ehrenburg akribisch Informationen über das literarische Leben sowohl in Berlin, Paris, Prag und Warschau als auch in Moskau und Petrograd und schrieb Dutzende von Notizen dazu. Seine Chronik stellt bis heute eine wahre Fundgrube für Literaturhistoriker dar.

Der Nationalsozialist Karl Schmidt

Dass Ehrenburg von den Künstlern und Schriftstellern, die offen für die Bolschewiken agitierten, keineswegs zu den ihren gerechnet wurde, offenbarte sich spätestens mit der Veröffentlichung seines fulminanten Erstlingsromans in einem Berliner Verlag: *Die ungewöhnlichen Abenteuer des Julio Jurenito und seiner Jünger Monsieur Delhaie / Mister Cool / Karl Schmidt / Ercole Bambucci / Alexej Tischin / Ilja Ehrenburg und des Negers Ayscha in den Tagen des Friedens, des Krieges und der Revolution in Paris, Mexiko, Rom, am Senegal, in Moskau, Kineschma und anderen Orten, ebenso verschiedene Urteile des Meisters über Pfeifen, über Leben und Tod, über Freiheit, über Schachspiel, das Volk der Juden und einige andere Dinge*. Mit dem ausladenden Titel und in der Form einer Reisebeschreibung parodierte Ehrenburg den Schelmenroman und die Heiligenvita. In der bissigen Satire auf die europäische Gesellschaft spielt der Mexikaner Jurenito die Rolle des »großen Provokateurs«. Er, der Meister, zieht mit seinen sieben Jüngern über die Kontinente, was dem Autor die Gelegenheit gibt, sich ausgiebig über alle Nationen, Gesellschaftsordnungen und Ideologien lustig zu machen. Jurentino am nächsten steht der »russische Jude Ilja Ehrenburg«, der scharf- und hintersinnigste der Jünger, der alle Erlebnisse und Gedanken des Meisters protokolliert. Ehrenburg schreibt in seinen Memoiren: »Ich goss in aller Ehrlichkeit meinen Spott über alle, über Klerikale und Radikale, fanatische Kommunisten und zahme Sozialisten, französische Bonvivants und russische Intellektuelle mit ihren Gewissensqualen.«

Die sowjetische Zensur setzte das Buch, mit dem Ilja Ehrenburg auf einen Schlag berühmt geworden war, zunächst auf den Index. Der Autor bat daraufhin seinen Freund Bucharin bei einem Treffen in Berlin, bei den Moskauer Behörden eine Druckerlaubnis zu erwirken. Er beklagte sich bei dem hohen Funktionär, dass nach der Revolution »vieles nicht so laufe«, wie es sich die Revolutionäre früher vorgestellt hätten. Bucharin habe ihm, erinnerte sich der Schriftsteller später, mit einem Anflug von Resignation Recht gegeben und lächelnd hinzugefügt, er und Ehrenburg seien halt »Wirrköpfe«. Nach seiner Rückkehr nach Moskau setzte Bucharin tatsächlich die Publikation des *Julio Jurenito* durch und schrieb sogar das Vorwort. Es blieb allerdings für fast ein halbes Jahrhundert die einzige sowjetische Ausgabe.

Bemerkenswert – in der Rückschau vielleicht sogar sensationell – sind die Kapitel des *Julio Jurenito* über Deutschland. In der Figur des Ingenieurstudenten Karl Schmidt zeichnet Ehrenburg ein Bild des jungen Deutschen der damaligen Zeit: In Berlin hat Schmidt eine kleine Dachkammer gemietet. »An der Wand hingen Bildnisse verschiedener Personen, wie das des Kaisers Wilhelm, Karl Marx', des Philosophen Kant und des Herrn Aschinger, des Besitzers von 270 Bierhallen in Berlin, für dessen organisatorisches Talent Schmidt sich nicht wenig begeisterte.« Die politische Haltung des Studenten richtet sich nach der seines Gesprächspartners: Mal ist er Nationalist, mal Anhänger des Kaisers, mal Sozialist. »Im Grunde sei es doch dasselbe. Kaiser Wilhelm wie jeder Sozialdemokrat sähen ein, dass die Welt unorganisiert sei und dass man sie mit Gewalt organisieren müsse.« Doch hält Schmidt die gerade im Weltkrieg besiegten Deutschen den anderen Völkern für überlegen. Er plädiert für einen Revanchekrieg. Dabei will er Russland kolonisieren, Frankreich und England möglichst gründlich zerstören, damit sie später um so besser »organisiert werden« können. Gern lässt er sich über das Töten von Staats wegen aus: »Töten, das ist eine unangenehme Notwendigkeit ... Für das Wohl der Menschheit einen geistesgestörten Alten zu töten oder zehn Millionen – das ist nur ein arithmetischer Unterschied.«

Ehrenburg erwies sich mit diesen Passagen als Seher, als hätte er die Gewaltherrschaft der Nationalsozialisten mit dem millionenfachen Massenmord und der Euthanasie Geisteskranker vor ausgeahnt. In seinen Memoiren schrieb er lakonisch dazu: »Zwölf Jahre vor dem Machtantritt Hitlers führte ich Herrn Schmidt vor, der Nationalist und Sozialist zugleich sein konnte.«

Anfang der zwanziger Jahre schenkte den Sentenzen, die Ehrenburg Schmidt in den Mund legte, kaum jemand Beachtung. Vielmehr erregte man sich aus anderen Gründen: Russische Literaturkritiker aus allen Lagern warfen Ehrenburg Zynismus vor. In der prosowjetischen Tageszeitung *Nakanune* unterstellte ihm der Rezensent, Antisemit und Pornograf zu sein, und empfahl ihm den Besuch eines Psychiaters.

Die Liebe der Jeanne Ney

Nicht minder umstritten war sein nächstes Buch, *Die Liebe der Jeanne Ney*. Ehrenburg hatte den Roman innerhalb weniger Wochen in einem türkischen Café verfasst, »das mit seinem seltsamen Sprachengewirr, seinem Halbdunkel und seiner mürrischen Atmosphäre in nichts den prächtigen Konditoreien im Westen Berlins glich«. Der Bösewicht des Romans ist ein Emigrant, der regelmäßig ins Bordell geht und »ekelhafte Hände hat, die sich wie Schlangen um alles herumwinden«. Er versucht, einen Keil zwischen das französische Bürgermädchen Jeanne und den jungen russischen Kommunisten Andrej zu treiben. Andrej fällt

Buchtitel zu Ehrenburgs
Und sie bewegt sich doch!

Plakat des Ufa-Films nach dem
Roman von Ehrenburg.

schließlich einem von dem Bösewicht ausgeheckten Mordkomplott zum Opfer. Jeanne trocknet ihre Tränen und zieht nach Moskau, um das Werk des toten Geliebten fortzusetzen. Für die Emigrantenpresse war das rührselige Buch nicht mehr als Gossenliteratur, in Moskau aber wurde es nachgedruckt und hatte namentlich bei der weiblichen Leserschaft großen Erfolg.

Die Liebe der Jeanne Ney war der Schlusspunkt der zwei überaus schaffensreichen Jahre Ehrenburgs in Berlin. Ende 1923 fuhr der Schriftsteller auf Einladung Bucharins nach Moskau, wo er seit über drei Jahren nicht mehr gewesen war. Von dort wurde er nach wenigen Wochen als Korrespondent in das geliebte Paris geschickt – und dieses Mal erteilten ihm die französischen Behörden die Aufenthaltsgenehmigung.

Erst 1927 kam Ehrenburg wieder nach Berlin. Von der revolutionären Aufbruchstimmung, die er ein halbes Jahrzehnt zuvor zumindest in der Künstlerszene zu verspüren geglaubt hatte, bemerkte er nichts mehr. Die Menschen seien im Getriebe des Alltags erschlafft. »Es ist die bequemste Stadt Europas, und zugleich ist es die düsterste, vom Leben am allerwenigsten befriedigte Stadt«, stellte er fest. In all den Symbolen der modernen Technik sah er zwar das Bemühen, Amerika nachzuahmen, doch blieben ihm die Deutschen immer ein wenig unheimlich: »Berlin ist der Apostel des Amerikanismus und die Feuerzeuge sind hier nicht einfach Feuerzeuge, sondern Gegenstände eines besonderen Kultes. Wurden hier doch Rationalismus und Utilitarismus mit dem ganzen naiven Feuereifer des deutschen Herzens übernommen. Aber Berlin ist nicht Amerika. Berlin ist nicht das patentierte Lächeln des Amerikaners ... Obwohl Berlin phosphoreszierende Schalter, eine feste Währung und Klubsessel erhalten hat, lächelt es noch immer nicht. Es bleibt noch immer der klassische deutsche Fantast.«

Anlass für die Reise nach Berlin war der Plan der Ufa-Studios in Babelsberg, *Die Liebe der Jeanne Ney* zu verfilmen. Das Projekt leitete der berühmte Regisseur Georg W. Pabst. Allerdings musste das Ende umgeschrieben werden: In dem Stummfilm schwört Andrej dem Übel des Kommunismus ab und kniet zur Vermählung neben Jeanne in der Pariser Notre-Dame nieder. Der Verfasser der Vorlage protestierte vergeblich.

Damals lernte Ehrenburg bei einem der zahlreichen Treffen, die Wieland Herzfelde, der Leiter des links orientierten Malik-Verlags, für ihn organisierte, auch Alfred Döblin und Joseph Roth kennen. Beide versuchte er für die sowjetische Gesellschaftsordnung zu begeistern. Er war zum Parteiagitator geworden. Seinen Werken fehlte von nun an die Doppelbödigkeit und Ironie, die noch den *Julio Jurenito* und andere Anfang der zwanziger Jahre in Berlin entstandene Werke ausgezeichnet hatten.

Doch hatte Ilja Ehrenburg sich als Autor in Deutschland etabliert, er wurde zum Liebling der deutschen Linken. Der Malik-Verlag brachte seine Gesammelten Werke in elf Bänden heraus. 1933 wurden sie aus den Leihbüchereien entfernt. Ein Teil ging bei den Bücherverbrennungen der Nazis in Flammen auf.

Ehrenburg hatte seinen Frieden mit der sowjetischen Parteiführung gemacht. Die Propaganda-Abteilung des Zentralkomitees begriff, dass er wegen seiner zahlreichen Kontakte zu Intellektuellen in Europa, vor allem in Frankreich, eine besonders wertvolle Kraft war. Die Säuberungen der dreißiger Jahre gingen an ihm vorüber. Doch wurde er gezwungen, dem Dritten Moskauer Schauprozess beizuwohnen, in dem 1938 sein Förderer Nikolai Bucharin als »Spion der Deutschen und Japaner«, außerdem als einer der Initiatoren der »Ermordung Gorkis« auf Befehl Stalins zum Tode verurteilt wurde.

Im Zweiten Weltkrieg wurde der Name Ilja Ehrenburg Millionen deutscher Soldaten bekannt, weil die NS-Propaganda seine Aufrufe zur Rache an den Invasoren (»Töte den Deutschen!«) verbreitete. Allerdings hat er nie, wie behauptet wurde, die Rotarmisten zu Vergewaltigungen deutscher Frauen aufgerufen. Nach dem Krieg wollte er ein »Schwarzbuch« über den Holocaust in der Sowjetunion herausgeben, doch wurde dieses Vorhaben vom Kreml blockiert: Die jüdischen Sowjetbürger sollten nicht als Opfergruppe gegenüber den anderen Völkern der UdSSR herausgestellt werden.

Nach dem Tode Stalins 1953 gab sein Roman *Tauwetter* einer kurzen Phase der innenpolitischen Entspannung ihren Namen. Ehrenburg setzte in seinen Memoiren vielen Autoren, die in der Stalin-Zeit totgeschwiegen worden waren, ein Denkmal, darunter Marina Zwetajewa, Andrej Bely, Sergej Jessenin und Alexej Remisow. Auch brach er eine Lanze für die moderne, abstrakte Kunst, die ebenfalls unter Stalin tabu gewesen war. Nach außen aber warb er als Abgeordneter des Obersten Sowjets bei westlichen Intellektuellen für das sowjetische Sozialismusmodell. Der letzte Teil seiner Memoiren, der Zweifel am System andeutet und auch Aufzeichnungen über seinen Freund Bucharin enthält, konnte erst zwei Jahrzehnte nach Ehrenburgs Tod während der Perestroika erscheinen.

Zwischen allen Stühlen. Maxim Gorki

1868–1936, eigentl. Alexej Peschkow. Hauptwerke: *Foma Gordejew* (Roman, 1899, dt. 1901), *Nachtasyl* (Drama, 1902, dt. 1903), *Sommergäste* (Drama, 1904, dt. 1905), *Kindheit, Unter fremden Menschen, Meine Universitäten* (Autobiografie, 1913–1923, dt. 1917–1926), *Unzeitgemäße Gedanken* (Artikelserie, 1917, dt. 1972).
In Berlin und Umgebung November 1921 bis November 1923.
Adressen in und bei Berlin:
– Pension Stellinger, Augsburger Straße 47
– Kurfürstendamm 203
– Bad Saarow in Brandenburg, Ulmenstraße 9 (heute Gorki-Haus)

»Hier in Deutschland herrscht eine Atmosphäre, die zum Arbeiten einlädt, denn die Deutschen arbeiten selbst so eifrig, so tapfer und so sinnvoll, dass unwillkürlich die Achtung vor ihnen steigt, trotz ihrer ›Bürgerlichkeit‹.«

Kurz nach seiner Ankunft in Berlin im Herbst 1921 schilderte Maxim Gorki in einem Brief nach Russland seinen ersten Eindruck von Deutschland, wo er die nächsten zwei Jahre verbringen sollte.

Der weltberühmte Schriftsteller war am späten Nachmittag des 6. November in der deutschen Hauptstadt angekommen. Zwei Dutzend Reporter hatten sich auf dem Bahnsteig eingefunden, als der Express aus Stettin in den Bahnhof Zoo einfuhr. Schlecht gelaunt war Gorki aus dem Zug gestiegen, den Mantelkragen hochgeschlagen, den Hut ins Gesicht gezogen. Er war erst am Tag zuvor mit dem Schiff aus Stockholm in Stettin eingetroffen. Die Überfahrt über die stürmische See war ihm auf den Magen geschlagen, und in Berlin war es kalt und regnerisch. Hinter ihm reichten seine Begleiter Koffer und Kisten aus dem Zug. Ungeduldig ließ Gorki die Begrüßungsworte von ein paar Russen über sich ergehen, die ihn auf dem Bahnsteig in Empfang nahmen. Einer der Begleiter rief auf Deutsch: »Keine Interviews!« Für die

Fotografen posierte der Schriftsteller nur einen kurzen Moment und ganz offensichtlich widerwillig.

»Die Ankunft verlief sang- und klanglos«, berichtete am nächsten Tag das *Berliner Tageblatt* mit dem Hinweis darauf, dass sich außer der Presse nur eine Hand voll Menschen zur Begrüßung des prominenten Russen am Bahnhof eingefunden hatte. Dabei hatten die Zeitungen sein Kommen ausführlich angekündigt. »Maxim Gorki, der bereits gestern in Berlin erwartet wurde, wird, wie wir erfahren, heute abend hier eintreffen«, hatte die *BZ am Mittag* noch wenige Stunden vor seiner Ankunft gemeldet.

Umjubeltes Nachtasyl

Wie anders war der Empfang bei seiner ersten Reise nach Berlin verlaufen, die genau anderthalb Jahrzehnte zurücklag: Hunderte waren am Bahnhof erschienen. Gorki war damals der aufsteigende Stern der russischen Literatur. Deutsche Ausgaben von Fjodor Dostojewski, Leo Tolstoi und Anton Tschechow wurden in großen Auflagen gedruckt, die Deutschen waren, so eine seinerzeit gängige Redewendung, »auf der Suche nach der russischen Seele«. Die Abgründe dieser ebenso unheimlichen wie faszinierenden russischen Seele hatten sie in Gorkis Theaterstück *Nachtasyl* kennen gelernt, das, nur wenige Tage nach der Uraufführung in Moskau, Max Reinhardt 1903 in Berlin inszenierte. In den nächsten zehn Jahren stand das Stück sechshundertmal auf dem Spielplan der Berliner Bühnen.

Gorki hatte im *Nachtasyl* die Ausgestoßenen und Entrechteten der Gesellschaft auf die Bühne gebracht: Bettler, Diebe, Alkoholiker, Prostituierte. Das Stück war ein Aufruf für eine bessere, gerechtere Welt, eine bittere Anklage gegen die bestehenden Verhältnisse – nicht ohne Grund hatte sich der Schriftsteller das Pseudonym *Gorki* (russ. bitter) zugelegt. Der Schriftsteller unterstützte die Bolschewiken und die Revolution – als Publizist, aber auch finanziell. Mit dem Parteiführer Wladimir Lenin hatte er sich sogar angefreundet. Nach einem seiner Gedichte, das von der Schaffung einer gerechten Ordnung durch eine Volkserhebung handelt, wurde Gorki auch »Sturmvogel der Revolution« genannt.

Im Deutschland des Kaiserreichs feierten all jene Gorkis *Nachtasyl*, die soziale Reformen forderten oder gar vorsichtig einer Abschaffung der Monarchie das Wort redeten. Als der Dichter 1906 selbst nach Berlin kam, wurde er als Held der Arbeiterbewegung umjubelt – und von der deutschen politischen Polizei argwöhnisch beobachtet.

Außer ein paar eher protokollarischen Sätzen über seine Begegnungen in Berlin hat Maxim Gorki 1906 allerdings nichts über die Stadt niedergeschrieben. Das war auch bei seinem Berlin-Aufenthalt fünfzehn Jahre später, von dem eingangs zitierten Brief abgesehen, nicht anders. Er schien Berlin kaum wahrzunehmen. Dafür war das Interesse an Gorki, dem in Deutschland zweifellos bekanntesten Vertreter des russischen Geisteslebens, von Seiten der Berliner Presse, der Vertreter des Kulturbetriebes und auch vieler Politiker sehr groß. Wie schon 1906 wurde er Anfang der zwanziger Jahre auch wieder von der deutschen politischen Polizei beobachtet, obwohl nun in Berlin die Sozialdemokraten regierten, die ihn einst umjubelt hatten. Grund war nach wie vor Gorkis Sympathie für die Bolschewiken, die in Russland im Oktober 1917 die Macht ergriffen hatten, nun aber auch die russischen Sozialdemokraten als innenpolitische Konkurrenten blutig bekämpften.

Hilfe für die Hungernden

Mehr als drei Jahre lang hatte Gorki in Russland versucht, gegen die Exzesse der neuen Führung anzugehen. Er versuchte vor allem die Verfolgung von Künstlern und Intellektuellen sowie die Vernichtung von Kulturgütern zu verhindern. Der Schriftsteller begriff nicht, dass der »rote Terror«, den sein Freund Lenin befohlen hatte, wichtiges Element der neuen Politik war. Zu diesem Terror gehörten auch die gefälschten Anklagen gegen eine Gruppe von Intellektuellen und oppositionellen Politikern, die gemeinsam mit Gorki »Hilfskomitees für die Hungernden« gegründet hatten.

Lenin war der Meinung, es handle sich dabei um eine Tarnorganisation der Opposition, die die Regierung stürzen wolle. Er ließ daher einige Aktivisten der Hungerkomitees verhaften. In einem Schnellverfahren wurden sie wegen Verschwörung und Anstiftung von Bauernaufständen in den Hungergebieten zum Tode verurteilt. Gorki protestierte heftig, ausländische Intellektuelle schlossen sich ihm an. Die meisten der Verurteilten wurden daraufhin freigelassen und ins Ausland abgeschoben. Lenin fasste den Entschluss, den lästigen Gorki zumindest vorübergehend außer Landes zu schicken. Da sich das chronische Lungenleiden des Schriftstellers zuletzt beträchtlich verschlechtert hatte, drängte der Parteiführer ihn, sich im Ausland behandeln zu lassen.

Wie schlecht es gesundheitlich um ihn stand, belegt ein ärztliches Bulletin, das im Gorki-Archiv erhalten ist. Der Berliner Medizinprofessor Friedrich Kraus hielt nach der ersten Untersuchung fest: »Der Herzbeutel ist aus irgendeinem Grund mit dem Brustfell zusammengewachsen, und das Röntgenbild zeigt, dass nur noch ein Drittel der Lunge vorhanden ist.«

Trotz seiner angegriffenen Gesundheit wurde Gorki auch in Berlin nicht müde, europäische Intellektuelle um Hilfe für die Hungernden in seiner Heimat zu bitten. Seine Appelle fanden ein lebhaftes Echo: Albert Einstein, Gerhart Hauptmann, Thomas Mann, Wilhelm Furtwängler und Bruno Walter, der Chefdirigent der Staatsoper, traten dem Berliner Hilfskomitee bei, ebenso wie einige prominente russische Künstler, die damals in der deutschen Hauptstadt lebten, darunter der Komponist Alexander Glasunow, der Maler Wassily Kandinsky sowie die Schriftsteller Andrej Bely, Alexej Remisow und Alexej Tolstoi.

Die dritte Frau

Gorki sprach keine andere Sprache als Russisch. In Berlin übersetzte seine damalige Lebensgefährtin Maria Budberg seine Aufrufe und Briefe. Gorkis »dritte Frau«, wie seine Bekannte die Dreißigjährige nannten, sprach fließend Deutsch, Englisch und Französisch. Sie übernahm den Großteil von Gorkis Korrespondenz, besaß eine Vollmacht über sein Konto sowie den Schlüssel für sein Schließfach in der Berliner Filiale der Dresdner Bank – und sie verschickte auch seine Autogrammkarten, Abzüge aus einer Serie von Porträtaufnahmen, die eigens zu diesem Zweck im Kaufhaus Wertheim gemacht worden waren. Sie war gleichzeitig seine Geliebte, Dolmetscherin, Büroleiterin, medizinische Beraterin und Haushälterin – der er gelegentlich auch Einkaufszettel schrieb wie diesen: »Kaufen Sie für Gorki bitte Pauspapier. Zucker. Haarwasser. Und noch irgendetwas. Und noch was. Und noch Zigaretten.« Der im Alltag eher unbeholfene Schriftsteller sagte über Maria Budberg: »Ohne sie wäre ich wie ohne Hände und ohne Zunge.«

Kennen gelernt hatte Gorki die junge Frau in einem Petrograder Verlag. Sie war »ungewöhnlich willensstark«, beschrieb sie der Dichter Chodassewitsch, und besaß auf Gorki großen Einfluss. In erster Ehe war sie mit dem russischen Grafen Iwan Benkendorf, in zweiter mit dem estnischen Baron Nikolai Budberg verheiratet gewesen. Wegen ihres Verhältnisses mit einem britischen Diplomaten in Petrograd, den die sowjetische Geheimpolizei der Spionage verdächtigte, war sie verhaftet worden. Der frisch verliebte Gorki hatte alle Mühe, sie aus dem Gefängnis frei zu bekommen.

Die Familie

Gorki hatte stets eine große Zahl von Personen um sich, Hausangestellte, Verwandte, Ehefrauen, Geliebte, die er allesamt seine Familie nannte. Sie hatten ihn zu umsorgen und die Widrigkeiten

Maria Budberg.

Maxim Gorki.

des Alltags von ihm fern zu halten. So war er es seit seiner Kindheit gewöhnt. Sein Vater war Direktor einer großen russischen Reederei, die Peschkows – so der bürgerliche Name Gorkis – waren eine wohlhabende Familie mit vielen Hausangestellten. Maxim Gorki war also keineswegs der arme, halb verwilderte Bauernjunge und Naturbursche gewesen; seine Jugend unter Landstreichern und Dieben, wie er sie in seinen autobiografischen Skizzen beschrieb, war vor allem Produkt seiner Fantasie.

In jungen Jahren hatte Gorki einen Russenkittel über der Hose, Bauernstiefel und langes wildes Haar getragen. Damit war er in der feinen Moskauer und Petersburger Stadtgesellschaft sowie im Ausland bestens angekommen. Ein norwegischer Journalist, der ihn kurz nach seiner Ankunft in Berlin interviewte, wunderte sich daher: »Wo sind die langen Haare, die angeblich bis in die Augen fallen, wo ist der Ledergürtel, wo sind die hohen Stiefel, mit denen er im Zimmer herumstapfen soll, um sie kurz danach nonchalant auf dem Sofa zu platzieren? Stattdessen finde ich einen dezenten englischen Landpfarrer in Slippers vor.«

Auch in Berlin wollte Gorki nicht auf seine »Familie« verzichten. Zu ihr gehörten sein Sohn Maxim Peschkow, ein arbeitsscheuer Trunkenbold, der das Geld seines Vaters verjubelte, mitsamt seiner Frau. Dazu zählte zunächst Gorkis frühere Geliebte Warwara Schaikjewitsch mit ihrer elfjährigen Tochter Nina. Der Schriftsteller machte der Kleinen fast täglich Geschenke; er war ganz offensichtlich so sehr in sie vernarrt, dass die Mutter, die sich wohl Hoffnungen gemacht hatte, Gorki wieder für sich zurückzugewinnen, es vorzog, sie möglichst von ihm fern zu halten und schließlich mit ihr Berlin zu verlassen. Als Mitglieder der »Familie« wurden schließlich auch der Dichter Wladislaw Chodassewitsch und seine Lebensgefährtin, die Lyrikerin Nina Berberowa, betrachtet.

Seltene Ausbrüche von Heiterkeit

Als Gorki nach zwei Kuraufenthalten im Schwarzwald im September 1922 auf Anraten der Ärzte die zwischenzeitlich angemietete Stadtwohnung auf dem Kurfürstendamm 203 in eine Villa mit großem Garten im anderthalb Zugstunden entfernten Bad Saarow eintauschte, suchte sich dort auch das Dichterpaar Chodassewitsch/Berberowa eine billige Bleibe. Wo immer der Schriftsteller hinzog, er wollte seine »Familie« in der Nähe wissen. Sie fand sich meist vor dem Mittagessen bei ihm ein. Oft erschienen geladene wie auch ungeladene Gäste. Anderthalb Dutzend Personen saßen mitunter am Mittagstisch. Die meisten von ihnen blieben bis zum Abend, dann pflegte Gorki einen Teil der Anwesenden zum Kartenspiel einzuladen, das gelegentlich von heftigen Diskussionen begleitet wurde. Manchmal überraschte er seine Gäste mit Ausbrüchen von Heiterkeit, gelöst erzählte er Anekdoten, ahmte gekonnt Prominente und Bekannte nach.

Doch viel öfter war er gereizt und schlecht gelaunt. Nina Berberowa, die damals Anfang zwanzig war, beschreibt die Atmosphäre an Gorkis Tisch: »Mit Gorki zu streiten war nicht möglich. Man konnte ihn von nichts überzeugen, aus dem einfachen Grunde, weil er die erstaunliche Fähigkeit besaß, nicht zu hören, was ihm nicht gefiel. Er stellte sich dermaßen taub, dass seinen Gesprächspartnern nichts anderes übrig blieb, als zu schweigen. Einmal aber, als er sich nicht taub gestellt hatte und ihm etwas nicht gefiel, stand er erbost mit hochrotem Gesicht auf und ging auf sein Zimmer. Beim Herausgehen brummte er: ›Nein, so ist das nicht!‹ ... Man musste ihm zuhören und durfte ihm nicht widersprechen. Das, was er sagte, mochte einem nicht gefallen, auch konnte es sein, dass er selbst seine Worte keineswegs für unfehlbar hielt, aber er wollte von einmal gefassten Meinungen nicht abrücken – wahrscheinlich konnte er es auch schon nicht mehr.« Seine Körpersprache verriet, wenn er übellaunig war: »Er zeigte ein herablassendes, oft unangenehmes Lächeln, sein Gesicht konnte sehr böse werden. Dann wurde der Hals ganz rot und die Backenknochen mahlten unter der Haut. Er schaute dann durch seinen Gesprächspartner hindurch, und wenn ihm eine scharfe, unangenehme Frage gestellt wurde, trommelte er mit den Fingern auf dem Tisch, oder er hörte einfach nicht zu und fing an, vor sich hinzusingen.«

Die erste und die zweite Frau

Zur »Familie« Gorkis, die von seiner Geliebten Maria Budberg versorgt und verpflegt wurde, stießen immer wieder auch seine beiden früheren Ehefrauen hinzu: Jekaterina Peschkowa, die Mutter seines einzigen Sohnes, und Maria Andrejewa, mit der er noch offiziell verheiratet war, aber schon lange nicht mehr zusammenlebte. Gorki interessierte sich schon längst nicht mehr für die beiden Frauen, doch gefiel ihm ganz offensichtlich, dass sie sich nach wie vor um ihn bemühten und sogar Arbeiten und Botengänge für ihn übernahmen.

Jekaterina Peschkowa, die ihren Wohnsitz in Moskau behielt und dort Kontakte zur Parteiführung um Lenin unterhielt, vergewisserte sich vor ihren Besuchen bei Gorki stets, ob nicht Maria Andrejewa anwesend war. Sie wollte auf keinen Fall mit ihrer Nachfolgerin zusammentreffen. Die wiederum mäkelte, wo sie nur konnte, an der Haushaltsführung herum, was Maria Budberg, die neue Frau an Gorkis Seite, mit kühlem Lächeln quittierte. Nina Berberowa, die wiederholt Zeugin dieser kleinen Zusammenstöße wurde, schrieb über die Andrejewa: »Trotz ihres Alters war sie noch schön. Stolz trug sie ihren Kopf mit den roten Haaren, spielte mit ihren Ringen, wippte mit ihrem engen Stöckelschuh ... Zu allen verhielt sie sich verächtlich und herablassend. Niemals sah ich in ihrem Gesicht oder hörte ich in ihrer Stimme so etwas wie Charme. Wahrscheinlich war sie, auch ohne charmant zu sein, früher eine Schönheit gewesen.«

Maria Andrejewa arbeitete in der sowjetischen Handelsmission in Berlin, die nichts anderes als die Deutschland-Zentrale der Tscheka war. Bei Gorki erschien sie immer häufiger in Begleitung eines Arbeitskollegen, eines gewissen Pjotr Krjutschkow. Dieser übernahm bald zahlreiche Sekretärsarbeiten für den Schriftsteller. »Geduldig und Schritt für Schritt hat sich Krjutschkow wie ein Maulwurf einen Weg zur Verwaltung von Gorkis literarischen und finanziellen Angelegenheit frei gewühlt«, beobachtete Chodassewitsch. Mit anderen Worten: die sowjetischen Behörden waren so gut wie über jeden Schritt Gorkis in Berlin informiert, wovon dieser kaum etwas ahnte.

Geld aus Moskau

Die engen Beziehungen Gorkis zur sowjetischen Vertretung blieben den Emigranten in Berlin nicht verborgen. Für viele war klar, dass er im Dienste Moskaus stand. Ihm wurde unterstellt, er setze sein internationales Ansehen ein, um für Moskau Propaganda zu machen. Die Exilpresse griff Gorki vehement an, der einerseits das Sowjetregime nach außen verteidigte, andererseits aber selbst Sowjetrussland verlassen hatte.

Öffentlich nahm er zu den Vorwürfen keine Stellung, er gab vor, die Exilpresse gar nicht zur Kenntnis zu nehmen. Doch in seiner privaten Korrespondenz hielt er mit seinem Ärger über seine Landsleute in Berlin nicht zurück. »Was für ein widerwärtiges, vermodertes Publikum«, schrieb er nach einem Literaturabend. »Ich würde empfehlen, sich von den emigrierten Herrschaften fern zu halten ... Sie versetzen mich nur in den Zustand höchster Aufgeregtheit und rufen in mir Ekel hervor – sie sind krank, hysterisch, hilflos und unsagbar bösartig, der Teufel möge sie holen!«

Die Angriffe der Emigrantenpresse gegen Gorki wären zweifellos noch viel heftiger ausgefallen, wäre bekannt gewesen, dass seine aufwendige Haushaltsführung keineswegs von seinen Honoraren und Tantiemen bestritten wurde, wie er verbreiten ließ, sondern von Geldern aus Moskau. Ein entsprechender Beschluss war ganz oben gefasst worden, im Politbüro. Lenin selbst erinnerte daran, dass Gorki früher heimlich für die Partei gespendet habe, nun solle man sich erkenntlich zeigen, was selbstverständlich im Verborgenen zu bleiben hatte. Die Parteiführung wollte ihn von sich abhängig machen, sie fürchtete, dass es ihrem Ansehen im Ausland schaden würde, falls er mit Moskau bräche.

Offiziell wurden die Zuwendungen als »Kosten für Heilbehandlung« deklariert. Lenin wies den Sekretär des Zentralkomitees, Wjatscheslaw Molotow, schriftlich an, die Formalitäten für die geheimen Auszahlungen zu erledigen. Verantwortlich in Berlin war der Leiter der diplomatischen Vertretung persönlich, Nikolai Krestinski. Gorkis Sohn Maxim und dessen Frau erhielten ein »Stipendium«, das ebenfalls dort ausgezahlt wurde. Auch dies war Geheimsache.

Gorki hatte keine Bedenken, die Finanzhilfe anzunehmen. Er glaubte, sie stehe ihm zu, da er sich selbst als eine der wichtigsten, wenn nicht gar als die zentrale Figur im Geistesleben des neuen Russland betrachtete. Er hielt sich zudem für einen einflussreichen Berater Lenins, des mächtigsten Mannes im Staate, und

Maxim Gorki in der sowjetischen Arbeitsschule in Berlin.

ahnte wohl kaum, dass dieser ihn lediglich instrumentalisierte. Ebenso wenig konnte er wissen, dass dem Revolutionsführer, an den er auch aus Berlin weiterhin seine Ratschläge und zahlreichen Petitionen sandte, nach mehreren Schlaganfällen die politischen Fäden immer mehr entglitten.

Von Spitzeln umgeben

Getreu seinem Motto »Vertrauen ist gut, Kontrolle ist besser« hatte Lenin auch die Anweisung gegeben, Gorki überwachen zu lassen. Diese Aufgabe übernahmen nicht nur Gorkis frühere Ehefrau Maria Andrejewa und der offenbar von der Handelsmission dazu abgeordnete Pjotr Krjutschkow, sondern auch weitere Agenten, die eigens zu diesem Zweck nach Berlin entsandt worden waren. In der Moskauer Geheimdienstzentrale Lubjanka analysierte man sämtliche Artikel aus der ausländischen Presse, die Gorki gewidmet waren. Der Schriftsteller gab während seiner Berliner Zeit einer ganzen Geheimdienstabteilung Arbeit.

Als Maxim Gorki zur Kur nach St. Blasien in den Schwarzwald fuhr, quartierte sich im selben Hotel auch Nikolai Bucharin ein, Mitglied des Politbüros und Chefredakteur der *Prawda*, ging regelmäßig mit Gorki spazieren und fragte ihn über seine Pläne aus – so wichtig war für die Parteiführung die Kontrolle des Schriftstellers.

Das Misstrauen im Kreml war durchaus angebracht, denn trotz der Finanzhilfe kritisierte Gorki weiterhin viele Entscheidungen der politischen Führung in Moskau. Als er erfuhr, dass die Schriften »konterrevolutionärer Philosophen«, darunter Platon, Descartes, Kant, Schopenhauer, Nietzsche und Leo Tolstoi aus den Bibliotheken in Sowjetrussland entfernt werden sollten, drohte er damit, seine sowjetische Staatsbürgerschaft aufzugeben. Seine Drohung verhallte indes ungehört – und er machte sie auch nicht wahr.

Protestbriefe nach Moskau

Noch größer war Gorkis Zorn, als die Führung im Kreml den Sozialrevolutionären den Prozess machte. Die Sozialrevolutionäre Partei hatte 1917 beim Sturz des Zaren eine Schlüsselrolle gespielt. Doch war ihr Programm sozialdemokratisch, sie waren also politische Gegner der Bolschewiken. Lenin ließ sie wegen Hochverrats verurteilen.

Gorki schrieb einen offenen Brief an prominente Künstler und Intellektuelle in Europa. Viele von ihnen schickten daraufhin Protestschreiben an den Kreml, darunter Marie Curie, Albert Einstein, Gerhart Hauptmann, Romain Rolland, George Bernard Shaw und Herbert G. Wells. Gorki appellierte außerdem an Alexej Rykow, der an Stelle des nach einem Schlaganfall bettlägerigen Lenin den Ministerrat leitete. Der Schriftsteller hatte Rykow erst wenige Monate zuvor in Berlin getroffen, wo dieser sich – was natürlich geheim bleiben sollte – einer Entziehungskur unterzog.

Ungeachtet der internationalen Proteste wurden in dem Prozess, zu dem keine ausländischen Beobachter zugelassen waren, zwölf der Angeklagten zum Tode verurteilt. Es war ein Vorspiel zu den großen Schauprozessen der dreißiger Jahre. Doch der genesende Lenin schob die Vollstreckung der Urteile auf – und beruhigte damit die internationale Öffentlichkeit. Stattdessen kamen die Verurteilten in ein Straflager nach Sibirien, was keiner von ihnen überlebte.

Erst nach dem Untergang der Sowjetunion wurden Materialien über die Reaktionen der Parteiführer auf den Einsatz Gorkis für die Sozialrevolutionäre veröffentlicht. Lenin nannte demnach Gorkis offenen Brief an europäische Intellektuelle »schändlich«. Zweifellos hatte er von ihm Zurückhaltung erwartet. Nichtsdestotrotz wurden die Zahlungen an ihn nicht eingestellt.

Trotzki allerdings wies die Presse an, Gorki zu schmähen. In einem Kommentar hieß es, der »Sturmvogel« sei sehr hoch geflogen, aber dann in einem Sumpf gelandet. Genüsslich wurde Wladimir Majakowski mit dem Satz zitiert, Gorki sei ein Leichnam, den die Literatur nicht mehr benötige.

Dabei hatte Gorki in seiner Berliner Zeit eine überaus kreative Phase: Nach siebenjähriger Pause, in der er sich »bei der Rettung der russischen Kultur«, wie er es selbst nannte, aufgerieben hatte, schrieb er wieder belletristische Werke, darunter die Erzählung *Über die erste Liebe* sowie die autobiografischen Betrachtungen *Meine Universitäten*. Es war das letzte Mal, dass sein literarisches Talent aufblitzte. Alles, was er nach Berlin zu Papier brachte, ist nach übereinstimmender Meinung heutiger Kritiker drittrangig oder gar misslungen.

Im Oktober 1922 wurde im Café Leon das dreißigjährige Jubiläum von Gorkis künstlerischem Schaffen gefeiert. Es war einer der wenigen Abende, an denen er sich in Berlin öffentlich zeigte. Bely hielt eine höfliche Rede, die meisten emigrierten Schriftsteller aber blieben der Festversammlung fern. Neben Chodassewitsch und Nina Berberowa war Bely der Einzige von ihnen, zu dem Gorki regelmäßig Kontakt hatte.

An der Nase herumgeführt

Mit Bely und Chodassewitsch als Mitarbeiter versuchte Gorki ein ehrgeiziges Projekt zu verwirklichen, mit dem er von Berlin aus erneut Einfluss auf das Geschehen in Russland nehmen wollte: eine Zeitschrift, in der russische wie ausländische Intellektuelle über Politik, Literatur, Kunst, Philosophie und Naturwissenschaften schreiben sollten. Das Ziel war, die Russen mit dem kulturellen Leben Europas bekannt zu machen. »Solch eine Zeitschrift ist absolut notwendig für meine Landsleute, die während der acht Jahre, in denen sie sich fast völlig von Europa entfremdet haben, ein wenig verwildert sind«, schrieb Gorki. Die Zeitschrift sollte nicht nur Emigranten als Leser finden, sondern auch in Russland vertrieben werden. Der programmatische Name des Projekts: *Besseda. Zeitschrift für Literatur & Wissenschaft.*

Viele berühmte Intellektuelle sagten Gorki zu, Beiträge für *Besseda* zu liefern. Auch zeigten einige der jungen Schriftsteller in Moskau, die Gorki als Meister verehrten, großes Interesse, in der Zeitschrift zu veröffentlichen. Zweifellos hatten sie dabei auch im Sinn, auf diese Weise die sowjetische Zensur umgehen zu können.

Im Juli 1923 erschien die erste Nummer in Berlin. Doch Gorki erhielt vom Politbüro nicht die Erlaubnis, die Zeitschrift in Sowjetrussland zu vertreiben. Nichtsdestotrotz arbeitete er mit Bely und Chodassewitsch an den nächsten Nummern. Gorki schrieb eine ganze Serie von Briefen an hohe Parteiführer. Er berief sich auf eine von Rykow in Berlin gemachte Zusage, die Einfuhr der Zeitschrift in die UdSSR zu erlauben, und drohte, er werde andernfalls in Zukunft nichts mehr in sowjetischen Verlagen publizieren – eine Drohung, die er wieder nicht wahr machte. Rykow indes antwortete auf Gorkis Brief nicht. Wie erst später bekannt wurde, nannte Trotzki *Besseda* »bürgerlich und schädlich«. Stalin, zu dieser Zeit als Parteisekretär noch im Hintergrund, gab der Zeitschrift, ohne sie je in den Händen gehabt zu haben, das Etikett »antisowjetisch«. In einem Gutachten von Glawlit, der »Hauptverwaltung für Literatur«, wie die Zensurbehörde amtlich genannt wurde, hieß es, *Besseda* sei »voller degenerierter Tendenzen, Mystizismus, antirevolutionärem Pazifismus«. Die Zeitschrift sei von Feindschaft gegenüber dem Marxismus und Materialismus durchtränkt.

Der Beschluss Moskaus, keine Einfuhrgenehmigung für *Besseda* zu erteilen, bedeutete letztlich für den Berliner Verlag der Zeitschrift den finanziellen Ruin. Man hatte mit dem Verkauf in der Sowjetunion kalkuliert und von den ersten Nummern mehrere tausend Exemplare gedruckt. Da die meisten Emigranten kaum Geld hatten und in Gorki außerdem einen Sympathisanten des bolschewistischen Regimes sahen, fand *Besseda* unter ihnen nur sehr wenige Käufer. Der Verlag blieb auf dem größten Teil der Auflage sitzen und konnte die Rechnungen der Druckerei und Buchbinderei nicht bezahlen. Chodassewitsch hatte dies von Anfang an befürchtet, vergeblich hatte er Gorki davor gewarnt, auf vereinzelte vage Zusagen aus Moskau zu vertrauen, eine Erlaubnis für den Vertrieb der Zeitschrift in der Sowjetunion zu erwirken. Im Rückblick meinte Chodassewitsch: »Sie haben Gorki einfach an der Nase herumgeführt.« Nach der siebten Nummer wurde die Zeitschrift 1925 eingestellt.

Terror und Ikone

Gorki hatte zu diesem Zeitpunkt längst Berlin verlassen. Im November 1923 war er nach einem kurzen Zwischenaufenthalt in der Tschechoslowakei in das italienische Sorrent weitergezogen. Seine »Familie« kam mit: der Sohn Maxim und dessen Frau, seine Geliebte Maria Budberg und sein Sekretär Pjotr Krjutschkow, der weiterhin den sowjetischen Geheimdienst über jeden Schritt Gorkis informierte.

Der Gesundheitszustand des Schriftstellers hatte sich zunehmend verschlechtert, das Berliner Klima hatte ihm alles andere als gut getan.

In seinen letzten Monaten in der deutschen Hauptstadt hatte er immer wieder mit dem Gedanken an eine Rückkehr nach Russland gespielt, diese sogar angekündigt, etwa in Briefen an Rolland und Bucharin, den er – im Gegensatz zu Trotzki – als seinen Freund und Verbündeten in der Parteiführung ansah. Jekaterina Peschkowa und Maria Andrejewa, Gorkis frühere Ehefrauen, die sonst nie einer Meinung waren und sich tunlichst aus dem Weg gingen, versuchten einmütig, ihn zur Rückkehr in die Heimat zu bewegen. Doch Maria Budberg erhob Einspruch. Sie wollte unter keinen Umständen in der Sowjetunion leben; die Schrecken ihrer Haft in Petrograd konnte sie nicht vergessen – und Gorki wollte die Geliebte nicht verlieren. So schrieb er schließlich an Rolland: »Ich verspüre nicht den geringsten Wunsch, nach Russland zurückzukehren. Ich käme dort nicht zum Schreiben, denn ich würde meine ganze Zeit darauf verwenden müssen, das Gebot zu wiederholen: ›Du sollst nicht töten!‹ ... Und der Terror in Russland wird immer größer!«

Wenige Jahre später hatte Gorki diese Worte offenbar vergessen. Er erlag ausgerechnet den Schmeicheleien Stalins und kehrte 1931 nach Russland zurück, wo er in seiner Verblendung sogar die Arbeitslager als wertvolle pädagogische Einrichtungen pries. Dass Gorki erst Stalin beweihräucherte, sich aber später mit ihm überwarf, musste zu Sowjetzeiten verschwiegen werden. Auch von den Zweifeln, die den Schriftsteller während seiner beiden Berliner Jahre immer wieder befallen hatten, sollten weder die Besucher des Maxim-Gorki-Theaters noch die Schüler der Maxim-Gorki-Schule in Berlin, Hauptstadt der DDR, erfahren. Es galt, den Schriftsteller als Ikone der Sowjetkultur zu verehren.

Noch zu Lebzeiten Gorkis, nämlich 1932, wurde die Stadt Nishni Nowgorod nach ihm benannt. Nach außen gefeiert als »Vater des sozialistischen Realismus«, in Wirklichkeit aber eine Art in Luxus lebender politischer Gefangener, starb Gorki 1936. Bis zu seinem letzten Atemzug wurde er rund um die Uhr bewacht, sogar die Ärzte und Krankenschwestern standen im Dienst der Geheimpolizei. In der sowjetischen Presse erschienen im Laufe der Jahre sieben verschiedene Varianten von zwei Todesversionen: von Ärzten absichtlich falsch behandelt oder vergiftet. Den Auftrag zu dem Mord soll Trotzki gegeben haben, Bucharin habe ihn organisiert, Gorkis Sekretär Krjutschkow ausgeführt. Krjutschkow, der auch GPU-Agent war, wurde wie Bucharin im Dritten Moskauer Schauprozess 1938 zum Tode verurteilt und erschossen. Ihm wurde ferner vorgeworfen, Gorkis Sohn Maxim ermordet zu haben. Auf der Anklagebank saß auch der frühere stellvertretende Regierungschef Alexej Rykow. Er wurde ebenfalls erschossen.

Die drei Lebensgefährtinnen Gorkis hingegen überlebten die Säuberungen: Seine erste Frau Jekaterina Peschkowa starb 1965 in Moskau, zwölf Jahre nach der zweiten Frau, Maria Andrejewa. Beide hatten ihren früheren Mann im Auftrag der GPU bespitzelt. Maria Budberg, Gorkis letzte Geliebte, die sich zunächst gegen eine Rückkehr in die Sowjetunion gesträubt hatte, wurde später offenbar ebenfalls angeworben. Zwar trennte sie sich von Gorki, als er beschloss, endgültig in die Heimat zurückzukehren, ein sowjetisches Visum bekam sie jedoch weiterhin problemlos. Emigranten verdächtigten Maria Budberg, im Auftrag der GPU einen Großteil des Archivs Gorkis, das auch Lenin und Stalin belastendes Material enthielt, nach Moskau geschafft zu haben. Noch vor dem Zweiten Weltkrieg siedelte sie nach London über, wo sie die Lebensgefährtin des Schriftstellers Herbert G. Wells wurde und eine wichtige Rolle in den Salons der britischen Intellektuellen spielte. Als sie 1974 starb, veröffentlichte die Londoner Times *einen langen Nachruf. Darin wurden ihr Verbindungen zu mehreren Geheimdiensten nachgesagt, sie wurde die »russische Mata Hari« genannt. Nina Berberowa schrieb ein Buch über sie, dem sie den Titel* Eine eiserne Frau *gab.*

Philosophie und Foxtrott. Andrej Bely

1880–1934, eigentl. Boris Bugajew. Hauptwerke: *Die Silbertaube* (Roman, 1909, dt. 1912), *Petersburg* (Roman, 1916, dt. 1919).
In Berlin von November 1921 bis November 1923.
Adressen in Berlin:
– Pension d'Albert, Passauer Straße 3
– Pension Crampe, Viktoria-Luise-Platz 9

»Vom Bahnhof geriet man in den Teil Berlins, den die Russen ›Klein-Petersburg‹ und die Deutschen ›Charlottengrad‹ nennen. In diesem Teil von Berlin treffen Sie Leute, denen Sie jahrelang nicht begegnet sind, ganz abgesehen von Ihren Bekannten; man trifft hier ganz Moskau und ganz Petersburg, das russische Paris, Prag, ja sogar Sofia und Belgrad; ich vermute, auch wir sind uns begegnet in diesem wahren Treibhaus der russischen Kultur von gestern; ich traf dort Leute, von denen schon zwanzig Jahre nichts mehr zu hören gewesen war; ein geweihter Ort, an dem die Toten aus den Gräbern steigen, um über den gleißenden Kurfürstendamm zu promenieren! Wenn wir einst, Leser, das Zeitliche gesegnet haben, so glauben Sie mir: Wir werden auferstehen in einem Café am Kurfürstendamm!«

Dass er viele Landsleute in Berlin treffen würde, damit hatte Andrej Bely gerechnet, als er am 18. November 1921 in der deutschen Hauptstadt eintraf. Dass es aber solche Mengen sein würden, das überraschte ihn doch. Ursprünglich hatte er gar nicht emigrieren wollen. Vier Jahre zuvor hatte er das Ende der Zarenherrschaft begrüßt. In der Revolution sah er ein Urereignis, einen religiösen und kulturellen Umbruch. Das politische Programm der neuen Machthaber interessierte ihn dabei zunächst kaum.

In Petrograd hatte Andrej Bely eine mystische, spiritualistische Bewegung angeführt und mit Gleichgesinnten die Freie Philosophische Vereinigung gegründet. Er betrachtete sich selbst als russischer Statthalter Rudolf Steiners, des Begründers der

Anthroposophie, den er noch vor dem Weltkrieg in Deutschland kennen gelernt hatte. Allmählich aber dämmerte es Bely, der mit den Romanen *Die Silberne Taube* und *Petersburg*, mehreren Gedichtbänden sowie einem großen Essay über den Symbolismus einer der bekanntesten russischen Literaten geworden war, dass sich der Geist der Revolution verflüchtigte, dass Bürokraten und Geheimpolizisten die Macht im neuen Russland übernommen hatten und sich anschickten, die blühende Kulturszene immer mehr zu beschneiden und unter ihre Kontrolle zu bringen. Auch gaben Kulturfunktionäre dem Schriftsteller, der mit bürgerlichem Namen Boris Bugajew hieß, zu verstehen, dass sie mit seinem Pseudonym, das er als Symbol für das reine Licht gewählt hatte, keineswegs einverstanden waren: *bely* heißt weiß – und die Weißen, das waren im Bürgerkrieg die Gegner der von Trotzki angeführten Roten Armee. Angesichts dieses Klimas beschloss der adlige Professorensohn, seiner Heimat den Rücken zu kehren.

Schüler des Anthroposophenmeisters

Doch nicht allein die Enttäuschung über die politische Entwicklung in Russland hatte Bely den Zug nach Berlin besteigen lassen. Vielmehr hoffte er, in der deutschen Hauptstadt auch sein persönliches Schicksal wenden zu können: Er hatte erfahren, dass sich seine langjährige Lebensgefährtin Assja Turgenjewa in Berlin aufhielt. Ein halbes Jahrzehnt hatte er sie nicht gesehen. Das Paar war am Vorabend des Weltkriegs, im Februar 1914, in das Schweizer Städtchen Dornach gereist, um den dort lebenden Rudolf Steiner kennen zu lernen. Der weitgehend ohne Vater aufgewachsene Bely, der ausgezeichnet Deutsch sprach, sah in dem Anthroposophenmeister sogleich einen neuen Vater, er wich ihm kaum von der Seite, sog jedes seiner Worte gierig auf.

Mitten im Krieg, 1916, erfuhr Bely, dass er in die russische Armee eingezogen werden sollte. Pflichtschuldigst kehrte er in seine Heimat zurück. Assja Turgenjewa blieb im sicheren Dornach. Zwar wurde Bely dann in Russland doch nicht zu den Waffen gerufen, aber wegen des Kriegs konnte er das Land nicht mehr verlassen. So war er von seiner Lebensgefährtin getrennt. Ihn quälte der Gedanke, sie könnte sich unter dem Einfluss Steiners von ihm lösen. Er glaubte nämlich in Dornach gespürt zu haben, dass der Meister ihm nicht die Wertschätzung entgegenbrachte, die er sich erhofft hatte.

Das Spiel der Assja Turgenjewa

Das Wiedersehen mit der Geliebten nach fünf Jahren verlief für Bely überaus enttäuschend. Assja Turgenjewa wollte ihn in Berlin zunächst gar nicht sehen, schließlich traf sie ihn in Begleitung Steiners. Auf Belys inständiges Bitten hin fand sie sich schließlich zu einer Aussprache unter vier Augen in seiner Pension in der Passauer Straße ein. Aus der Aussprache wurde eine lautstarke Streiterei zu später Stunde, die die Besitzerin der Pension so sehr erschreckte, dass sie sich am nächsten Morgen bei einem anderen russischen Gast, dem Herausgeber der Tageszeitung *Rul*, Jossif Hessen, beklagte: »Die ganze Nacht konnte ich kein Auge zutun, die ganze Nacht stampfte er durch das Zimmer wie ein Besessener; er redete und redete, dann redete sie, dann redeten beide, dann trat plötzlich Totenstille ein, als wären beide gestorben, dann ging es wieder los, so dass ich erschrak. Plötzlich sprang er aus dem Fenster.« Hessen klärte die Frau über die Ursache des Streits auf und beruhigte sie. Schließlich war Bely bei dem Sturz aus dem ersten Stock auch nicht zu Schaden gekommen.

Assja Turgenjewa verspürte indes nicht das geringste Bedürfnis, zu ihrem früheren Gefährten zurückzukehren. Sie erklärte jedem, der sie danach fragte oder auch nicht, sie sei nie die Ehefrau Belys gewesen, und ließ in einem der zahlreichen Emigrantenblättchen sogar eine entsprechende Anzeige veröffentlichen. In Berlin begann sie eine leidenschaftliche Affäre mit dem Dichter und Barden Alexander Kussikow, der nicht nur ein gutes Jahrzehnt jünger war als sie, sondern überdies die philosophischen und spiritualistischen Interessen Belys nicht im Geringsten teilte und sich zu guter Letzt auch noch einen Spaß daraus machte, seine Landsleute in der deutschen Hauptstadt gelegentlich zu provozieren, indem er ihnen seinen sowjetischen Pass zeigte. Serafima Remisowa, die Frau des kauzigen Schriftstellers, die ebenso wie ihr Mann Bely sehr zugetan war, schrieb empört über Assja Turgenjewas neuen Geliebten: »Kussikow ist ein besonders schlimmer Rüpel und Taugenichts, er ist schon ein typisch sowjetisches Gewächs. Nichts ist ihm heilig, dafür benimmt er sich besonders flegelhaft.«

Das ungleiche Paar besuchte dieselben Literaturabende, Clubs und Cafés wie Bely. Ein Journalist beobachtete, wie Assja ganz besonders heftig mit ihrem jungen und lauten Galan turtelte, wenn sie sicher war, dass Bely in der Nähe war und zuschauen musste: »Sie setzte alles daran, den Bruch mit ihrem Gefährten so pikant und für ihn so kränkend wie möglich zu gestalten, indem sie eine leidenschaftliche Affäre mit Kussikow vorspielte. Dass bei dieser Romanze wirklich aufrichtige Gefühle im Spiel waren, wollte niemand so recht glauben, der die wie ein Strohfeuer aufflackernde und schnell verlöschende Affäre beobachtete. Vielmehr schien alles dafür zu sprechen, dass sie es darauf anlegte, ihm vor allem weh zu tun, ihn für irgendetwas zu bestrafen, alle Hoffnungen in ihm zu zerstören.«

Das sah auch Bely selbst so. Marina Zwetajewa vertraute er an: »Glauben Sie etwa, sie brauche ihn, sie brauche diesen Naturburschen? ... Sie will mich tief im Herzen verletzen, sie will das Vergangene töten, sich selber – jene töten, auf dass jenes nie gewesen sei. Das ist – Rache. Eine Rache, die nur mir gilt. Denn alle anderen reden von Verliebtheit. Natürlich. Nach dem Vierzigjährigen, der fast schon eine Glatze hat, dem Schrecklichen – nun dieser zwanzigjährige Schwarzkopf ... Doch Sie kennen sie: Sie ist kalt wie Stahl. Das ist kühle Berechnung.«

Marina Zwetajewa kannte Belys Angebetete schon länger als ein Jahrzehnt. Von ihr stammen die Worte, ein Nein aus dem Munde der Assja Turgenjewa wiege so schwer wie der erste Regentropfen eines Gewitters. Russische Emigranten, denen Bely sein Herz ausgeschüttet hatte, konnten allerdings an ihr wenig Faszinierendes entdecken: Sie sei eine herbe Frau, ohne jeden weiblichen Charme. Die Romanze mit Kussikow sei nichts anderes als die Caprice einer alternden Frau, während der lebenslustige junge Bohemien der langen Liste seiner Eroberungen den Namen einer Frau hinzufügen wolle, die bisher als unnahbar galt und hinter der ein berühmter Dichter vergeblich herlief.

Bely war ein Getriebener. Mit seinen ewigen Ängsten, Selbstzweifeln und Liebesnöten strapazierte er die Nerven selbst derjenigen Schriftsteller, mit denen er Umgang pflegte. Nina Berberowa schreibt in ihrer Autobiografie: »Seine Trunksucht, sein endloses Gerede, sein Klagen, seine sinnlose und ausweglose Selbstzerfleischung machten ihn manchmal unerträglich ... Er lebte wie betäubt, er hörte nicht den Zug der Zeit und in seinem Wahn suchte er in jeder beliebigen Frau sein ›Mamachen‹.«

An einem Abend besuchte er Nina Berberowa und Chodassewitsch, um ihnen über mehrere Stunden seinen Liebeskummer bis ins Kleinste darzulegen. Er verließ schließlich die Wohnung – um schon bald danach zurückzukehren. »In der Nacht verlangte Bely laut vor der Tür Einlass, Chodassewitsch, schweißgebadet, flüsterte, ich solle ja nicht öffnen und antworten. Er fürchtete, dass diese verworrene, beängstigende Geschichte, die ebenso sinn- wie endlos war, wieder von vorn anfangen würde«, erinnert sich Nina Berberowa.

Kaufsüchtige und Bettler

Bely brauchte Monate in diesem stürmischen Winter 1921/22, um zu begreifen, dass Assja Turgenjewa die Bindung zu ihm als beendet ansah. Um sich abzulenken, besuchte er oft das KaDeWe, er wohnte in der Passauer Straße ja nur ein paar Schritte entfernt von dem großen Kaufhaus:

»In den Vitrinen, arrangiert von den Händen der Dekorateure, stufen sich sanfte Seiden (von blau zu zitronengelb oder von grellorange zu tiefviolett), wo Wachsschönheiten geziert ihre Toiletten vorführen; die Drehtüren des blitzenden KaDeWe schieben von morgens bis abends Massen von modehungrigen Damen und feschen Herren herein, die der Lift eiligst in alle vier der riesigen Etagen befördert; schicke Verkäufer und Verkäuferinnen breiten vor ihnen die Waren aus; unter den hier versammelten Nationen, den Polen, Tschechoslowaken, Chinesen, Japanern und Russen, fehlt eine: die deutsche. Die zieht die entfernteren billigeren Kaufhäuser um den Alexanderplatz und den Stettiner Bahnhof vor; das KaDeWe ist für die Deutschen zu teuer; und es stellt sich sogar heraus: Charlottengrad ist ihnen zu teuer; es ist vor allem etwas für die Russen.

Am Wittenbergplatz stößt die Untergrundbahn Menschenmassen aus, die auf den strahlenförmig auf ihn zuführenden Straßen davoneilen, ebenso viele verschlingt sie; und abends das blendende Licht der Cafés; hier servieren im russischen Bären Offiziere (aus russischen Adelsfamilien); und massenweise sind Russen aus Lodz hier im Café Ruscho mit ihren wilden Spekulationsgeschäften befasst: schwarze Börse; ein Nachtlokal ist in Betrieb, wo die unglücklichen Angestellten irgendwelcher Läden im Eva-Kostüm tanzen; Ecke Kleist- und Lutherstraße trostlos das unvermeidliche *Komm* ...! Aber morgens ist hier Markt.«

Auf den Gegensatz zwischen den Russen, die sich in Berlin dank ihrer ins Ausland geretteten Devisen wie vornehme Herrschaften aufführten, und den Deutschen, die angesichts von Inflation und Massenarbeitslosigkeit Not litten, kam Bely immer wieder zu sprechen. Ungehalten schildert er seine Beobachtungen auf der Tauentzienstraße: »Wer aus Russland kommt, deckt sich mit Schuhen, Handschuhen, Mützen und Regenschirmen

Eingangsportal des KaDeWe.

Andrej Bely im Berliner »Haus der Künste«.

ein; in urtümlichen Fellmützen trifft man ein, in den abgewetzten Pelzen Sowjetrusslands, um als Europäer wieder abzureisen oder piekfein im Café Tauentzien einzukehren – zum Fünfuhr-Tanztee. Hier gibt es auch die Schiffskarten nach Leningrad: Der Geist der Russen: es riecht nach Russland.

Und hört man doch einmal Deutsch, ist das Staunen groß: Wieso? Deutsche? Was haben sie in unserer Stadt zu suchen? Die Tauentzienstraße ist breit; in der Mitte pausenlos Straßenbahnen, Autobusse, Autos; vor den prächtigen Läden sitzen reihenweise Bettler, ohne Arme, ohne Beine, die Kriegsinvaliden von Vierzehn/Achtzehn, viele mit dem Eisernen Kreuz dekoriert, dem Georgsorden der Deutschen; sie strecken ihre Stümpfe den Passanten entgegen, Russen meist, deren Rede mit russischen Neubildungen gespickt ist: *abgemacht, abgeschlossen*.«

Sodom der Bourgeoisie

Fast jeden Abend zog Andrej Bely durch die russischen Kneipen und Bars um den Tauentzien. In seinem späteren sarkastischen

Bericht über das verderbte Berlin zitiert er mit einer Mischung aus frivolem Schauer und aufgesetzter Empörung den damals viel gesungenen Schlager über das Nachtleben der Stadt:

»Nacht! Tauentzien! Kokain!

Das ist Berlin!«

Doch auch tagsüber zog ihn die »Lastermeile« der Metropole an. Aufmerksam beobachtete er die Passanten, verfolgte sie mit seinen Blicken, versuchte dabei zu erraten, wohin sie gingen, was sie für ein Leben führten. Was er hinter den Fassaden der Wohlanständigkeit und der deutschen Ordnung zu entdecken glaubte, empörte ihn, stieß ihn ab – ein wahres Sodom aus Alkoholikern, Drogensüchtigen, Prostitutierten, Strichjungen, Perversen und Pädophilen:

»Ein Mann kommt vorbei, steifer Hut, Aktentasche unter dem Arm – wohin? Sicher vom Dienst nach Hause. Eine elegant gekleidete vornehme Dame: wohl auch nach Hause; ein blasser Jüngling mit verzehrendem Blick, sein Schritt ist sanft beschwingt; am Spielplatz ein Mädchen, zehn vielleicht, rote Schleife im Haar, es wartet wohl auf seine Freundin, um mit ihr zu spielen. Alles klar und deutlich wie der helle Tag!

Und dann erfährst du: Der hoch ehrbare Herr im Hut eilt vom Dienst nicht nach Haus, sondern in ein Vergnügungslokal, wirft dem Portier seine Aktentasche zu und ergibt sich zu wilden Negerklängen dem schmachtenden Boston, um in den Pausen, die den Boston zerreißen, verzückt zu erstarren, als sei er beim Gottesdienst; er eilt zu einer heiligen Handlung, dann geht er nach Hause, Mittag essen ... Wahnsinn! Oder er eilt zu seinem geliebten Patzenhofer, um sich einen Krug Bier zu genehmigen, freilich nicht ohne ihn mit einer Menge von Schnäpsen zu kreuzen. Wenn aber der Krug zu Ende geht, gerät er ins Philosophieren ...

Und du erfährst: Die vornehm gekleidete Dame mit dem vornehm gesenkten Blick war auf dem Weg in ein Etablissement der Rendezvous, um sich wahnsinnig perversen Scheußlichkeiten hinzugeben; der verzehrend blickende Jüngling, der so auf sich aufmerksam machte, foxtrottet in ein Homosexuellencafé; in Berlin gibt es an die hundert Homosexuellen- und Lesbierinnencafés; und das unschuldige Mädchen mit den roten Schleifen – grauenhaft: Ein altes Männlein holt es ab, höchst korrekt gekleidet, Amerikaner, nach allem zu urteilen; sie verschwinden zusammen – wohin? Ich senke meinen Blick, um ihnen nicht nachzustürzen und zu schreien: ›O Schlinge und Grube dir, Sodom der Bourgeoisie!‹«

Das Geheimnis der Kneipe

Bely hatte es sich zur Gewohnheit gemacht, deutsche Kneipen zu besuchen, dort Wein zu trinken und mit den Gästen auf Deutsch ein Gespräch zu beginnen. Ein Lokal unweit der Pension Crampe am Viktoria-Luise-Platz, in der er damals logierte, wurde zu seiner Stammkneipe. Hier glaubte er, den Schlüssel zum Verständnis der Berliner Gesellschaft, ja zum Verständnis der dem Untergang geweihten europäischen Kultur schlechthin entdeckt zu haben.

»Eine Zeit lang ging ich gerne in ein ärmliches, düsteres Bierlokal; beobachtete, wie noch spät durch die geöffnete Tür ein paar schon ziemlich angeschlagene Burschen hereinkamen, um ihren letzten Kognak zur Nacht herunterzukippen; alles schien mir interessant; wie wer trinkt, Witze macht, wie man einen besänftigt, dass er nicht randaliert ...

Das Geheimnis dieser Kneipe hatte es mir angetan; ich wurde Stammgast; Abende lang saß ich in der Kneipe; dann offenbarte sich mir das gesuchte Geheimnis; nicht die Fröhlichkeit führte die Gäste hierher, nicht der Wunsch, arglos einen Abend zu verbringen; jeder war mit jedem durch seine Tragödie verbunden, eine furchtbare Verzweiflung, einen Sturz, alle waren sie gewesene Leute, Gescheiterte; alle waren sie Brüder im Unglück; sie trafen sich, um gemeinsam ihr Leben bis zur Neige zu leeren ...

Hier, in der bescheidenen Kneipe, unter Säufern, Gefallenen, fast zwielichtigen Objekten, traf ich die Erben der großen Kultur

Eine Berliner Kneipe in den zwanziger Jahren.

von einst; sie waren aus der Beletage der Berliner Zivilisation heruntergefallen in den Keller des Lebens; in der Beletage aber, in den Cafés am Kurfürstendamm, hatten sich die brillantenbehangenen Barbaren der Kultur breitgemacht.«

Doch nicht nur seine kulturkritischen Betrachtungen führten Bely in das Lokal. Der Vierzigjährige mit dem fast kahlen Kopf hatte sich in die Wirtstochter verliebt, ein unansehnliches blasses Berliner Mädel, das in der Kneipe bediente. »Fräulein Mariechen« war gerade halb so alt wie der Schriftsteller. »Eine künstlerische Natur mit feinem Empfinden, lernte in ihrer Freizeit Französisch, las Gedichte, hörte Musik«, schwärmte Bely. Mariechen konnte allerdings kaum begreifen, dass sie die Muse eines Schriftstellers sein sollte. Doch ließ sie das Gerede des »Herrn Professor«, wie Bely von den Stammgästen der Wirtschaft genannt wurde, über sich ergehen. Sie wollte schließlich keinen zahlenden Gast vergraulen. Er gab ihr die deutsche Ausgabe seines Romans *Petersburg* zu lesen und versicherte allen, die es hören wollten oder auch nicht, Mariechen wisse das Werk besser zu würdigen als sämtliche Literaturwissenschaftler. Immerhin fiel das Mädchen auch dem kränklichen Chodassewitsch auf, er widmete ihm die grausamen Verse *An Mariechen*:

Was stehst hinter der Theke du,
passt sie etwa zu dir?
...
Fast besser wäre dir's –
Kaum wage ich's zu denken –
fielst du des Abends
im verlass'nen Wald
den Bösen in die Hände.
Besser, Gewalt und Tod
in wen'gen Augenblicken zu erleben,
Als zweimal fallen, zweimal sterben,
zweimal untergehn.

Mariechen war für Bely die Verkörperung der Sophia, der weiblichen Weisheit. Mit dem Gedicht wandte sich Chodassewitsch gegen die Idealisierung der Wirtstochter; gleichzeitig aber warnte er vor Bely. Ob dieser die Verse jemals zu Gesicht bekam, ist nicht überliefert. Seine Verehrung für Mariechen aber sprach sich herum; denn er schleppte manchmal Bekannte mit in die Kneipe. Aber niemand konnte an dem unscheinbaren Mädchen etwas Besonderes entdecken.

Foxtrott und Tango

Es dauerte nicht lange, bis Bely spürte, dass Mariechen seine innere Leere nicht ausfüllen konnte. Wieder trieb er sich fast täglich in Tanzcafés und Bars herum, betrank sich hin und wieder bis zum Exzess und war bald als nimmermüder Foxtrott- und galanter Tangotänzer bekannt. Er ließ keine Tanzmode aus, vom Shimmy bis zum Schieber. Ein Mitglied eines Philosophiezirkels, für den Bely Vorträge hielt, beobachtete verstört seine Eskapaden in den Tanzcafés: »In jedem, der ihm bei diesem Treiben zusah, stieg ein Gefühl der Peinlichkeit, ja, der Sorge um Bely hoch, die noch dadurch wuchs, dass man wusste, dass nichts und niemand ihm in diesen Augenblicken Einhalt gebieten konnte ... Seine Tänze steigerten sich ins Dämonische, Rituelle – doch nie ins Erotische –, so dass manche seiner Partnerinnen in Tränen ausbrach und das Publikum so schockiert war, dass es die Tanzfläche schleunigst räumte, um vom Rande die eigenartige Vorführung weiterzuverfolgen.« Ehrenburg fiel auf, dass Bely mit seinen wilden Augen »deutsche Verkäuferinnen erschreckte«. Marina Zwetajewa erinnerte sich: »Alle sahen ihn wie in einem Schauspiel und ließen ihn schnell mit sich allein, so wie das Kaiserliche Theater, in dem nur die Mäuse nach dem Schauspiel zurückbleiben.«

Depression und Arbeitswut

Kaum nahm Bely wahr, dass eine junge Dichterin sich ihn in verliebt hatte und um ihn warb: die damals gerade 21 Jahre alte Vera Lourié, die ihn schon als junges Mädchen in Petrograd verehrt hatte. Mit ihren Eltern war sie nach Berlin emigriert. Sie versuchte Bely bei jeder Gelegenheit zu treffen, reiste ihm sogar an seine Urlaubsorte an der Ostsee nach. Doch der Angebetete wollte von der blassen jungen Frau, die damals in der russischen Presse zahlreiche Gedichte veröffentlichte, nichts wissen, sie ging ihm sogar mit ihrer anhänglichen Art auf die Nerven. Sie habe nicht einen Funken jener Dämonie besessen, die Bely so an Frauen schätzte, charakterisierte sie ein gemeinsamer Bekannter. Dem Schriftsteller habe es hin und wieder offenbar »ein sadistisches Vergnügen« bereitet, sie zu ignorieren. Doch manchmal, wenn ihm danach war, führte er sie auch aus und durchtanzte mit ihr die halbe Nacht – um ihr am nächsten Tag wieder die kalte Schulter zu zeigen.

Phasen tiefster Depression wechselten sich ab mit Exzessen im Berliner Nachtleben und tagelangem Schaffensdrang. Bely schrieb Aufsatz um Aufsatz, Rezension um Rezension, Gedicht um Gedicht und veröffentlichte eine Reihe seiner Bücher in überarbeiteter Fassung. Ein russischer Journalist hielt fest: »Erstaunlich war Belys körperliche Kondition; denn nach seinen im Alkoholrausch durchtanzten Nächten – so manches Mal fand er nicht den Weg nach Hause oder an seiner Haustür das Schlüsselloch – saß er am frühen Morgen wieder am Schreibtisch vor einem Berg gelblichen Papiers und füllte ein Blatt nach dem anderen mit seiner charakteristischen großzügigen Schrift. Selten las er das Geschriebene noch einmal durch oder änderte etwas.«

Marina Zwetajewa fiel auf, dass Bely trotz seines ausschweifenden Lebenswandels immer gesund aussah: Nie habe sie ihn blass gesehen, immer gelblich-rosa-gebräunt. Dazu seine strahlend blauen Augen und die silbrig gewordenen Haare. »Silber, Kupfer, Lasur – in diesen Farben ist Bely mir gegenwärtig geblieben.« Erst später reimte sie sich zusammen, dass sein scheinbar gesunder Teint in Wirklichkeit mit seiner Gefäßkrankheit zusammenhing, an der er letztlich starb. Dass die Krankheit wohl schon Anfang der zwanziger Jahre in ihm steckte, davon ahnte damals wohl noch niemand etwas. Mit seiner körperlichen Verfassung sah es keineswegs so gut aus, wie es für viele den Anschein hatte. An einen Verleger schrieb er: »Schon lange nervenkrank, schreibe ich bis zu zwanzig Stunden täglich: Ich schreibe meine grundlegenden Bücher und sitze vor einem Berg von Korrekturen. Derweil: von allen Seiten prasseln Vorschläge, Bitten, Forderungen auf mich herein; derweil: vermittels von Dutzenden von Briefen muss ich eigene Bücher aus Russland herausangeln; derweil: ich leide unter ständigen Herzanfällen; derweil: ich bin total allein und völlig außerstande, mir einen Knopf anzunähen; derweil: ich strecke die Zunge raus und meide eine ganze Reihe von Örtlichkeiten, nur damit niemand beleidigt sei ...«

Dem Schriftsteller Boris Saizew, der Bely noch aus Moskau gut kannte, entging nicht, wie einsam und orientierungslos sich der Landsmann im Exil fühlte: »Sein Berliner Leben wurde letztlich ein Misserfolg. Durch Berlin ist er in gewissem Sinne verwildert. Sein Äußeres spiegelte den ganzen grauen Berliner Alltag wieder, von den Wurstbuden bis zu den Stehkneipen, in denen er zum ständigen Gast wurde. Seine Glatze wurde größer, die Haare an den Schläfen grau und schütter. Schließlich bekam er noch einen Schmerbauch. Von seinen emaille-türkisfarbenen Augen, die wir vom Moskauer Arbat kannten, ist wenig übrig geblieben.«

Ein umherirrender Geist

Auf Wunsch von Maxim Gorki beteiligte sich Bely an der Herausgabe der Zeitschrift *Besseda*, die dieser als Plattform für die russische Intelligenz in Sowjetrussland wie im Exil gegründet hatte. Bely selbst sah sich als idealer Vermittler zwischen den Fronten, denn er fühlte sich weder dem neuen bolschewistischen Russland, noch der Emigration zugehörig. Nach seiner Auffassung musste eine Idealheimat erst noch geschaffen werden. In seinem viel diskutierten Aufsatz *Über »Russland« in Russland und »Russland« in Deutschland* entwickelte er die These, die durch die Revolution in Russland freigesetzten kulturellen Kräfte müssten auch auf das dekadente Abendland gerichtet werden. Für das 20. Jahrhundert sagte er einen Wendepunkt voraus, der den Niedergang der europäischen Zivilisation markieren würde. Eine Rettung sah er, im Gegensatz zu vielen anderen russischen Denkern, allerdings nicht in einer geistigen Erneuerung des Westens durch Osteuropa und Asien, sondern in einer Rückkehr zum Humanismus der Renaissance.

Seine grundsätzlich positive Sicht der Revolution rief naturgemäß heftige Reaktionen unter den Emigranten hervor. Sie wurde als Lob der Bolschewiken missverstanden. Bald saß Bely in Berlin zwischen allen Stühlen, von den Parteigängern der Bolschewiken als wankelmütig und dekadent verschrien, von deren Gegnern als Bolschewiken-Freund verachtet.

Doch nichts lag ihm ferner als dies. Er hoffte vielmehr, mit Debatten über den Sinn der Kunst dazu beizutragen, die Gräben in der Emigrantenkolonie zu schließen. Vorübergehend übernahm er deshalb sogar den Vorsitz des »Hauses der Künste« und engagierte sich im »Klub der Schriftsteller«. Auch bei seinen eigenen Rezitationsabenden rief er immer wieder die Zuhörer dazu auf, sich im Geiste des Humanismus zu versöhnen. Der in den Literatencafés allgegenwärtige Ehrenburg schrieb über ihn: »Große, weit aufgerissene Augen – lodernde Feuer in einem bleichen, erschöpften Gesicht. Eine überhohe Stirn mit einem Inselchen zu Berge stehender Haare. Er spricht seine Gedichte, als raune eine Sybille ihre Sprüche, und gestikuliert beim Lesen mit den Händen: Er untermalt den Rhythmus – nicht der Gedichte, sondern seiner geheimen Gedanken. Das wirkt beinahe komisch, und manchmal kommt er mir vor wie ein großartiger Clown. Aber wenn er vor einem steht, ergreift einen Unruhe und Pein, das Gefühl eines elementaren Unbehagens. Bely ist größer und bedeutender als seine Bücher. Er ist ein umherirrender Geist, der seinen Leib nicht gefunden hat, ein Strom ohne Ufer.«

Auf den Veranstaltungen des »Hauses der Künste« wurde auf Belys Anregung hin für die Russland-Hungerhilfe gesammelt. Für den 20. März 1922 konnte Bely als Vortragenden Thomas Mann gewinnen. Der berühmte Schriftsteller sprach zunächst über den Einfluss Goethes auf Leo Tolstoi, dann las er aus seiner Erzählung *Das Eisenbahnunglück*. Bely dankte ihm in perfektem Deutsch für seine Bereitschaft, den Hungernden in Russland zu helfen.

Bruch mit Steiner

Auf einer Veranstaltung der Berliner Philosophischen Gesellschaft traf Bely zufällig Rudolf Steiner. Dem Begründer der Anthroposophie warf er insgeheim vor, ihm nicht sein ganzes Wissen von den geistigen Möglichkeiten des Menschen übermittelt zu haben. Zu einer Aussprache kam es indes nicht. Bely glaubte an dem Abend, in der Frage Steiners, wie es ihm in Berlin ergehe, einen herablassenden Unterton zu hören. »Schwierigkeiten mit dem Wohnungsamt«, presste er heraus. Später erklärte er, ab diesem Moment habe er Steiner gehasst. Das Gespräch war damit beendet, Bely fühlte sich gedemütigt. Gegenüber Chodassewitsch und Nina Berberowa brach es später aus ihm heraus: »Am liebsten würde ich nach Dornach fahren und den Doktor anschreien, wie Straßenjungen schreien: ›Herr Doktor, Sie sind ein alter Affe!‹«

Er trat tatsächlich die zweitägige Zugreise nach Dornach an, doch wollte Steiner den »russischen Abgesandten der Anthroposophie« nicht empfangen. Nach der Rückkehr nach Berlin stürzte Bely sich wieder in die Arbeit. Er schrieb wie ein Besessener, wieder über seinen Liebesschmerz, ließ seinem Zorn über Steiner freien Lauf und beschuldigte ihn, ihm Assja Turgenjewa abspenstig gemacht zu haben. Tagelang ergab er sich melancholischen Stimmungen, beklagte sein Schicksal, um alsbald erfolglos in Tanzlokalen romantische Abenteuer zu suchen.

Abschied von Berlin

Marina Zwetajewa schien der einzige Mensch in Berlin gewesen zu sein, der sich nicht insgeheim über Bely lustig machte und ihm geduldig zuhörte. Kennen gelernt hatten sie sich am Tisch Ehrenburgs in der Prager Diele; mehrere Stunden dauerte ihr erstes Gespräch. Noch am selben Abend las Bely ihr vierzigseitiges Gedicht *Trennung*, das ihrem Mann gewidmet war, den sie vier Jahre nicht gesehen hatte. Bely war so begeistert von den Versen, dass er selbst einen neuen Zyklus mit dem Titel *Nach der Trennung* begann. Er habe Zwetajewas Herzschlag gespürt, in Ton und Melodie ihrer Worte ein »poetisches Wunder« erfahren, erklärte er dazu. Fortan sahen sie sich fast täglich.

Als Marina Zwetajewa nach elfwöchigem Aufenthalt Berlin in Richtung Prag verließ, verfiel Bely zunächst wieder in tiefe Depressionen. In einem Brief flehte er sie an: »Ich bin gemartert! Zu Ihnen unter die Flügel! Mein Leben ist in diesem Jahr ein einziger Albtraum! Sie sind meine einzige Rettung! Wirken Sie ein Wunder!« Marina Zwetajewa erhielt nach langen Laufereien im Herbst 1923 tatsächlich von den Prager Behörden, die die russische Emigrantenkolonie in ihrer Stadt großzügig unterstützten, für Bely die Zusage für ein Stipendium. Sie organisierte ihm sogar ein Zimmer. Aber als sie ihm die freudige Nachricht per Telegramm nach Berlin übermittelte, war es schon zu spät: Bely war wenige Stunden zuvor nach Moskau abgereist – endgültig. Er sah Marina Zwetajewa nie wieder.

Von Nina Berberowa ist eine Schilderung von seinem Abschied aus Berlin überliefert: Bei einem Abendessen in einem russischen Restaurant in der Genthiner Straße, an dem unter anderem Chodassewitsch, Saizew, Remisow und der Philosoph Berdjajew teilnahmen, habe Bely »hasserfüllt« verkündet, er werde nach Russland zurückkehren, »um sich für die russische Literatur kreuzigen zu lassen, für die er sein Blut vergieße«. Chodassewitsch habe ihn mit den Worten unterbrochen: »Aber bitte nicht für mich! Ich möchte nicht, dass Sie sich für mich kreuzigen lassen!«

Weiter heißt es bei Berberowa: »Daraufhin brach ein Gelärme aus, alle versuchten, die Sache mit der Kreuzigung als Witz abzutun, als Metapher, als Hyperbel. Aber Bely setzte zu einem verbalen Rundumschlag an: Chodassewitsch sei ein Skeptiker, der alles um sich herum zerstöre, ohne etwas Eigenes zu schaffen, Berdjajew sei insgeheim ein Feind, ... alle, die um ihn herum saßen, wurden in seiner vom Wein getrübten Fantasie zu einem Ring von Feinden, die sein Verderben wünschten, nicht an seine Heiligkeit glaubten und mit ironischem Lächeln seinem Untergang entgegensahen.«

Den Anstoß für seine überraschende Rückkehr nach Moskau hatte jedoch eine Frau gegeben: Klawdija Wassiljewa, die er noch in Moskau in einem Anthroposophenzirkel kennen gelernt hatte. Ihr war es gelungen, im März 1923 in Berlin eine Begegnung zwischen Steiner und Bely herbeizuführen, bei der sich die beiden Männer miteinander versöhnten. Die mütterliche Klawdija Wassiljewa besuchte Bely regelmäßig, kochte für ihn, hörte ihm geduldig zu. Als sie im Sommer 1923 Berlin in Richtung Moskau verließ, dachte Bely wohl erstmals auch an eine Rückkehr. Bald darauf bemühte er sich in der Sowjetbotschaft um die erforderlichen Papiere.

Bely war sich seiner Entscheidung jedoch alles andere als sicher. Er schien zu ahnen, dass er wenig Gutes von den neuen Machthabern zu erwarten hatte. So hatte Revolutionsführer Leo Trotzki den »Philosophierer Bely« in seinem fulminant geschriebenen Buch *Literatur und Revolution* auf fünf vollen Seiten scharf angegriffen und abgeurteilt: »Bely ist tot – und wird geistig auch nicht wieder auferstehen.«

Als er am 23. Oktober 1923 schon auf dem Bahnsteig stand und auf die Einfahrt des West-Ost-Expresses wartete, packten ihn erneut Zweifel. Chodassewitsch, Nina Berberowa und die unermüdliche Verehrerin Vera Lourié gehörten zu der kleinen Gruppe von Freunden und Bekannten, die zum Bahnhof Zoo gekommen waren, um Bely zu verabschieden. Unmittelbar vor der Abfahrt des Zuges sprang er aus dem Waggon und murmelte: »Nicht jetzt, nicht jetzt, nicht jetzt!« Im letzten Moment zog ihn der Schaffner zurück in den bereits fahrenden Zug.

Abrechnung mit Berlin

Das Thema Berlin ließ Andrej Bely auch nach seiner Rückkehr in die Heimat nicht los. Zunächst schrieb er drei satirisch-sarkastische Skizzen über die Emigrantenkolonie und die Deutschen, die er 1924 unter dem Titel *Im Reich der Schatten* als Buch herausbrachte. Darin findet sich folgende Passage über Berlin: »All das liegt in einem braunen, äußerst tristen Dunst; und die braunen, langweiligen, faden Bürger hetzen in braunen Mänteln vorüber an einer braunen, absurden Häuserreihe in bräunlichem qualmendem Dunst unter braunstichigem Himmel über braunem Asphalt.«

Ob Bely damit auf den aufkommenden Nationalsozialismus anspielen wollte, bleibt umstritten. Berlin blieb für Bely jedenfalls ein »organisierter, systematisch in die Realität umgesetzter Albtraum« und in dem Nebeneinander von Chaos und Ordnung, von Nüchtern- und Trunkenheit Symbol für den bevorstehenden Untergang der europäischen Kultur. 1931, acht Jahre nach seiner Rückkehr nach Russland, brachte er das düstere und wütende Gedicht *Berlin* zu Papier, durfte es aber nicht veröffentlichen:

Auge
Gottes, –
– feurige
Pfeiler, –
unsere Schande ...
aufgerichtet ...
Wohin sollen wir fliehen
vor dem Zorn?
Und wie aufheulen
aus den schwarzen Löchern?

Geist –
Leib, –
– Gaserzeuger, –
verlösche!

Stürz ein,
alter Tempel, –

– wo –
aufschwoll,
durch Bosheit
vertiert, –
– der stirnlose
schmaläugige –
– Schurke!

Der Talgpriester,
der Brotzerkauer, –
er bläht
borniert
den Smoking auf –
– das Grab, –
drückt mit einem Knall
den Himmel ins Gesicht, –
– die schwarze
Melone –
– in die Stirn, –
presst
das Gewissen zusammen –
– mit der lackierten Aktentasche,
den Magen –
– mit dem
dunkelbraunen Mantel, –

eilt so
dem Endziel
zu –
– um –
am Prellstein
ins Nichts
hinzustürzen.

Bald nach seiner Rückkehr nach Moskau heirateten Klawdija Wassiljewa und Bely. Der Schriftsteller musste rasch erfahren, dass er in der Sowjetunion als Regimegegner galt und nicht mehr publizieren durfte. Wegen einer angeblichen »anthroposophischen Verschwörung« wurde er von der GPU verhört, seine Frau und mehrere seiner Freunde wurden verhaftet und kamen in ein Arbeitslager. In einem verzweifelten Brief an Stalin, 1931 versuchte er ihre Freilassung zu erwirken. Eine Antwort erhielt er nie. Bely verlor jeden Lebensmut. Er starb 1934, erst 53-jährig, geschwächt durch seine chronische Gefäßkrankheit, an den Spätfolgen eines Sonnenstichs. Die meisten russischen Antroposophen kamen im Gulag um, Klawdija Wassiljewa aber überlebte, sie starb 1977 in Moskau. Belys erste Lebensgefährtin Assja Turgenjewa lebte bis zu ihrem Tod 1966 in Dornach.

Nicht über die Liebe. Viktor Schklowski

1893–1984. Hauptwerke: *Sentimentale Reise* (Autobiografische Skizzen, 1923, dt. 1964), *Zoo oder Briefe nicht über die Liebe* (Briefe, 1923, dt. 1965), *Hamburger Rechenschaft* (Essays, 1928), *Kindheit und Jugend* (Erinnerungen, 1961, dt. 1968), *Eisenstein* (Biografie, 1976, dt. 1977).
In Berlin von April 1922 bis Juni 1923.
Berliner Adresse:
– Kaiserallee 207 (heute Bundesallee)

»Ich wollte ehrlich leben und mich entscheiden, wollte vor dem Schwierigen nicht ausweichen; doch ich hatte meinen Weg verwirrt. In den Irrtum und in die Irre getrieben, fand ich mich im Exil wieder, in Berlin.«

Im April 1922 kam Viktor Schklowski nach Deutschland, nach einer abenteuerlichen Flucht aus Russland. Gerade in Berlin angekommen, wo er zunächst über die breiten Straßen (»Asphalt, das war neu für mich«) und die Lichtreklame (»Eine große Flasche aus Neonröhren gießt oben im Himmel in ein Neonglas Wein«) staunte, verspürte er das dringende Bedürfnis, die Wirren der letzten Jahre in einem Roman zu verarbeiten. Er gab ihm den Titel *Sentimentale Reise*. In ihm fasste er die Summe seiner Berliner Stimmungen in zwei Sätzen zusammen: »Und nun lebe ich unter Emigranten, verwandle mich in einen Schatten unter Schatten. Bitter schmeckt das Wiener Schnitzel in Berlin.«

Die Stadt bedeutete für ihn nicht Ankunft und Einkehr nach Irrtum und Irre, sondern Exil und Fremde, Heimat- und Orientierungslosigkeit. Er schrieb über sich: »Ich bin jetzt verwirrt, denn dieser von den Reifen der Automobile glatt polierte Asphalt, diese Leuchtreklamen, diese elegant gekleideten Frauen: Alles das verändert mich. Ich bin nicht der, der ich war; ich bin hier, so scheint es mir, nicht gut.«

Schklowski war auf der Flucht in Berlin gestrandet, er war vor den Bolschewiken geflohen, vielleicht aber auch aus seiner Ehe, vielleicht auch vor sich selbst. Er war 29 Jahre alt und wusste nicht, wo sein Platz in der Gesellschaft war, obwohl er bereits einen Namen als Literatur- und Kunstkritiker besaß – und obwohl er sogar ein hohes politisches Amt bekleidet hatte.

Nach der Februar-Revolution 1917, die zur Abdankung des Zaren geführt hatte, war Schklowski in Petrograd den mit der deutschen SPD verbündeten Sozialrevolutionären beigetreten, die sowohl gegen die Zaristen als auch gegen die Bolschewiken kämpften. Rasch stieg er in die führende Ränge auf und wurde in den Stadtsowjet abgeordnet. Als der Sozialrevolutionär Alexander Kerenski im Sommer 1917 die Regierung übernahm, wurde der gerade 24 Jahre alte Schklowski gar zum Kommissar ernannt und hatte damit faktisch eine Behörde zu leiten. Mit dem Oktoberumsturz allerdings verlor er noch im selben Jahr wieder all seine Ämter. Wie viele andere Sozialrevolutionäre tauchte er unter. Aus dem Untergrund nahm er Kontakt zu Maxim Gorki auf, den er zuvor in einem Literaturzirkel kennen gelernt hatte. Der berühmte Schriftsteller, der mit dem Revolutionsführer Lenin befreundet war, ließ seinen Einfluss bei den Behörden spielen und Schklowski wurde zunächst nicht weiter belangt.

Doch bald darauf befahl Lenin im Kreml die gnadenlose Verfolgung der Sozialrevolutionäre. Nur mit knapper Not entging Schklowski im März 1922 der Verhaftung. Einige Wochen hielt er sich wieder in Petrograd versteckt. Schließlich beschloss er, außer Landes zu fliehen. Es war ein ungewöhnlich harter und langer Winter, und die Ostsee war noch vereist. Daher zog er, wie viele Flüchtlinge in dieser Zeit, gen Norden nach Finnland. Nach ein paar Tagen in Helsinki setzte er mit dem Schiff nach Deutschland über.

Unglückliche Liebe

In seiner *Sentimentalen Reise* hat Schklowski den politischen Hintergrund des Erlebten nicht näher ausgeleuchtet, ebenso wie er auch seine in Russland zurückgelassene Ehefrau nicht erwähnte. Beides kam nicht von ungefähr: Dass er die Bolschewiken und die Tscheka nicht angriff, hielt ihm den Weg zurück offen. Und seine Frau spielte in dem Buch wohl keine Rolle, weil sie für *ihn* einfach keine Rolle mehr spielte, weil sie ihm gleichgültig geworden war.

Jedenfalls begann er schon sehr bald nach seiner Ankunft in Berlin, einer jungen hübschen Moskauer Jüdin den Hof zu machen. Alia Triolet wurde, ebenso wie ihre ältere Schwester Lilja Brik, von vielen russischen Dichtern und Künstlern heftig umworben. Die Tochter eines bekannten Moskauer Rechtsanwalts hatte kurz nach der Revolution den Franzosen André Triolet geheiratet. Auf einer anschließenden Weltreise, die bis in die Südsee führte, merkte das Paar, dass es nicht zusammenpasste. Triolet habe sich mehr für Pferde als für seine junge Frau interessiert, spottete ein boshafter Zeitgenosse. Der Franzose kehrte nach Paris zurück, Alia reiste nach Berlin, wo viele Bekannte und frühere Verehrer lebten.

Ihre Schwester Lilja hatte den Juristen Ossip Brik geheiratet, der sich in der russischen Kunstszene als Organisator von Ausstellungen einen Namen gemacht hatte. Später wurde sie die Geliebte des Revolutionsdichters Wladimir Majakowski, der zunächst die jüngere Schwester umworben hatte.

In die große Schar von Verehrern der schönen Alia Triolet reihte sich nun auch Viktor Schklowski ein. Der Verliebte sah fortan überall nur noch Blumen, die er ihr am liebsten alle geschenkt hätte: »Es gab die morgendlichen Gehsteige der Berliner Straßen. Die mit den weißen Blütenblättern der Apfelbäume übersäten Marktplätze. Die Apfelzweige standen auf langen Tischen in Eimern. Später, im Sommer, gab es Rosen an langen Stengeln, vermutlich Schlingrosen. Orchideen standen im Blumengeschäft ›Unter den Linden‹, und ich kaufte sie nie. Ich war arm. Ich kaufte Rosen: statt Brot.«

Alia Triolet.

Blumenfrauen am Potsdamer Platz.

Alle seine Bekannten bewunderten Schklowski wegen seines scharfen Intellekts, seiner Fabulier- und Formulierkunst, seiner Schlagfertigkeit, seines Witzes. Andrej Bely sagte über ihn: »Mit ihm ist es unkompliziert und nie langweilig: Er ist scharfsinnig, unvoreinkommen, klug, gütig und tolerant, obwohl er sich unversöhnlich gibt.« Doch Alia Triolet wollte sein Werben und Flehen nicht erhören. Er schien darüber fast die Fassung zu verlieren. Sein Schriftstellerkollege Remisow bemerkte, Schklowski habe sich damals wie ein »Marsbewohner« bewegt. Der unglücklich Verliebte nannte sich selbst ein »verirrtes Pferd«, das aus dem Tritt gekommen sei. Alia konnte wohl über sein Äußeres nicht hinwegsehen; Schklowski war nicht nur kein Beau, er war schlicht hässlich, wie zumindest die auch in Berlin gestrandete Nina Berberowa meinte: »Er trug ständig ein Lächeln im Gesicht, aber in diesem Lächeln waren die Stümpfe von vier Schneidezähnen zu sehen.« Er hatte kein Geld, um seine ramponierten Zähne sanieren zu lassen. Außerdem war er fast glatzköpfig, klein und schmächtig. Alia nannte ihn »kleiner Tatar«.

Schklowski beschränkte sich nicht darauf, die Angebetete mit seinen großen strahlenden Augen schmachtend anzusehen, er schrieb ihr auch glühende Liebesbriefe. »Diesen Verehrer werde ich überhaupt nicht los. Er schreibt mir jeden Tag ein oder zwei Briefe, bringt sie selber vorbei, setzt sich folgsam an meine Seite und wartet, bis ich sie gelesen habe«, beklagte sich Alia Triolet gegenüber ihrer Schwester. Doch wollte sie ihn als zuverlässigen und einfühlsamen Freund, der er schon lange für sie war, nicht verlieren. Deshalb antwortete sie ihm auf seine Briefe, doch stellte sie gleich klar, das Thema Liebe habe zwischen ihnen tabu zu sein, sie wolle davon nichts mehr hören und lesen: »Ich liebe dich nicht und werde dich nicht lieben. Ich fürchte mich vor deiner Liebe, eines Tages wirst du mich beleidigen, weil du mich jetzt so sehr liebst. Stöhne nicht so fürchterlich, immerhin bist du mir kein Fremder ... Ich brauche dich, denn du verstehst es, mich aus mir selbst herauszurufen. Doch schreib mir nicht von deiner Liebe. Mach mir keine wilden Szenen am Telefon. Bezähme dich. Du bringst es fertig, mir die Tage zu vergällen. Ich brauche Freiheit.«

So schrieb ihr Schklowski fortan über Gott und die Welt, über Kunst und Literatur – und versuchte so, Alia auf versteckte Weise von seiner Liebe zu erzählen. Häufig schilderte er ihr seine Eindrücke von der Stadt. Immer wieder taucht dabei das Gleisdreieck auf, dem auch Boris Pasternak ein Gedicht gewidmet hat: »Die U-Bahn fliegt aus der Erde empor und klettert heulend auf das Hochgleis. Der Zug rast aus dem U-Bahnhof Wittenbergplatz und jault dabei wie eine schwere Granate auf steigender Flugbahn. Dann schlüpft der Zug hinter eine Backsteinkirche, die Kirchen jedoch gleichen einander in Berlin so sehr, dass wir sie nur nach den Straßen unterscheiden, an denen sie stehen. Der Zug schlüpft hinter der roten Kirche durch ein Loch zwischen den Häusern, wie durch einen Triumphbogen. Dann kommt das Forum aller Berliner Züge: das Gleisdreieck. Für die inmitten der

Deutschen wie zwischen den Ufern lebenden Russen ist das Gleisdreieck Umsteigebahnhof.

Von hier jagt der Zug zum Leipziger Platz und zu anderen Plätzen, wo Bettler, neben denen ruhige Blindenhunde sitzen, Streichhölzer verkaufen. Es schluchzen die Leierkästen, weder spielen sie *Ach, du lieber Augustin*, noch *Deutschland, Deutschland über alles*; sie stöhnen nur. Es ist Berlins mechanisches Stöhnen.«

Der Umsteigebahnhof, Knotenpunkt zweier U-Bahnlinien, war für Schklowski ein symbolischer Ort. Er war einerseits das »eiserne Herz Deutschlands«, andererseits spiegelte er auch die Unruhe, das Kommen und Gehen in der Emigrantenkolonie wider.

Unter zwölf Brücken ging Schklowski entlang, wenn er von seiner Unterkunft in der Wilmersdorfer Kaiserallee, der heutigen Bundesallee, zum Haus seiner Angebeteten in dem weiter östlich gelegenen Bezirk Tiergarten wanderte. »Der Weg ist weit. An der Ecke der Potsdamer Straße sehe ich jede Nacht dieselbe Prostituierte mit rotem Hut stehen«, schrieb er Alia in einem Brief. An Bürgerhäusern kam er vorbei, die bereits Patina angesetzt hatten, von denen der Putz bröckelte und die Farbe an den Türen und Fensterrahmen abplatzte. Auch schilderte er Alia, was er auf seinen Wanderungen am Landwehrkanal entlang bis hin zum Halleschen Tor sah: »Es geht sich gut an diesen Kanälen entlang, in die Arbeiterviertel. Dort verbreitern sich die Kanäle bisweilen zu stillen Häfen, über dem Wasser hängen Hebekräne in der Luft. Wie Bäume. Dort, am Halleschen Tor, noch jenseits der Gegend, in der du wohnst, steht der runde Turm der Gasfabriken, wie bei uns am Umgehungskanal.«

Wie viele seiner Landsleute in der Emigrantenkolonie interessierten die Berliner Schklowski kaum, sie blieben in seinen Texten nur Randfiguren. Er sah nur den deutschen Kleinbürger mit seinem lautstarken Ruf nach Recht und Ordnung, den Spießer, der Fremde am liebsten aus seiner Stadt hinausjagen würde. Berlin bedrückte und beunruhigte den Schriftsteller. Er fühlte sich sehr einsam. Immer wieder floh er zu Ausflügen und Wanderungen ins Umland der deutschen Hauptstadt.

Harter Hering und Hirsebrei

In seinen Briefen an Alia Triolet kommt Schklowski auch häufig auf die russische Emigrantenszene zu sprechen. Dem kauzigen Märchen- und Legendensammler Remisow widmete er fast einen ganzen Brief. In einem anderen findet sich der Satz: »Die Russen in Berlin kreisen um die Gedächtniskirche wie die Fliegen um einen Kronleuchter. Und so wie auf dem Kronleuchter eine Papierkugel für die Fliegen angebracht ist, so ist auf dieser Kirche, oberhalb des Kreuzes, eine eigenartige stachelige Nuss ... In den Straßen flanieren Schieber in gerauten Mänteln und, paarweise, russische Professoren, die Hände auf dem Rücken um den Regenschirm verschränkt.« Da darf auch nicht die Variante eines Emigrantenwitzes fehlen: »Ein Berliner Polizist hat sich aus Heimweh erhängt: Er sah schon keine Deutschen mehr um sich.«

Neben seiner Korrespondenz und den Spaziergängen zwischen Wilmersdorf und Tiergarten fand Schklowski Zeit, an zahlreichen Veranstaltungen der Literaturzirkel teilzunehmen und auch einige Aufsätze zu veröffentlichen. Ein Bekannter erinnerte sich: »Er schrieb mehrere Bücher auf einmal und wechselte abends im Café öfters den Tisch, um nacheinander mit verschiedenen russischen Verlegern, von denen es in Berlin viele gab, zu verhandeln und jedes Buch dem Meistbietenden zu verkaufen.« Am Anfang wusste er nicht, an wen er sich politisch halten sollte. Zunehmend aber fühlte er sich zu den Kollegen hingezogen, die auf die Entwicklung eines Sozialismus mit menschlichem Antlitz in der Sowjetunion setzten und den verderbten Westen verachteten. In einem der Briefe an Alia fällte er auch das Verdikt über die Emigranten, die nicht an eine Rückkehr denken wollten: »Nirgendwohin fährt das russische Berlin. Es hat kein Schicksal. Es hat keine Kraft.«

Auf Norderney. Viktor Schklowski, eine Bekannte, Lilja Brik und Wladimir Majakowski (von links nach rechts).

Illusionen allerdings über die Alltagsrealität in der jungen Sowjetunion machte er sich kaum und gelegentlich fehlte es ihm nicht an Spott über die Zustände in der Heimat. So lud Schklowski einmal mehrere Bekannte, darunter die junge Nina Berberowa, zu einem »sowjetischen Abendessen« ein: »Der Hering war so hart, dass man ihn erst weich klopfen musste, der Hirsebrei war ungenießbar.« Schließlich ging die ganze Gesellschaft in die Bierstube an der Ecke und bestellte Sauerkraut, Würstchen und Bier. »Es ist schief gegangen«, kommentierte Schklowski hinterher scheinheilig die Einladung. »Wir sind es nicht mehr gewohnt. Der Mensch ist ein Schwein!« Er hatte mit dem Abendessen zeigen wollten, dass es den stets jammernden Emigranten im Vergleich zu den meisten Menschen in der Sowjetunion gut ging.

Schklowski freundete sich in Berlin mit Majakowski an, dem lautstärksten Propagandisten einer besseren Zukunft in der Sowjetunion. Beide beschlossen im Sommer 1923, gemeinsam Ferien auf der Nordseeinsel Norderney zu verbringen. Majakowski nahm Lilja Brik mit, ihre Schwester Alia aber schlug die Einladung ihres Verehrers aus. Schklowski, der sich auf seiner Glatze einen Sonnenbrand holte, klagte Majakowski und Lilja Brik sein Liebesleid mit Alia. Die beiden versuchten ihm begreiflich zu machen, dass die Angebetete ihn niemals erhören werde. Anderthalb Jahrzehnte später schrieb Schklowski über den Urlaub an der Nordsee: »Im Angesicht der mächtigen, fremden See, im Wind, der uns in die Lippen schnitt, endete unsere Jugend.«

Zurück in Berlin, erkannte Schklowski endlich die Vergeblichkeit seiner Bemühungen um Alia. Er begann, sich von ihr zurückzuziehen. Und er veröffentliche seine Korrespondenz mit ihr unter dem Titel *Zoo oder Briefe nicht über die Liebe.* »Zoo« spielte nicht nur auf den Bezirk Tiergarten an, in dem Alia wohnte, sondern meinte auch bildlich die russische Emigrantenkolonie.

Bitterer Karbidstaub

Der dreißigste und letzte Brief in dem Buch schlug unter den Berliner Russen wie eine Bombe ein. Er war nicht mehr an Alia gerichtet, sondern an das Zentrale Exekutivkomitee der UdSSR in Moskau. Schklowski bat darin um die Erlaubnis zur Rückkehr: »Ich kann nicht in Berlin leben. Mit meiner ganzen Lebensweise, meinen Gewohnheiten, fühle ich mich dem heutigen Russland verbunden. Bitter wie Karbidstaub ist die Berliner Schwermut. Ich nehme die Hände hoch und gebe auf.«

In Wirklichkeit war seine Rückkehr längst vorbereitet und eingefädelt. Er hatte immer wieder erklärt, dass er sich von den Sozialrevolutionären distanziert habe. Ehrenburg, damals als Kontaktmann zu den Sowjetbehörden auch sein Gesprächspartner, hielt fest, Schklowski habe wiederholt seine Ansichten und Werturteile gewechselt, »ohne Bitterkeit, sogar mit einem Anflug von Übermut.«

Vor allem hatte sich Majakowski, damals der Gigant der sowjetischen Kulturszene, für den bekehrten Schklowski eingesetzt. Auch Gorki, der ebenfalls mit einer Rückkehr liebäugelte und deshalb wieder im Kreml gehört wurde, unterstützte sein Anliegen.

Nina Berberowa, die damals mit ihrem Lebensgefährten Wladislaw Chodassewitsch zur »Familie« Gorkis gehörte, hatte von Bekannten Schklowskis noch mehr erfahren: Der enttäuschte und ernüchterte Schriftsteller habe sich nach der endgültigen Zurückweisung durch Alia seiner in Russland zurückgebliebenen Frau erinnert. Dies sei den Zuträgern der Bolschewiken in der Emigrantenkolonie nicht verborgen geblieben. Er sei im Zuge des Heimholprogramms der Bolschewiken unter Druck gesetzt worden, indem man ihm erzählt habe, seine Frau sei als Geisel verhaftet worden und käme nur unter der Bedingung frei, dass er nach Russland zurückkehre und von seiner politischen Vergangenheit Abstand nehme.

Jedenfalls traf Schklowski im Juni 1923 wieder in Moskau ein. 1970, fast ein halbes Jahrhundert später, kam er noch einmal nach Berlin. Der längst international bekannte Literatur- und Filmtheoretiker war von der West-Berliner Majakowski-Galerie eingeladen worden und sollte über »Lenin als Dekanonisator« sprechen, über jenen Mann also, den er einst politisch bekämpft hatte und vor dessen Geheimpolizei er nach Berlin geflohen war. Schklowski wollte in Berlin noch einmal die Wege abgehen, die er in *Zoo* beschrieben hatte. Doch alles hatte sich verändert. In den nach ihrer Zerstörung im Krieg wieder aufgebauten Stadtteilen Wilmersdorf und Tiergarten fand er sich nicht mehr zurecht.

Nach seiner Rückkehr nach Moskau wurde Viktor Schklowski als Exponent der »Formalen Schule« einer der führenden Literatur- und Filmtheoretiker der Sowjetunion. Doch passte sein Ansatz nicht zur Literaturpolitik unter Stalin. 1930 musste er in einem Artikel seinen »wissenschaftlichen Irrtum« eingestehen und durfte fortan nur noch wenig publizieren. Erst während des »Tauwetters« nach dem Tod Stalins wurde er als Theoretiker wieder anerkannt. Seine späteren Werke wiesen aber nicht mehr die für ihn früher typische ironische Doppelbödigkeit auf.

Alia Triolet, die er in Berlin so umworben hatte, ging nach Paris, wo sie 1928 den Schriftsteller Louis Aragon heiratete, der einer der Lobsänger Stalins in Frankreich wurde. Unter dem Namen Elsa Triolet wurde sie zu einer bekannten französischen Autorin. Wie Ehrenburg, mit dem sie oft gemeinsam auftrat, schwärmte sie vor französischen Intellektuellen von der sowjetischen Gesellschaftsordnung und bezeichnete Informationen über Menschenrechtsverletzungen als böswillige Verleumdungen. Sie sorgte auch für die Übersetzung literarischer Werke aus der Sowjetunion, darunter Schklowskis Zoo oder Briefe nicht über die Liebe. *Sie starb 1970. Schklowski überlebte sie um 14 Jahre, er wurde 91 Jahre alt.*

Der Dichter und die Tänzerin. Sergej Jessenin

1895–1925. Hauptwerke: *Andersland* (Verserzählung, 1918), *Pugatschow* (Drama in Versen, 1921, dt. 1980), *Beichte eines Radaubruders* (Gedichte, 1921, dt. 1995), *Das Moskau der Kaschemmem* (Gedichte, 1924, dt. 1995).
In Berlin von Mai bis Juni 1922, Februar bis April 1923.
Berliner Adressen:
– Hotel Adlon, Unter den Linden
– Palast-Hotel, Potsdamer Platz
– Hotel Continental am Bahnhof Friedrichstraße

»Die Berliner Atmosphäre hat mich total überreizt. Meine Nerven sind zur Zeit so zerrüttet, dass ich mich kaum fortschleppen kann.«

Der siebenwöchige Aufenthalt des russischen Dichters Sergej Jessenin an Havel und Spree im Frühjahr 1922 war ein kräftezehrendes Auf und Ab von Feiern, Literaturabenden, Vertragsverhandlungen, Trinkgelagen, Skandalen und Exzessen. Berlin war die erste Etappe einer Weltreise, zu der ihn seine Frau eingeladen hatte, die weltberühmte Ausdruckstänzerin Isadora Duncan. Mit der Reise kam auch Jessenin zu großer Bekanntheit, wurden er und seine Frau doch zu Lieblingen der Regenbogenpresse.

Isadora Duncan kannte Berlin gut. Anfang des Jahrhunderts hatte sie hier Triumphe gefeiert und 1904 in der Trabener Straße 16 in Grunewald die »Duncanschule für Mädchen« gegründet, eine Tanzschule, die die »Gesamterziehung von Körper, Geist und Seele« anstrebte. Zu Beginn des Ersten Weltkrieges wurde sie geschlossen.

Erst wenige Tage vor ihrer Ankunft in Berlin am 11. Mai 1922 hatten die Tänzerin und der neunzehn Jahre jüngere Dichter in Moskau geheiratet. Isadora Duncan war nach Russland gekommen, weil sie sich für die Oktoberrevolution und den Kommunismus begeisterte. Sie wurde von der Parteielite gehätschelt. Im Bolschoi-Theater machte sie Furore mit ihrer getanzten Version der *Internationale*, damals die sowjetische Nationalhymne. Bei einem der zahlreichen Treffen in der Moskauer Künstlerszene lernte sie Jessenin kennen. Er war in Russland bereits ein bekannter Dichter, an dem sich allerdings die Geister schieden: Für viele war er ein gottbegnadetes Musenkind, dem die Verse wie von selbst aus der Feder flossen; andere wiederum hielten ihn für einen unflätigen und wüsten Krawallmacher, der der russischen Sprache Gewalt antat. Jessenin selbst stilisierte sich im Russenhemd als Naturbursche vom Lande; zwar war er auf dem Dorf groß geworden, doch er verschwieg gern, dass er studiert hatte.

Sein Talent war auch dem Parteiführer Leo Trotzki aufgefallen und er versuchte, den Dichter für die Propaganda der Bolschewiken einzuspannen. Doch der ungestüme Bohemien ließ sich, auch wenn er die russische Revolution zunächst als geistigen Wendepunkt in der Geschichte der Menschheit begrüßt hatte, nicht zum Parteidichter machen. Ob die Entscheidung, den Querkopf damals schon von der Geheimpolizei beobachten zu lassen – wovon der Dichter nichts ahnte –, auf Trotzki zurückging, ist bis heute nicht geklärt.

Bevor er Isadora Duncan kennen lernte, hatte Jessenin in der Moskauer Boheme ein wüstes und haltloses Leben geführt. Er war vor allem nachts unterwegs, Trinker, Huren und Rauschgiftsüchtige zählten zu seinen Freunden. Diese Welt machte Jessenin auch zum Gegenstand seiner Gedichte; sie sind voller Gewalt und lassen eine grenzenlose zerstörerische, auch selbstzerstörerische Energie erahnen. Ilja Ehrenburg sah in Jessenins Versen das Werk eines »Feuergesichtes«, das aus der Tiefe der russischen Wälder mit seinem Zähnefletschen Entsetzen auslöse und das »stammelnde, dreckige, schreckliche Russland« zeige.

Ein ungleiches Paar

Sergej Jessenin war damals 26 Jahre alt. Eine Freundin beschrieb ihn: »Seine Augen? Jessenin sieht sie blau wie ›Kornblumen im Feld‹. Doch sie sind eher wie Vergissmeinnicht, himmelblau-türkis. Ein sehr reines Himmelblau allerdings, ohne die übliche Beimischung von Grau. Das Wichtigste aber ist: die Iris füllt den ganzen Augapfel, es bleibt kaum Platz für das Weiße ... Wenn Jessenin wütend war oder in starker seelischer Erregung, verdunkelte sich das Blau seiner Augen. Mit seinen Haaren war das genauso: verhältnismäßig dunkel, erschienen sie einem heller wegen der strahlend goldenen Schattierung ...

Der Körperbau. Ein entschiedenes Missverhältnis – ein langer, geradezu lang gezogener Rumpf und entsprechend kurze Beine ... Aber im Ganzen hatte Jessenin eine schöne Figur. Er war sehr kräftig, Schultermuskeln und Brust traten in weichen, fließenden Linien hervor. Schlanker, ziemlich langer Hals. Man muss es nicht beschreiben: Er war fotogen und ließ sich gerne fotografieren – allein und mit Freunden.

Einen unvergesslichen Reiz verlieh Jessenin die Eleganz seiner Bewegungen. Er war von einer besonderen, beinahe nicht menschlichen Grazie, wie man sie an einem Pferd oder Panther beobachtet.«

Isadora Duncan war, als sie Jessenin kennen lernte, 45, eine verblühte Schönheit, die sich mondän gab. »Sie sah noch gut aus, aber in ihrer Beziehung zu Jessenin spürte man schon die tragische Gier der letzten Leidenschaft«, meinte Natalja Krandijewskaja, die Frau des Erzählers Alexej Tolstoi. Bis heute streiten sich russische Literaturhistoriker, ob Jessenin die Tänzerin nicht doch aus Berechnung heiratete, nicht etwa weil er materielle Interessen gehabt hätte, sondern weil er Skandale liebte, gern seine Umgebung schockierte und an ihrer Seite außerdem die Chance witterte, international bekannt zu werden. Maxim Gorkin sagte zu dem ungleichen Paar: »Sie war die Verkörperung all dessen, was er nicht brauchte.«

In der Moskauer Kunstszene jedenfalls war man ebenso wie in politischen Kreisen höchst verwundert, als die Nachricht von der Eheschließung die Runde machte. Nicht nur, dass beide aus verschiedenen Welten stammten und verschiedenen Generationen angehörten, sie konnten überdies überhaupt nicht miteinander reden. Isadora Duncan sprach zwar mehrere Fremdsprachen, nicht aber Russisch. Und Jessenin sprach nur Russisch. Für beide war es die erste Ehe. Die Duncan hatte allerdings aus einer ihrer zahlreichen früheren Beziehungen zwei Kinder gehabt; beide waren fast ein Jahrzehnt zuvor bei einem Autounfall ums Leben gekommen.

Mit Rückendeckung der Partei

Moskauer Freunde waren sicher, dass Jessenin ohne Isadora Duncan, der sogar der Parteiführer Lenin applaudiert hatte, kein Ausreisevisum bekommen hätte. Anderen Künstlern, die damals nicht auf die Linie der Partei einschwenken wollten, hatten die Behörden die Ausreise verweigert. Da die zuständigen Apparatschiks um das Ansehen wussten, dass die Tänzerin bei Lenin und Trotzki genoss, beeilten sie sich, alle nötigen Papiere für das Paar auszustellen. In irgendeiner Amtsstube war allerdings der Pass von Isadora Duncan verschwunden. Die Amerikanerin machte eine Szene, und entgegen jeglicher diplomatischen Gepflogenheit fertigte die Moskauer Behörde ein Ersatzdokument aus.

In Begleitung eines hohen Geheimdienstoffiziers und mehrerer Moskauer Reporter wurde das Paar zu dem nach Trotzki benannten Flughafen im Nordwesten der Stadt gefahren. Die Fokker, die sie nach Königsberg bringen sollte, stand schon bereit. Einige Freunde sowie die Moskauer Ballettschülerinnen der Duncan waren zum Flughafen gekommen – in einem roten Bus, auf den die Tänzerin ihr Motto hatte pinseln lassen: »Freier Geist in einem freien Körper«. Einer der Freunde fragte Isadora Duncan, ob sie sich vor dem Fliegen fürchte und nicht lieber ihr Testament machen wolle. Kurz entschlossen riss sie ein Blatt aus einem Notizblock und schrieb darauf: »Im Falle meines Todes vermache ich mein ganzes Hab und Gut meinem Mann Sergej

Jessenin.« Dann wurden noch zwei riesige Koffer eingeladen. Der Rest des Gepäcks – insgesamt acht schwere Kisten – sollte per Bahn nachkommen.

Nach dem elfstündigen Flug nach Königsberg sollte die Reise mit dem Zug weiter nach Berlin gehen. Niemand hatte daran gedacht, dass die beiden Reisenden dazu den polnischen Korridor passieren mussten, also ein polnisches Transitvisum brauchten. Isadora Duncan, die nicht einmal einen Pass bei sich hatte, machte den polnischen Grenzern jedoch eine lautstarke Szene, so dass diese klein beigaben und das Paar nach Deutschland einreisen ließen. In Berlin stiegen sie im Hotel Adlon neben dem Brandenburger Tor ab.

Tumult und Provokation

Schon am darauf folgenden Tag führte Jessenin seine Frau ins »Haus der Künste«, von dem er bereits in Moskau viel gehört hatte. Unter den Emigranten hatte sich längst herumgesprochen, dass der Dichter mit seiner berühmten Ehefrau in Berlin eingetroffen sei. Als sie spät am Abend den Saal betraten, wurde die laufende Lesung unterbrochen. Aus dem Publikum brüllte jemand: »Die Internationale!« Isadora Duncan rief auf Französisch: »Jawohl, singen wir sie!« Ein Teil der Anwesenden stimmte daraufhin die sowjetische Nationalhymne an, die anderen trampelten, pfiffen und brüllten dazwischen. Ilja Ehrenburg und Alexej Tolstoi liefen aufgeregt hin und her und versuchten für Ruhe zu sorgen – vergeblich. Ein Tumult entstand, der in eine Schlägerei auszuarten drohte.

Da sprang Jessenin auf einen Tisch und rief in den Saal: »Ihr schafft es trotzdem nicht, uns auszupfeifen. Wenn ich jetzt vier Finger in den Mund stecke und lospfeife, ist Schluss. Besser kann keiner pfeifen.« Und tatsächlich: Er ließ einen schrillen langen Pfiff ertönen und es kehrte Ruhe ein. Anschließend stellte er sich auf einen Stuhl und begann seine Verse über die Bauernrevolution zu deklamieren. Noch fünf Minuten war nervöses Geraune zu vernehmen, dann hatte er die Zuhörer in seinen Bann geschlagen.

Mit diesem Auftritt hatte sich Jessenin schlagartig die Aufmerksamkeit des russischen Berlin gesichert. So waren denn auch einige Reporter zur Stelle, als er und die Duncan auf einem Berliner Standesamt ein zweites Mal heirateten, da die in der Sowjetunion geschlossene Ehe nicht anerkannt wurde. Das Paar ließ sich auch bei seinen Spaziergängen durch die Stadt zuweilen von der Presse begleiten. Natalja Krandijewskaja traf die beiden auf dem Kurfürstendamm: »Ein merkwürdiges Paar. Er trägt Smoking, Zylinder, eine Chrysantheme im Knopfloch, alles sieht sehr effektvoll und tadellos aus, aber man hat den Eindruck, als begebe er sich auf einen Maskenball. Dies um so mehr, als neben ihm Isadora Duncan mit ernster Theatermine schreitet, eine auf dem Asphalt schleifende Brokatschleppe hinter sich herziehend. Groß und prächtig, mit zersaustem violett-rotem Haar war sie eine solche Erscheinung, dass die Leute ihr erschrocken auswichen.«

Jessenin schrieb an einen Freund, dass diese Art von Provokation ihm großen Spaß gemacht habe: »Mein Zylinder und der von einem Berliner Schneider genähte Manteau haben alle rebellisch gemacht.« Auch wenn er den Drang verspürte, allein loszuziehen, was zum Leidwesen der eifersüchtigen Duncan immer öfter vorkam, wählte er diesen Aufzug. Die Reaktionen waren gemischt: Manche Leute, denen er begegnete, hielten ihn für einen Aristokraten, andere für einen eitlen Gecken.

Der tscherkessische Freund

Bei seinen nächtlichen Zügen durch Kneipen und Nachtklubs wurde Jessenin oft von Alexander Kussikow begleitet, der ständig mit einer Gitarre herumlief, obwohl er nur ein paar einfache Akkorde kannte. Die beiden Dichter, die schon zu Moskauer Zeiten miteinander befreundet waren, gaben ein merkwürdiges Paar ab: Der brünette und stets braun gebrannte Kussikow überragte den eher grazilen Jessenin mit den kurzen Beinen um Haupteslänge, er war kräftig gebaut und hatte trotz seiner Jugend schon einen Bauch. Gern gab er sich als Tscherkesse aus dem Kaukasus aus, wohlwissend, dass Tscherkessen bei russischen Frauen als besonders charmant und als gute Liebhaber galten. Ilja Ehrenburg erinnerte sich, dass Kussikow gern die Verse deklamierte: »Man sagt von mir, ich sei eine Sau, / ein Tscherkesse, böse und schlau.«

Der kleine Blonde und der große Dunkle machten in der Gesellschaft von Damen gern anzügliche Witze und zechten regelmäßig die Nächte durch. Doch Kussikow ließ sich nie völlig gehen, er passte gewissermaßen auf Jessenin auf und bewahrte ihn womöglich vor mancher noch schlimmeren Entgleisung. Kussikow schilderte, dass er sich einmal mit Jessenin in einer kleinen Pension in der Uhlandstraße eingemietet habe. Der Freund habe etwas Ruhe vor seiner Frau haben wollen. Doch Isadora Duncan habe schließlich alle Pensionen und Hotels in Charlottenburg und am Kurfürstendamm abgesucht. Am vierten Abend habe sie die beiden gerade in eine Partie Dame vertieften Freunde aufgespürt und sei wie eine Furie über sie hergefallen. Sie habe Geschirr, Gläser, Vasen zerschlagen, und als es nichts mehr zu zerschlagen gab, habe sie zu Jessenin, der inzwischen auf den Korridor geflohen sei, ganz ruhig auf Französisch gesagt: »Verlassen Sie diesen Saustall! Folgen Sie mir!« Jessenin habe den Zylinder aufgesetzt, den Mantel übergezogen und sei ihr gefolgt, ohne ein Wort zu sagen. Zwei Tage später habe Isadora Duncan die Rechnung für die demolierte Zimmereinrichtung beglichen.

Linker als die Partei

Bei den Literatentreffen suchte auch Ilja Ehrenburg mehrmals Kontakt zu ihm, doch schien Jessenin ihn nicht gemocht zu haben. Über die in Berlin erschienenen Bücher Ehrenburgs schrieb er an einen Bekannten: »Leer. Nichtig. Besser nicht lesen.« Jesse-

Isadora Duncan und Sergej Jessenin.

nin war damals nicht besonders gut auf die Russen zu sprechen, die wie Ehrenburg als Kontaktleute oder gar als Spitzel der Sowjetbotschaft galten. Wiederholt lästerte er öffentlich über Funktionäre der Arbeiterpartei. In einer kurzen autobiografischen Notiz schrieb Jessenin für die Berliner Zeitschrift *Neues Russisches Buch*: »Ich war nie in der Kommunistischen Arbeiterpartei. Ich fühle mich nämlich viel linker als sie.« Dass er selbst von manchen Emigranten für einen bolschewistischen Spion gehalten wurde, ärgerte ihn zunächst. Dass Ehrenburg in dieser Angelegenheit ungefragt eine Ehrenerklärung für ihn abgab, machte die Sache nicht besser, galt der Kollege doch selbst alles andere als glaubwürdig. Später belustigte Jessenin die Anschuldigung nur. An einen Freund schrieb er: »Hol sie doch der Teufel, in den fünf Jahren Emigration sind sie alle hier verfault. Wer in einer Gruft lebt, riecht immer nach Aas.«

Jessenin machte in Berlin auch keinen Hehl aus seiner Skepsis gegenüber dem Revolutionsführer Trotzki, der eigentlich Bronstein hieß und aus jüdischem Hause stammte. Nach einer durchzechten Nacht, die sich an einen Rezitationsabend angeschlossen hatte, war Jessenin in der Küche eines Restaurants auf einem Stuhl eingeschlafen. Als er im Morgengrauen von Bekannten geweckt und aus dem Lokal geschleppt wurde, versuchte er sich einem Beteiligten zufolge loszureißen und rief: »Ich fahre nicht nach Moskau, ich fahre nicht dahin, solange in Russland Leib Bronstein herrscht!« Auf die Frage: »Na so etwas, Serjoscha! Bist du etwa Antisemit?« habe er erregt geantwortet: »Ich? Antisemit? Du bist ein Dummkopf! Ja, ich kann dich, einen Anhänger der Weißen, ebenso wie irgendeinen Juden aufschlitzen und werde es tun, versteht du? Aber mit Leib Bronstein ist es etwas ganz anderes, er regiert Russland, und er sollte es nicht regieren!«

Wie viele andere Schriftsteller verübelte Jessenin es Trotzki, dass dieser versucht hatte, ihn für die Parteipropaganda einzuspannen. Auch lehnte er den »roten Terror« der Bolschewiken ab, der sich auf ihren Anspruch stützte, die einzig gültige Wahrheit zu besitzen. Er sah sich dennoch auf der Seite der Revolution. So begrüßte er bei einem Literaturabend freudig einen Moskauer Bekannten, um sogleich hinzuzufügen: »Ich freue mich sehr. Nur tut es mir leid, dass ich ein Roter bin und du ein Weißer bist.« Der Bekannte aber entgegnete: »Was für ein Roter bist du, Serjoscha?! Schau mal in den Spiegel – du bist lila!« Und wirklich, Jessenin war ganz lila im Gesicht, von dem Puder, den man damals nach dem Rasieren auftrug, anschließend aber wieder abwischte. Das hatte Jessenin offenbar vergessen.

Rote Fahne und Foxtrott

Da Isadora Duncan sich ebenfalls als »Rote« fühlte, war es für sie eine Selbstverständlichkeit, bei fast jeder Gelegenheit die *Internationale* zu tanzen. Ihre Vorführungen hinterließen bei den meisten Zuschauern aber einen schalen Nachgeschmack. Denn sie war längst nicht mehr so grazil wie früher, vor allem ihre Beine waren merklich dicker geworden. Natalja Krandijewskaja berichtete: »Sie warf die Hälfte ihrer Tücher von sich, behielt nur zwei Schals auf der Brust, einen auf dem Bauch, einen roten wand sie sich um den nackten Arm, wie eine Fahne, und, die Knie hochnehmend, den Kopf in den Nacken geworfen, marschierte sie im Kreis durch das Zimmer, mit den Händen auf eine imaginäre Trommel schlagend ... Sie war schwerfälliger geworden, die berauschte Mänade! Die an den Wänden stehenden Zuschauer bemitleideten sie. Jessenin hielt den Kopf gesenkt, als sei er an irgendetwas schuld. Mir tat es weh. Ich erinnere mich noch an ihren durchgeistigten Tanz vor fünfzehn Jahren in St. Petersburg. Die göttliche Isadora! Warum hat sich die Zeit an dieser genialen und ungeschickten Frau so gerächt?«

Während ihres Aufenthaltes in Berlin musste die Duncan noch eine weitere schmerzliche Erfahrung machen: Ihr Vermögen schmolz allmählich dahin. Zu spät bemerkte sie, dass die meisten ihrer Impressarios, Agenten und Anwälte nichts anderes im Sinn hatten, als sich, und sei es auf betrügerische Weise, zu bereichern. Von den Einnahmen aus ihren großen Tourneen vor dem Ersten Weltkrieg hatte sie in mehreren deutschen Städten Immobilien gekauft, auch in Berlin. Nun wurden von ihren Beratern, die sie leichtsinnig mit Vollmachten ausgestattet hatte, hinter ihrem Rücken die ersten Häuser verkauft – wegen der Hyperinflation mit enormen Verlusten. Es ist anzunehmen, dass die Käufer Strohmänner ihrer Anwälte waren. Isadora Duncan fuhr nach Lübeck, Leipzig, Frankfurt, Weimar, um das Schlimmste zu verhindern. Meist kam sie zu spät.

Auch der Besitz des früheren Weltstars in Paris war in Gefahr, also entschloss sie sich zu einer Reise nach Frankreich. Ihrem Serjoscha wollte sie ohnehin den Eiffelturm und die Champs-Elysées zeigen. Der freute sich, dass er Berlin nach den anstrengenden sieben Wochen am 1. Juli 1922 wieder verlassen konnte. Auf der Fahrt nach Paris schimpfte er in einem Brief an einen Freund über Berlin: »Was soll ich euch über diese schauderhafte

Herrschaft des Spießertums sagen, die schon an Idiotie grenzt? Hier gibt es fast nichts außer Foxtrott. Hier gibt es nur Fressen und Trinken und wieder Foxtrott. Einem Menschen bin ich einstweilen noch nicht begegnet, und ich weiß auch nicht, wo es danach riecht. Groß in Mode ist der Herr Dollar, Kunst – wen interessiert sie schon! Das höchste ist eine Music-Hall. Hier wollte ich nicht einmal Bücher herausbringen, obwohl Papier und Übersetzung billig sind. Niemand braucht das hier. Na, von mir aus sollen sie die steilste Treppe runterbumsen.« Er verschwieg, dass er sich selbst gern an den Fress- und Trinkgelagen beteiligt hatte, ganz abgesehen davon, dass er in Berlin mit mehreren russischen Verlegern Verträge über die Herausgabe seiner Werke abgeschlossen hatte.

Bombenschock und Prohibitions-Whiskey

Ein paar Tage hielten sich die Duncan und Jessenin in Paris auf. Dort beschloss sie spontan, ihm noch die Sehenswürdigkeiten Italiens zu zeigen: Venedig, Rom, Neapel, Florenz standen auf dem Programm. Die vielen Eindrücke begannen ihn zu betäuben, er fühlte sich völlig abgestumpft. Zurück in Paris, konnte er sich auch nicht erholen. Der Termin für die lang geplante Tournee Isadora Duncans durch die USA rückte heran. Mit dem Dampfer »Paris« machte sich das Paar über den Atlantik nach New York auf. Die Überfahrt dauerte eine Woche. Schon bald nach der Ankunft bemerkte Jessenin, dass seine Frau, die er für eine Millionärin gehalten hatte, auch in den USA ihr Vermögen verloren hatte. »Alle ihre Banken und Schlösser, von denen sie uns in Russland immer erzählt hat, sind ersponnen. Wir sitzen ohne eine Kopeke da, warten darauf, Geld für die Reise zusammenzubekommen«, schrieb er an einen Freund in Moskau.

Im Herbst 1922 begann Isadora Duncan ihre große Tournee, Jessenin begleitete sie. Die Reiserei strengte ihn überaus an, er verstand kein Englisch, wurde immer an die Hand genommen, wusste oft genug nicht, wo er sich gerade befand. Seine Nervosität nahm von Tag zu Tag zu, er war dem körperlichen Zusammenbruch nahe.

Zurück in New York, war es schließlich so weit: Jessenin bekam den ersten hysterischen Anfall, jagte seine Frau durch das Hotelzimmer, schlug sie, zertrümmerte Mobiliar und Geschirr. Als das Personal herbeistürmte, versuchte er sich aus dem Fenster zu stürzen. Die Duncan schrie, man solle ihn fesseln, was nach heftigem Gerangel auch gelang. Jessenin brüllte: »Ihr verdammten Jidden, bindet mich los!« Ein zu Hilfe gerufener Arzt gab ihm schließlich eine Morphiumspritze. Er schlief die Nacht und den halben folgenden Tag durch, wachte sichtlich erholt auf und versöhnte sich mit seiner Frau.

Die nächsten Tage blieb Jessenin friedlich. An einem Abend las er zugunsten von Waisenkindern. Isadora glaubte ihre Ehe schon gerettet, als sie sich mit ihm Anfang Februar 1923 wieder nach Frankreich einschiffte. In Paris aber kam es im Hotel erneut zu einem Vorfall. Der betrunkene Dichter ging wieder auf seine Frau los und zerschlug einen Teil der Zimmereinrichtung. Isadora Duncan konnte ihm gerade noch entkommen. Als sie später in Begleitung eines Arztes ins Hotel zurückkehrte, war Jessenin nicht mehr da. Die Polizei hatte den Randalierer festgenommen und eingesperrt. Isadora Duncan musste einflussreiche Bekannte einschalten, um ihnfreizu bekommen. Außerdem hatte sie einiges an Geld aufzutreiben, um die zerschlagene Einrichtung zu bezahlen.

Eine Freundin brachte sie auf die Idee, Jessenins im Hotel zurückgelassenes Handköfferchen, das er sonst nie aus der Hand geben wollte, zu öffnen. Was sie darin fand, überraschte sie sehr: mehr als 2000 Dollar. Jessenin hatte nie auch nur die leiseste Andeutung gemacht, dass er keineswegs so mittellos war, wie alle dachten. Seine Frau bestritt von dem Geld die Hotelrechnung und kaufte für Jessenin sofort eine Fahrkarte nach Berlin. Denn ihr Mann sollte am nächsten Tag nur unter der Auflage aus der Haft entlassen werden, dass er Frankreich unverzüglich verlasse.

Böse konnte Isadora Duncan ihrem geliebten Serjoscha nicht sein. Davon, dass er sie ausgenutzt habe, wie die Freundin meinte, wollte sie nichts wissen: Das Geld habe er für die Armen in Russland zurückgelegt. Auch gegenüber der Pariser Presse verteidigte sie ihren Mann: Seine nervösen Ausbrüche seien Folgen eines »Bombenschocks«, den er im Weltkrieg erlitten habe, der anschließenden Hungerjahre in Russland und schließlich einer Blutvergiftung, die er sich durch den Genuss von gepanschtem »Prohibitions-Whiskey« in den USA zugezogen habe.

Browning und Balalaika

Am 16. Februar 1923 traf Sergej Jessenin wieder in Berlin ein. Etwa zur gleichen Zeit, als Isadora mit der Pariser Presse sprach, wurde er von einem Reporter des *8-Uhr-Abendblatts* interviewt. Schon am nächsten Tag konnte es ganz Berlin lesen: Unter der Überschrift »Lieber in Sibirien als Gatte der Duncan« erzählte Jessenin, die Duncan habe ihn gegen seinen Willen auf das Standesamt geschleppt, sie habe ihn beherrschen, ihn zum Sklaven machen wollen. Es sei die Hölle gewesen. »Sollte sie mir nach Moskau folgen, so fliehe ich nach Sibirien. Russland ist groß, und ich werde stets ein Plätzchen finden, wo diese schreckliche Frau mich nicht erreichen kann«, wurde Jessenin zitiert. Er habe sie »wahnsinnig geliebt«, doch mit ihrer maßlosen Trinkerei habe sie alles zerstört.

Die Pariser Presse erfuhr von dem Interview und belagerte das Hotelzimmer der Duncan. Die Tänzerin war einem Zusammenbruch nahe. Doch schon am übernächsten Tag traf ein Expressbrief aus Berlin ein. Zumindest berichtete Isadora Duncan das der Presse: Jessenin habe sich darin von dem Berliner Boulevardblatt distanziert, alles sei erstunken und erlogen. Wenig später erhielt sie ein Telegramm: ISADORA BROWNING DARLING SERGEI LUBICH MOJA DARLING SCURRY SCURRY.

Sergej Jessenin.

In Berlin gedruckter Gedichtband Jessenins.

Den Postbeamten in Berlin und Paris, die den Text aufgenommen und weitergegeben hatten, mögen die Worte wie ein Rätsel, vielleicht wie ein Geheimcode erschienen sein, die Duncan aber verstand: »Isadora, ein Browning tötet deinen Liebling Sergej. Wenn du mich liebst, deinen Darling, komm schneller, schneller.« Sie erkannte die entscheidenden russischen Wörter, Jessenin hatte sie oft zärtlich gesagt oder ärgerlich gerufen: *ljubisch* (du liebst), *skaréj* (schneller).

Für Isadora Duncan gab es nun kein Halten mehr: Sie lieh sich von Freunden und Gönnern in Paris Geld und mietete einen Wagen mit Chauffeur, weil ihr die Eisenbahn zu langsam war. Es wurde eine Gewalttour von zwei Tagen. Von unterwegs schickte sie ein Telegramm an Jessenin, der sich bei seinem Freund Kussikow einquartiert hatte: Er solle sie im Adlon erwarten.

Und so geschah es. Als der Wagen endlich vor dem Hotel am Pariser Platz vorfuhr, stürzte Jessenin hinaus, warf seinen Hut in die Luft, kletterte auf die Motorhaube und sprang von dort der überglücklichen Isadora Duncan direkt in die Arme. An der Rezeption gab man den beiden indes zu verstehen, dass das Adlon nicht bereit sei, sie zu beherbergen; man war über die Skandale von New York und Paris bestens informiert. Eingeschnappt stampfte die Duncan aus dem Hotel, Sergej hinter ihr her.

Sie bezogen eine Suite im nicht minder feinen Palast-Hotel am Potsdamer Platz. Für den Abend luden sie Freunde in ein russisches Restaurant ein, darunter Kussikow. Nur das Beste vom Besten wurde aufgetischt, man speiste zu Balalaika-Klängen. Jessenin trug Gedichte vor und tanzte mit seiner Frau. Er spielte ganz die Rolle des zärtlichen Ehemannes, Isadora Duncan war im siebten Himmel. Als Jessenin aber schließlich sein Maß an Alkohol erreicht hatte, begann er wieder, auf seine Frau einzuprügeln und die Einrichtung zu demolieren. Am nächsten Morgen hatte man im Hotel schon von dem Vorfall gehört und verwies das Paar des Hauses.

Zuchthäusler und Radaubrüder

Die Nachricht von dem erneuten Skandal verbreitete sich blitzartig in Berlin. Reporter, nicht nur russische, sondern auch deutsche und amerikanische, verfolgten das Paar auf Schritt und Tritt. Die russischen Zeitungen berichteten über eine Lesung Jessenins am 13. März 1923 im Deutschen Aeroklub. Die Vereinigung russischer Studenten, die den Abend organisiert hatte, hatte auf Wunsch Jessenins auch Kussikow als Vortragenden eingeladen. Der Bonvivant Alexej Tolstoi, selbst immer für Scherze zu haben, stellte die Dichter des Abends unter dem Motto »Lyrik von Zuchthäuslern« vor. Isadora Duncan saß in der ersten Reihe. Der Saal war zum Bersten gefüllt; Massen waren in der Erwartung Jessenins und eines neuen Skandals erschienen – und der Dichter enttäuschte sie nicht.

Kussikow hatte, einem Augenzeugen zufolge, zuvor schon die Veranstalter gewarnt, Jessenin überhaupt auftreten zu lassen, da er völlig betrunken sei. Man wollte aber den so gut besuchten

Abend nicht platzen lassen. So nahm denn alles seinen Lauf: Jessenin wankte sturzbetrunken auf die Bühne und begann zum Publikum zu lallen. Es gab Protestrufe, jemand rief laut: »Hören Sie auf, sich daneben zu benehmen, lesen Sie Gedichte!« Jessenin aber krakeelte weiter. Als man versuchte, ihn von der Bühne zu schaffen, schlug er um sich. Plötzlich drehte er sich zum Publikum und rief: »Ihr wolltet Gedichte?! Also hört zu!« Fast schreiend trug er Ausschnitte aus der *Beichte eines Radaubruders* vor. Das Publikum raste vor Begeisterung.

Wo ist das Leben?

Jessenin litt schließlich immer mehr an Heimweh, er wollte zurück nach Moskau. Kussikow malte ihm die Schwierigkeiten aus, die er in der Heimat mit der sowjetischen Obrigkeit haben würde. Doch Jessenin wollte nicht auf ihn hören. Isadora, die mittlerweile in das Hotel Continental am Bahnhof Friedrichstraße gezogen war und ständig über Geldnöte klagte, schlug ihm eine weitere Weltreise vor, dieses Mal auf die andere Seite der Erdkugel, nach Indien. Der Dichter aber winkte nur müde ab. Die Eifersucht seiner Frau ging ihm zunehmend auf die Nerven, und wenn er sich stark fühlte, ging er wieder auf sie los. Sie aber verzieh ihm seine Ausfälle immer wieder.

Schließlich gelang es Isadora Duncan doch noch einmal, ihren Mann von einer Rückkehr nach Russland abzubringen. Ihr schwebte ein glückliches und friedliches Eheleben in ihrem Haus in Paris vor, der letzten Immobilie, die der Tänzerin geblieben war. Am 9. April 1923, einem sonnigen Frühlingstag, verließ das Paar – in einem offenen Wagen und in dicke Pelzmäntel gehüllt – gemeinsam mit Kussikow, der einen gefütterten roten Mantel der Tänzerin trug, und zwei weiteren Freunden die deutsche Hauptstadt. Seine Erfahrungen in Berlin fasste Sergej Jessenin später in einem einzigen Satz zusammen: »Das Leben ist nicht dort, es ist bei uns.«

Jessenin blieb nur drei Monate in Paris. Nach weiteren Skandalen, an denen auch Kussikow nicht unschuldig war, wies ihn die französische Polizei aus. Isadora Duncan brachte ihn nach Moskau. Gemeinsamen Bekannten sagte sie: »Hier bringe ich dieses Kind zurück. Ich habe nichts mehr mit ihm zu tun!« Dann kehrte sie nach Paris zurück.

Vorübergehend kam Jessenin in eine Nervenklinik, dann aber erlebte er eine fruchtbare Schaffensphase. Bald jedoch nahm die GPU gegen einige seiner Freunde Ermittlungen wegen staatsfeindlicher Umtriebe auf, auch Jessenin wurde verhört. In einer Phase tiefster Depression erschoss er sich 1925 in einem Hotelzimmer. Trotzki schrieb einen flammenden Nachruf. Nach der Machtübernahme Stalins jedoch wurde das Werk Jessenins totgeschwiegen. Heute gibt es Zweifel an der offiziellen Selbstmordversion, die sich auf Widersprüche in den damaligen Untersuchungsberichten stützen.

Isadora Duncan kam auf ihrer Europa-Tournee 1924 noch einmal nach Berlin, doch hatte sie weder bei den Kritikern noch beim Publikum Erfolg. 1927 kam sie in Frankreich bei einem tragischen Unfall ums Leben: Bei einer Autofahrt geriet ihr langer Seidenschal in die Speichen eines der Räder und erwürgte sie.

Alexander Kussikow, einer der großen Krawallmacher und Herzensbrecher unter den Berliner Russen, blieb in Paris, wo er das Verseschreiben ganz aufgab, Ingenieur wurde, heiratete und ein ruhiges Leben führte. Er starb 1977, ohne eine Zeile über die bewegten Berliner Jahre geschrieben zu haben.

Maßlos in der Liebe. Marina Zwetajewa

1892–1941. Hauptwerke: *Trennung* (Gedichte, 1922), *Handwerk* (Gedichte, 1923), *Der Rattenfänger* (Satire, 1926); dt. *Ausgewählte Werke* (1989).
In Berlin Mai bis Juli 1922.
Berliner Adressen:
– Pension Pragerplatz, Prager Platz 7
– Pension Elisabeth Schmidt, Trautenaustaße 9

An Berlin
Der Regen lullt den bittren Schmerz mir ein.
Unter dem Dach, auf das die Ströme platschen,
schlaf ich. Vom Straßenpflaster tönt herein
der Hufe Klang, als wär es Händeklatschen.

Du hast begrüßt uns, dann begann der Guss.
In der Verlassenheit in diesen Fernen
des allerschrecklichsten Verwaistseins habt
ihr gnädig meiner euch erbarmt, Kasernen.

An einem heißen gewittrigen Tag im Juni 1922 schrieb Marina Zwetajewa das Gedicht *An Berlin* auf dem Balkon ihrer Pension in der Trautenaustraße. Dort hatte sie mit ihrem Mann Sergej Efron und der neunjährigen Tochter Ariadna, die sie Alja rief, zwei Zimmer gemietet. Die acht Zeilen spiegeln die widerstreitenden Gefühle, die sie in Berlin als Emigrantin empfunden haben muss: Der Regen verstärkt in ihr das Gefühl der Einsamkeit, beruhigt sie aber auch; vor allem aber ist sie froh, ein sicheres Dach über dem Kopf zu haben, in Berlin, der Stadt, die sie früher gut kannte und liebte.

Als Schülerin hatte sie dort mehrere Monate verbracht und mit ihrer Schwester Anastasia einen Bildhauerkurs besucht. Später schrieb sie darüber die Skizze *Charlottenburg*. Sie enthält allerdings keine Eindrücke von Berlin, sondern Betrachtungen über die Skulptur einer Amazone, die die junge Frau fasziniert hat, und über lesbische Liebe.

Marina Zwetajewa sprach Deutsch wie eine Deutsche; die deutschstämmige Mutter hatte darauf geachtet, dass die Töchter zweisprachig aufwuchsen. Vervollkommnet hatte Marina ihre Sprachkenntnisse durch den Besuch eines Internats in Freiburg. Mit Begeisterung verschlang sie in ihrer Jugend deutsche Literatur. Ihre Germanophilie war so stark, dass sie angesichts der offiziellen Propagandakampagne gegen die Deutschen nach Ausbruch des Weltkriegs 1914 ein Gedicht schrieb, das mit den beiden Strophen beginnt:

> Die ganze Welt schließt sich zusammen
> Verfolgt mit ihrem Hasse dich
> Wie, sollte ich dich auch verdammen,
> Wie, ließe ich dich auch im Stich?
>
> Wie es mich denn zur Einsicht triebe:
> »Auge um Auge – Zahn um Zahn«,
> wo du doch, Deutschland, meine Liebe,
> wo du doch, Deutschland, bist mein Wahn!

Die Dichterin, die heute als eine der größten Lyrikerinnen Russlands verehrt wird, war acht Jahre später, im Frühjahr 1922, wieder nach Berlin gekommen. Sie hatte die Heimat verlassen, um einen Strich zu ziehen unter Jahre der Entbehrung, Enttäuschung und Erniedrigung, um zur Ruhe zu kommen – und um ihren Mann wiederzusehen, von dem sie seit vier Jahren getrennt war. Efron hatte im Bürgerkrieg auf Seiten der Weißen gekämpft und war mit Teilen der versprengten Truppen verschollen. Marina Zwetajewa, die in Moskau geblieben war, erfuhr nur, dass sein Regiment zuletzt von der Roten Armee auf die Halbinsel Krim gedrängt und dort aufgerieben worden war. Hoffnung gab ihr allein die Nachricht, dass ein Teil der Weißen Verbände von der Krim in die Türkei habe übersetzen können.

Hungersnot und Bürgerkrieg

Als Marina Zwetajewa und Sergej Efron im Januar 1912 geheiratet hatten, waren beide noch sehr jung: sie erst neunzehn, er gerade zwanzig Jahre alt. Sie stammte aus einer prominenten und wohlhabenden Intellektuellenfamilie, der Vater war Kunstprofessor und Gründer des Museums der Schönen Künste in Moskau (des heutigen Puschkin-Museums), die Mutter war Pianistin. Ihr Mann kam aus einer bekannten und reichen jüdischen Verlegerfamilie, die unter dem Titel *Brockhaus-Efron* auch die russische Ausgabe des berühmten deutschen Lexikons herausgab. Nicht einmal ein Jahr nach der Hochzeit gebar Marina Zwetajewa ihre erste Tochter, Ariadna.

Mit dem Ersten Weltkrieg und der anschließenden Revolution aber änderte sich die Lage der jungen Familie völlig. Marina Zwetajewa und ihr Mann wurden immer wieder für längere Zeit voneinander getrennt. Während Efron eine Offiziersakademie besuchte und dort von der Februarrevolution 1917 überrascht wurde, brachte seine Frau die zweite Tochter, Irina, zur Welt. Bald nach dem Oktoberumsturz im selben Jahr schloss er sich den Weißen Verbänden an, die das Regime der Bolschewiken vertreiben wollten.

Marina Zwetajewa war nun mit den beiden kleinen Kindern in Moskau auf sich allein gestellt. Sie musste nicht nur lernen, mit der neuen Bürokratie zurechtzukommen, sondern auch, sich überhaupt erst mal in der Stadt zu orientieren. Sie war stark kurzsichtig und hatte bislang aus Eitelkeit in der Öffentlichkeit keine Brille getragen, weswegen sie von vielen Straßen und Orten nur schemenhafte Vorstellungen hatte. Die Familie wurde enteignet und musste ihre großzügige Stadtwohnung abgeben. Marina Zwetajewa lebte nun mit den Kindern in größter Armut. Im Hungerwinter 1919/20 konnte sie nicht einmal mehr die mittlerweile drei Jahre alte Irina ernähren. Verzweifelt gab sie sie in ein Kinderheim, im Glauben, dass die Kleine dort mehr zu essen bekäme. Doch sie verhungerte.

Bange verfolgte Marina Zwetajewa die Frontberichte vom Krieg zwischen der Roten Armee und den schlecht koordinierten Weißgardisten. In diesen Jahren der größten Not, der persönlichen Tragödie durch den Tod des Kindes, an dem sie sich mitschuldig fühlte, schrieb sie in Form eines lyrischen Tagebuchs ihr großes Poem *Das Schwanengehege* über den mörderischen Bruderkampf der beiden Armeen. Die Weißen, die sie mit Schwänen verglich, waren für sie Helden und Opfer, die Roten Menschenfeinde und Gewalttäter. Wohlweislich hielt sie in Moskau das Manuskript unter Verschluss.

Freundschaft mit Ehrenburg

Im Herbst 1921 erfuhr sie, dass Ilja Ehrenburg, den sie in einem Literaturzirkel kennen gelernt hatte, die Genehmigung zu einer Europa-Reise erhalten hatte. Sie bat ihn, bei dem Verband der russischen Offiziere im Ausland nach ihrem Mann zu forschen. Ehrenburg fand tatsächlich seine Spur: Sergej Efron hatte überlebt und, wie Tausende andere ehemalige Weißgardisten, in Istanbul Zuflucht gefunden. Ehrenburg schrieb ihm in die Türkei und teilte ihm die neue Adresse seiner Frau in Moskau mit. Efron ließ Marina umgehend über Bekannte eine Nachricht zukommen. Von nun an gab es für die Dichterin kein Halten mehr: Sie hastete von Behörde zu Behörde, um die Ausreisegenehmigung zu bekommen. Ihr Mann verließ zu dieser Zeit die Türkei in Richtung Prag. Er erhoffte sich dort bessere Perspektiven, da die tschechoslowakische Regierung die Organisationen der Exilrussen großzügig unterstützte.

Marina Zwetajewa beschloss, zunächst nach Berlin zu fahren. Damals war es für Bürger Sowjetrusslands wesentlich einfacher, ein deutsches als ein tschechoslowakisches Visum zu bekommen, weil es politische Spannungen zwischen Prag und Moskau gab.

Am 15. Mai 1922 war es endlich soweit: Nach zweitägiger Reise stieg Marina Zwetajewa gemeinsam mit der neunjährigen Ariadna auf dem Bahnhof Berlin-Charlottenburg aus dem Ost-West-Express. Ariadna erinnerte sich später: »Ein sonniger Tag. Die wohlanständige, streng-elegante Stadt entfaltete vor uns ihre breiten Straßen und massiven Häuser, gekleidet in Efeu, das von Balkonen herunterwuchs und sich die Wände entlangrankte.«

Mit einer Droschke fuhren Mutter und Tochter zur Pension Pragerplatz, wo Ilja Ehrenburg wohnte. Als sie gerade ausstiegen, kam der Schriftsteller zufällig aus der Tür heraus. Er wusste zwar, dass sie kommen wollten, hatte sie aber noch nicht erwartet. Ohne große Umstände bot er den beiden erschöpften Neuankömmlingen erst mal sein Zimmer an, wo diese sofort einschliefen. Am nächsten Tag konnten sie ein anderes Zimmer in der Pension beziehen.

Zu Marina Zwetajewas Überraschung und großen Freude hatte Ehrenburg dafür gesorgt, dass ein paar Tage zuvor ihre jüngsten Gedichte, die sie ihm über Bekannte noch aus Moskau geschickt hatte, gedruckt wurden, so dass die dünnen Bändchen nun in den russischen Buchhandlungen in Berlin auslagen. Der Schriftsteller und seine Frau Ljubow kümmerten sich in den nächsten Tage um die Dichterin und ihre Tochter und zeigten ihnen alle wichtigen Treffpunkte des russischen Berlin. Ehrenburg fühlte sich zu Marina Zwetajewa hingezogen, er bewunderte ihre Begeisterungsfähigkeit, die ihm als »Zyniker«, wie er sich selbst beschrieb, fremd war. Gelegentlich ging er auch allein mit der altklugen und dicklichen Alja spazieren, die er zärtlich »kleines Nilpferd« nannte. Das Mädchen staunte über die großen gemütlichen Hunde, meistens Bernhardiner oder Spitze, die vor die kleinen Tankwagen der von Haus zu Haus ziehenden Milchmänner gespannt waren.

Marina Zwetajewa war neugierig auf die Literaturabende in den Cafés um den Nollendorfplatz und ließ zunächst keine Veranstaltung aus. Alja war immer dabei. Die Mutter wusste nicht, wo sie sie hätte lassen sollen, und das Mädchen fürchtete sich allein in dem Pensionszimmer. An einem Abend nippte die Kleine aus lauter Langeweile in einem Café an einem Bier – und es schmeckte ihr. Das entging nicht den anderen russischen Gästen, sie stellten ihr nun jedes Mal ein Glas hin, und die Mutter ließ es geschehen. Sie war offenbar froh, dass ihre Tochter danach meist schnell einschlief.

Eine verhängnisvolle Affäre

In den ersten Tagen nach ihrer Ankunft besuchte die Dichterin einige der russischen Redaktionen und Verlage in Berlin. Sie wollte ihr Bürgerkriegspoem *Schwanengehege* veröffentlichen. Das Manuskript gab sie auch Ehrenburg zu lesen, der sich aber nur sehr zurückhaltend dazu äußerte. Er arbeitete zu dieser Zeit gerade an seinem Roman *Leben und Untergang des Nikolai Kurbow*. Nach der Veröffentlichung des Buches in Berlin verheimlichte er nicht, dass ihm Marina Zwetajewa als Vorbild für die Figur der Katja gedient hatte, einer jungen, romantisch veranlagten Frau, die nichts von Politik versteht, aber aus ihrem Hass auf die Bolschewiken keinen Hehl macht. In dem Roman wollte er ihr, wie er es nannte, ein literarisches Denkmal setzen. Doch Marina Zwetajewa fühlte sich alles andere als geschmeichelt. Nicht sie sei naiv, sondern er, hielt sie ihm vor. Denn er wolle den »roten Terror« der Bolschewiken nicht sehen. Ihre Freundschaft bekam einen ersten Riss.

Wenig später erfuhr sie von einer Affäre Ehrenburgs mit der Frau des einflussreichen Verlegers Abram Wischnjak, der den berühmten Andrej Bely druckte und junge Poeten wie sie selbst, Boris Pasternak und eben auch Ehrenburg förderte. Der betrogene Ehemann hatte sich bei der Dichterin ausgeweint und hinzugefügt, seine Frau wisse nicht, dass er im Bilde sei. Einige Tage später las Ehrenburg Marina Zwetajewa Gedichte aus einem neuen Bändchen vor, dem er den Titel *Wärme der Raubtiere* geben wollte. Er deutete nicht ohne Koketterie an, eigene, ganz frische Erfahrungen hätten ihn zu den Versen inspiriert. In ihnen war viel von körperlicher Lust die Rede, »aber kein Wort über Liebe«, wie die Dichterin kühl bemerkte. Dies nahm sie noch hin, doch empörte es sie, dass Ehrenburg, damals ein gefragter Autor, das Lyrikbändchen ausgerechnet Wischnjak anbot. Allerdings konnte sie ihm nicht ihre Meinung sagen, er durfte ja nicht wissen, dass sie eingeweiht war. So schrieb sie ihm einen Brief, in dem sie ihn aufforderte, den Gedichtband Ehrenburgs, des Liebhabers seiner Frau, auf keinen Fall herauszugeben.

Der Zufall wollte es, dass die untreue Ehefrau dieses Schreiben in der Jackentasche ihres Mannes fand – und Ehrenburg zeigte. Dieser beendete daraufhin die Affäre und schickte einen wütenden Brief an Marina Zwetajewa, in dem er sie des Verrats bezichtigte. Die Dichterin wiederum entgegnete ihm, Gedichte an eine Geliebte dem gehörnten Ehemann zur Veröffentlichung anzubieten, sei niederträchtig. Ehrenburg antwortete ihr darauf nicht mehr. Ihre Freundschaft war somit beendet, obwohl Zwetajewa Ehrenburg noch weiter »zärtlich liebte«, wie sie Boris Pasternak schrieb.

Ilja Ehrenburg blieb die Dichterin auch nicht gleichgültig: In seinen Memoiren, die er mehr als drei Jahrzehnte später zu Papier brachte, schimmert deutlich seine Sympathie für sie durch. Während des »Tauwetters« nach dem Tod Stalins setzte er sich für den Druck ihrer Werke in der Sowjetunion ein, wo sie zuvor nicht hatten erscheinen dürfen.

Lang ersehnte Begegnung

Von dem Zerwürfnis zwischen ihrem Mann und Marina Zwetajewa hatte Ljubow Ehrenburg nichts bemerkt. Sie traf sich weiterhin mit der Dichterin. Sie begleitete sie auch ins KaDeWe, um ein Begrüßungsgeschenk für Sergej Efron zu kaufen, nachdem dieser telegrafisch seine Ankunft aus Prag angekündigt hatte. Die Tochter Ariadna schilderte später ihren ersten Eindruck von dem großen Kaufhaus: »In der Eingangshalle stand auf einem Tisch ein riesiger Aschenbecher. Auf seinem Rand lagen aufgereiht noch nicht zu Ende gerauchte Zigarren, versehen mit Papierschleifen, auf denen die Namen der Raucher standen. Es stellte sich heraus, dass jeder Kunde, der das Kaufhaus mit einer Zigarre zwischen den Lippen betrat, diese hier ablegte.« Ihre Mutter kaufte für ihren Mann warme Unterwäsche, Socken, einen Schal und ein »sündhaft teures« Zigarettenetui. Ariadna bekam ein Kleid mit Matrosenkragen. Für sich selbst wollte Marina Zwetajewa zunächst nichts kaufen, doch Ljubow Ehrenburg redete ihr energisch zu und schließlich erstand sie ein Sommerkleid aus Kattun. Es wurde ihr Lieblingskleid, sie trug es viele Jahre jeden Sommer, auf vielen Fotos ist es zu sehen.

Am 7. Juni war es so weit: Nach vier Jahren fielen sich Marina Zwetajewa und Sergej Efron wieder in die Arme. Ariadna haben sich die Bilder eingeprägt: ein sonniger Tag, ein menschenleerer Platz. Von der anderen Seite des Platzes läuft ein Mann auf ihre Mutter zu. »Wie lange standen sie da, eng umschlungen! Und wie sie sich gegenseitig die Tränen von den Wangen wischten!«

Das Zimmer in der Pension war nun zu klein, die Familie zog um in die Pension Elisabeth Schmidt in der Trautenaustraße. Schon am Abend kam es allerdings zum ersten Familienkrach. Der Vater beobachtete, dass Ariadna wie selbstverständlich ein Glas Bier trank. Er war schockiert und machte seiner Frau schwere Vorwürfe.

Efron konnte nur wenige Tage in Berlin bleiben. Er hatte in Prag eine Stelle als Lehrer an einer Schule für Exilrussen gefunden. Sie beschlossen, dass er eine Wohnung für die Familie suchen sollte. Dann wollten Frau und Tochter nachkommen.

Beziehungen wie Lawinen

Der Besuch ihres Mannes, auch seine eindringlichen Worte über die Erziehung der Tochter führten dazu, dass Marina Zwetajewa sich fast völlig aus der russischen Literaturszene in Berlin zurückzog. Ihr Lieblingsplatz wurde der Balkon ihres Zimmers in der Pension. Dort schrieb sie Gedichte und mehrere Dutzend Briefe. Nur noch einen Berliner Russen sah sie regelmäßig: Andrej Bely. Sie lud ihn zu gemeinsamen Ausflügen in die Wälder um Berlin ein oder kochte ihm eine Suppe. Beide verband ein »Gleichklang im Erfühlen der Lyrik«, wie sie es nannte. Schon in ihrer Jugend war der zwölf Jahre ältere, damals überaus prominente Dichter für sie ein Idol gewesen. Jetzt wurde sie für ihn zur Seelentrösterin und Beraterin in allen Lebensfragen: »Wenn ich mit ihm zusammen bin, fühle ich mich wie ein Hund, und er ist der Blinde, den ich führen muss.« Dass der Berliner Bely, der ständig wehklagte und seiner langjährigen Lebensgefährtin Assja Turgenjewa hinterherweinte, nur wenig mit dem Helden gemein hatte, den sie sich in Moskau in ihren Jungmädchenträumen ausgemalt hatte, tat ihrer Verehrung für sein dichterisches Genie keinen Abbruch.

Sie nannte Bely ihren »Seelenfreund«, doch als Mann war er für sie wenig anziehend. Oft aber war sie vom Verlangen getrieben, den Menschen, mit denen sie eine gemeinsame lyrische Sprache gefunden zu haben glaubte, auch körperlich nahe zu sein. In einem Brief schrieb sie damals: »Jede meiner Beziehungen ist – eine Lawine ... Ich bin nicht für das Leben geschaffen. Bei mir ist alles – ein loderndes Feuer! Ich kann elf Beziehungen (gute Beziehungen) nebeneinander unterhalten und mit größter Aufrichtigkeit jedem versichern, dass er der Einzige ist. Aber die geringste Kopfbewegung weg von mir – kann ich auf keinen Fall ertragen.« Sie selbst fürchtete sich indes auch vor dem Zerstörerischen und Selbstzerstörerischen ihres Verlangens. In einem Gedicht dieser Zeit findet sich der Vers: »Welch ein Dämon ist in mir!« Ihre

Marina Zwetajewa mit Ariadna.

Andrej Bely.

Tochter stellte später fest, als sie die Briefe und Gedichte der Mutter noch einmal las: »Sie war maßlos in der Liebe, nicht mit unseren Maßstäben zu messen!«

Die meisten ihrer männlichen Briefpartner und Bekannten verunsicherte, erschreckte gar ihr ungestümer Drang, nicht nur seelische Harmonie, sondern auch körperliche Vereinigung zu suchen. Einer von ihnen hielt ratlos fest: »Wir Männer sind schließlich Husaren. Wir erobern die Frauen. Wir kommen und wir gehen, und sie müssen auf uns warten. Aber Marina Zwetajewa wollte nicht warten. Sie wollte immer selbst ... Und das mögen wir nicht ...«

In ihrem Bekanntenkreis wurde ihr gelegentlich unterstellt, sie suche schnelle Affären. In der Emigrantenkolonie blieb nicht unbemerkt, dass sie mehreren jungen Literaturkritikern besonders herzlich zugetan war, doch beteuerten diese, sie hätten die Dichterin auf Distanz gehalten. Einer von ihnen beschrieb sie: »Für eine Frau ist sie eher groß, sie hat ein schmales, dunkles Gesicht, die Nase leicht gebogen, die Haare glatt, eine Ponyfrisur. Die Augen sind in keiner Weise bemerkenswert. Ihr Blick ist schnell und klug. Den Händen geht jegliche weibliche Zartheit ab, es ist sofort zu sehen, dass sie die körperliche Arbeit nicht scheut. Marina Zwetajewa sagte selbst über sich, dass sie nur Gedichte schreiben und ein (schlechtes) Essen kochen könne. Von diesen ›schlechten‹ Mahlzeiten und dem schweren Moskauer Leben waren ihre Hände nicht gepflegt, sondern sahen eher wie Arbeiterhände aus. Sie trug irgendein billiges Kleid, ohne jegliche ›Eleganz‹. Als Frau war die Zwetajewa nicht attraktiv. In ihr gab es irgendetwas Herb-Männliches. Sie ging mit weit ausholenden Schritten, an den Füßen trug sie eher zu Männern passendes Schuhwerk (besonders liebte sie irgendwelche ›Bergschuhe‹).« Anderen Zeitgenossen fielen ihre breiten Schultern und ihr überraschend kräftiger männlicher Händedruck auf.

Ein Bedürfnis nach körperlicher Nähe spürte sie nicht nur gegenüber Männern, sondern gelegentlich auch gegenüber Frauen. Die damals junge und attraktive Dichterin Nina Berberowa berichtete von einem Erlebnis mit ihr: Als sie einmal abends bei Marina Zwetajewa zu Besuch war, habe diese plötzlich das Licht im Zimmer ausgeschaltet, die Widerstrebende auf das Sofa gezogen und sie gekitzelt und umarmt.

Bruder in der fünften Jahreszeit

Wenige Tage nach ihrer Ankunft in Berlin hatte Marina Zwetajewa einen langen Brief aus Moskau erhalten. Zunächst konnte sie die Handschrift nur schwer entziffern, doch dann wurde ihr klar, dass er von Pasternak stammte, der sich begeistert über ihre Gedichte äußerte. Sie antwortete ihm, Pasternak schickte einen weiteren Brief und legte sein soeben erschienenes Lyrikbändchen *Meine Schwester – das Leben* bei.

Schon nach den ersten Versen glaubte sie zu spüren, dass sie einen Seelenverwandten und Ebenbürtigen gefunden hatte. Später nannte sie Pasternak deshalb »Bruder in der fünften Jahreszeit, im sechsten Sinn und in der vierten Dimension«. Sie verglich Pasternaks Gedichte mit dem den Aufbau der UdSSR preisenden Poem *150 000 000* von Majakowski, das sie für eine Kulturzeitschrift ins Deutsche übertragen sollte. »Pasternak ist gewaltiger und schrecklicher. Schon allein mit einem einzigen Nachwort deckt er sämtliche 150 Millionen Majakowskis zu«, befand sie und legte zwei Tage und zwei Nächte lang das Lyrikbändchen nicht aus der Hand. Spontan verfasste sie einen begeisterten Essay über *Meine Schwester – das Leben*, den sie *Lichtregen. Die Poesie des Ewigmännlichen* nannte. Es war ihre erste Arbeit als Literaturkritikerin. Darin schrieb sie über das Büchlein Pasternaks: »Ich trage es mit mir in ganz Berlin herum: zu den klassischen Linden, in die magischen Untergründe (wenn ich es in den Händen halte – vergeht jeder Schwindel!), in den Zoo (um es Bekanntschaft schließen zu lassen).«

In den blauen Himmel empor

Der Zoo war einer der Lieblingsorte Marina Zwetajewas geworden. Hier fühlte sie sich ungestört mit ihren Gedanken über die Poesie – und musste sich nicht die ganze Zeit mit Ariadna beschäftigen, die begeistert stundenlang die Tiere beobachtete. Einmal besuchte sie mit der Tochter, die schon lange darum gebettelt hatte, den Luna-Park. Sie hatte gehört, dass es dort das Modell eines deutschen mittelalterlichen Städtchens geben solle, und bei dieser Gelegenheit wollte sie Ariadna von der deutschen Kultur erzählen. Doch dann kam es anders, wie die Tochter sich erinnerte: »Wir begannen mit dem Karussell (es war weiß, rosa und himbeerfarben wie eine riesige Hochzeitstorte), das sich zur allerschmalzigsten Musik drehte. Erst fuhren wir in einem Wagen. Bei der nächsten Runde stiegen wir auf Pferde um, erst schaukelten sie gemächlich, dann aber immer heftiger, wie bei einem richtigen Galopp. Stolz und elegant hielt sich meine strenge Mama auf dem vergoldeten Sattel, mit unbeweglicher Miene (es schauten ja viele Leute zu), als ob sie an einer feierlichen Zeremonie teilnähme. Als wir vom Karussell weggingen, sagte sie mir leise, dass ich mich noch nicht zur Amazone eigne, weil ich ritte wie ein Sauerteig ... Ohne auch nur einmal zu lächeln, ging Marina auch durch das Spiegelkabinett, in dem wir uns mal in Don Quijote, mal in Sancho Pansa, mal in auf dem Kopf stehende Samowars mit Knöpfen verwandelten.

Die Schießbuden gefielen ihr – so wie ihr alles gefiel, bei dem man Geschicklichkeit und Genauigkeit beweisen musste. Es gab verschiedene Schießwettbewerbe, die Männer schossen mit Bögen, Pistolen, Luftgewehren und sogar Armbrüsten auf fliegende, kriechende und Purzelbaum schlagende Ziele und bekamen lustige Preise, die ich mir mit brennendem Neid ansah ... Es gab auch ganz moderne nickelverstärkte Luftschaukeln, auf denen wir in die Luft flogen (Schaukeln liebte Marina seit ihrer Kindheit).« Und beim Schaukeln löste sich die Verkrampftheit der Dichterin, immer wieder schwang sie sich in den blauen Himmel empor.

Wie aus einem schweren Traum

Während ihrer elf Berliner Wochen besuchte Marina Zwetajewa kein einziges Museum, kein Theater, keine Kunstgalerie, keinen deutschen Konzert- oder Literaturabend. Sie schrieb auch, abgesehen von dem Gedicht *An Berlin*, keine einzige Zeile über die Stadt und ihre Bewohner. Von den Literatencafés, die ihre Landsleute besuchten, hielt sie sich seit dem Besuch ihres Mannes in Berlin fern. Ohnehin fühlte sie sich von den meisten Kollegen und Kritikern missverstanden, Streitereien über Poesie bereiteten ihr körperliche Schmerzen. Auch waren ihr die Konflikte und Intrigen in der Emigrantenkolonie zuwider.

»Die beste Erinnerung an die Berliner Zeit war die Lektüre der Gedichte Pasternaks«, stellte sie später fest. In ihren Briefen an Pasternak schrieb Zwetajewa immer wieder vom Mythos des

»ewigen Paares der Sich-nie-Begegnenden«. Da sie nicht wollte, dass ihre sehr persönlichen Briefe und die Pasternak gewidmeten Liebesgedichte seiner Frau in die Hände fielen, bat sie einen Bekannten, der als Berlin-Korrespondent der *Prawda* über hervorragende Kontakte nach Moskau verfügte, die Post über seine Kanäle an den Dichter direkt weiterzuleiten.

Wenig später kündigte Pasternak ihr brieflich an, er werde nach Berlin kommen. Nur einen Tag vor seiner Ankunft aber, am 31. Juli 1922, verließ Marina Zwetajewa Berlin in Richtung Prag. Sergej Efron hatte ihr telegrafiert, sie solle kommen. Ariadna meinte später, ihre Mutter sei vor Pasternak davongelaufen: »Es war wie die Flucht der Nymphe vor Apollo, etwas Mythisches, Außerirdisches ... Es war, als fliehe sie mit einem Schatz in der Hand, der ihr schon sicher war, der ihr gehörte und nicht mit den anderen in der luftlosen Atmosphäre der Prager Diele geteilt werden konnte, die Angst vor gleichgültigen Blicken, vor dem ›Zerschreien und Zerreden‹, die so tief in ihr saß.«

Pasternak war zwar im ersten Moment enttäuscht, dass Marina Zwetajewa schon abgereist war, aber er war auch erleichtert. Er spürte, dass sie Erwartungen in ihn setzte, die er wohl kaum hätte erfüllen können – und wollen. Und er fürchtete, sie könnte seine Grenzen verletzen: »Im Leben wie im Schaffen brach sie zielstrebig, gierig und fast raubtierhaft zu einer Endgültigkeit und Bestimmtheit durch, in deren Verfolgung sie weit gegangen ist und alle überholt hat.«

Marina Zwetajewa schrieb über ihre Abreise: »Ich riss mich von Berlin los wie aus einem schweren Traum.«

Nach drei Jahren in Prag siedelte Marina Zwetajewa mit ihrer Familie nach Paris über. Dort isolierte sie sich zunehmend, nicht nur weil ihre Lyrik von den Traditionalisten im Exil abgelehnt wurde, sondern auch, weil sie als Sympathisantin des Sowjetsystems galt – sie hatte die Gedichte Majakowskis und Pasternaks gelobt sowie sich für die Verleihung des Literaturnobelpreises an Gorki ausgesprochen. In Paris wurde ihr Mann Sergej Efron von der GPU angeworben. Er beteiligte sich an der Ermordung eines Gegners Stalins in der Schweiz, um sich so die Erlaubnis zur Rückkehr nach Russland zu erkaufen. Dort aber wurde er als lästiger Mitwisser 1938 von der GPU erschossen.

Von all dem aber wusste Marina Zwetajewa nichts, als sie ihm im Juni 1939 in die Heimat nachfolgte. Sie musste erleben, wie ihre wenige Monate zuvor zurückgekehrte Tochter Ariadna, die als Studentin in Paris zur glühenden Kommunistin geworden war, und ihre Schwester Anastasia als angebliche Anhängerinnen Trotzkis verhaftet und ins Arbeitslager deportiert wurden. Marina Zwetajewa selbst erhielt Publikationsverbot. Nach dem deutschen Überfall auf die Sowjetunion im Juni 1941 wurde sie mit Hunderttausenden Moskauern in den vor Luftangriffen sicheren Osten geschickt. Sie erhängte sich am 31. August 1941 in der tatarischen Kleinstadt Jelabuga.

Ariadna Efron verbrachte 18 Jahre im Gulag. Erst im »Tauwetter« 1956 kam sie frei. Die sowjetische Zensur verhinderte die Veröffentlichung ihrer Erinnerungen an die Mutter. Doch Marina Zwetajewa wurde in der Sowjetunion zur Kultautorin, ganze Generationen junger Mädchen lernten ihre Gedichte über Liebe und Verlangen auswendig.

Nacht und Regen. Wladislaw Chodassewitsch

1886–1939. Hauptwerke: *Der Weg des Korns* (Gedichte, 1920), *Die schwere Leier* (Gedichte, 1923), *Europäische Nacht* (Gedichte, 1927, dt. 1985).
In Berlin von Juni 1922 bis November 1923.
Adressen in und bei Berlin:
– Pension Crampe, Viktoria-Luise-Platz 9
– Bahnhofshotel, Bad Saarow

Alles aus Stein.
Durch den Brückenbogen
geht die Nacht.
An Auffahrten, Toren
Statuen, enge Paare;
Seufzer, Zigarrenrauch,
beides schwer.
Stein, Schlüssel, Riegel.
Geh bis fünf,
über Steine, warte:
der scharfe Wind
bläst durch die Löcher
Berlins, der Riesenokarina;
und dann der rauhe Tag
über der Stiefmutter
der russischen Städte.

Berlin – die »Stiefmutter der russischen Städte«. Diese Worte aus einem Gedicht von Wladislaw Chodassewitsch wurden zum Motto, zur Kurzbeschreibung für das Berlin der russischen Emigranten. Das Bild fand sogar Eingang in die deutsche Presse der zwanziger Jahre, ohne dass man sich bewusst war, dass es von Chodassewitsch stammte. Den Lyriker kannte man ohnehin nicht, für die deutschen Leser war er ein gänzlich unbeschriebenes Blatt und er sollte es noch lange bleiben. Ein kleiner Teil seiner Gedichte wurde erst Jahrzehnte später übersetzt.

Chodassewitsch hatte das allseits bekannte, aus der mittelalterlichen *Nestorchronik* stammende Bild von Kiew als der »Mutter der russischen Städte« aufgegriffen. Vor diesem Hintergrund entfaltete das Gedicht seine volle Wirkungskraft auf den russischen Leser: Es zielt nicht nur auf ein individuelles Schicksal, sondern auf die nationale Dimension des Exodus weiter Kreise der russischen Intelligenzija aus der Heimat. Chodassewitsch spricht von der Entwurzelung der Emigranten, dem Gefühl der Fremdheit und Verlorenheit. Berlin ist ein großer steinerner Raum, durch den der Wind wie durch eine Riesenflöte pfeift.

Wie so viele seiner Landsleute hatte Wladimir Chodassewitsch die Heimat eigentlich gar nicht verlassen wollen. Doch hatte ihm die Atmosphäre unter den Bolschewiken zunehmend zugesetzt. Auch bedurfte er nach drei Hungerjahren und drei Kältewintern dringend der körperlichen Erholung. Er hatte, oft am Rande der physischen Erschöpfung, für einen Hungerlohn in verschiedenen Kulturinstituten gearbeitet, Vorträge über Literatur gehalten und Rezensionen geschrieben. Als dann auch sein Mentor Maxim Gorki, der ihn materiell unterstützt und ihn auch einigen Verlagen empfohlen hatte, das Land verlassen hatte, bemühte sich Chodassewitsch im Frühjahr 1922 gemeinsam mit seiner Lebensgefährtin Nina Berberowa um einen Reisepass.

Schildkröte, Insekt und Giftzwerg

Erst seit wenigen Monaten waren Wladimir Chodassewitsch und Nina Berberowa ein Paar. Die 21-Jährige hatte den 15 Jahre älteren Dichter, der gerade für seinen Lyrikband *Der Weg des Korns* von einigen einflussreichen Kritikern gelobt worden war, in den Petrograder Schriftstellerkreisen kennen gelernt. Sie schrieb selbst Gedichte, doch konnte sie damals außer ein paar Literaturkritiken noch nichts veröffentlichen. Die brünette Schönheit mit den großen dunklen Augen stand gern im Mittelpunkt, war umschwärmt und kontaktfreudig. Chodassewitsch dagegen war eher ein Misanthrop, und das sah man ihm auch an. Den Beschreibungen mancher Bekannter zufolge war er sehr unansehnlich: Auf einem schmächtigen Körper mit dürren Gliedern saß, verbunden durch einen ungewöhnlich langen Hals, der an eine »nackte Schildkröte« erinnerte, ein Kopf mit schwarzen strähnigen Haaren, die in der Mitte streng gescheitelt waren und die Ohren bedeckten. Er hatte leicht hervorquellende Augen, war stark kurzsichtig und trug eine Brille. Seine Gesichtsfarbe sah immer äußerst ungesund aus, die Haut war oft pickelig, was nicht nur von allen möglichen Leiden herrührte, an denen er chronisch litt, sondern auch von seinem starken Tabakkonsum. Selbst während der Hungerzeit in Russland hatte der Dichter einen Teil der kargen Lebensmittelrationen auf dem Schwarzmarkt gegen Zigaretten eingetauscht. Durchaus wahrheitsgemäß stand »Wiederherstellung der Gesundheit« als Reisegrund in seinem Passantrag. Nina Berberowa hatte »Vervollkommnung der Bildung« angegeben – und bekam selbst mit dieser Begründung das begehrte Dokument.

Am 30. Juni 1922 kam das verliebte Paar am Bahnhof Zoo an. Es stieg zunächst in der Pension Crampe am Viktoria-Luise-Platz ab. Zu den Zimmernachbarn gehörte Andrej Bely, den sie in den nächsten Monaten fast täglich sahen. Chodassewitsch fühlte sich in der neuen Umgebung alles andere als wohl. Er sprach kein Wort Deutsch und gab sich auch keine Mühe, es zu lernen. Die Bewältigung des Alltags überließ er – und das sollte zehn Jahre lang, bis zu ihrer Trennung, so bleiben – Nina Berberowa. Die junge Frau vergötterte Chodassewitsch als dichterisches Genie. In den russischen Schriftstellerkreisen Berlins hielt sie sich meist im Hintergrund und wurde lediglich als die hübsche und gelegentlich klug daherredende Begleiterin des Lyrikers wahrgenommen. Auch Chodassewitsch selbst wurde damals nur von wenigen als bedeutender Dichter betrachtet. Die Lyrikerin Marina Zwetajewa fand seine Verse nicht nur manieriert und belanglos, sondern konnte ihn auch persönlich nicht ertragen. »Chodassewitsch ist überhaupt kein Mensch, sondern ein kleines Dämonchen, ein Gewürm, eine Schlange. Er ist spitz-böse und mickrigböse, er ist eine Wespe oder eine Lanzette, jedenfalls etwas insektenartig-medizinisches, ein Giftzwerg«, schrieb sie in einem Brief.

Unterstützung durch Gorki

Gorki hingegen lobte Chodassewitsch als den »besten der modernen Dichter« und unterstützte ihn weiterhin. Er zog ihn zusammen mit Andrej Bely zur Mitarbeit an der Zeitschrift *Besseda* (»Gespräch«) heran. Die drei Schriftsteller hatten anfänglich die Revolution begrüßt. Doch sahen sie nun, aus dem eher unfreiwilligen Exil heraus, wie sich in der Heimat der Elan des gesellschaftlichen Umbruchs immer mehr verflüchtigte und die Bürokraten zunehmend die Macht übernahmen. Den Rückweg nach Russland aber wollten sie sich offen halten.

Die Vorbereitungen für die erste Ausgabe von *Besseda* machten fast tägliche Besprechungen erforderlich. Dutzende Male suchte Chodassewitsch Gorki auf. Völlig harmonisch verliefen diese Treffen allerdings nicht, Gorki machte folgende Beobachtung: »Ein merkwürdiger Mensch. Klug, aber er legt stets eine bedauernswerte Eilfertigkeit an den Tag, allen lebenden Geschöpfen, sogar den Fliegen, von seiner Klugheit kundzutun.«

Als Gorki sich für mehrere Monate in dem anderthalb Zugstunden von Berlin entfernten Bad Saarow niederließ, zogen auch Nina Berberowa und Chodassewitsch dorthin um. Der berühmte und wohlhabende Gorki mietete mit seinem Gefolge – Geliebte, Sekretär, Sohn und Schwiegertochter, Fahrer, Köchin, Hausmädchen – eine Villa, das mittellose Paar quartierte sich im Bahnhofshotel ein, einer schäbigen Absteige. Fast täglich fanden sie sich zum Mittagessen bei Gorki ein, der auch andere Emigranten durchfütterte.

Wladislaw Chodassewitsch.

Nina Berberowa.

Vor dem Umzug hatte Chodassewitsch an fast allen Dichterlesungen in Berlin teilgenommen. Der Prager Diele widmete er das Gedicht *Berlinerisches*:

Erkältet? Schnupfen? In die Kneipe!
Bestell dir Kognak, heißen Grog.
Hier gibt's Musike, Lärm und Leute,
und lila treibt im Raum der Smog.

Und hinter dicken Fensterscheiben,
der breiten Glasfront, glatt poliert,
herrscht des Aquariums dunkles Treiben,
das Ganze ist hellgrau grundiert:

Die Tram mit ihren vielen Augen
treibt durch der Linden Wasserwald,
der Fische leuchtend-träge Trauben
sieht man von fern elektrisch-kalt.

Und dort, im nächtlich-fahlen Flimmern,
in eines Fensterglases Blitz,
seh ich auf Trambahnwagen schimmern
den Tisch, an dem ich gerade sitz,

ich schau hinein ins fremde Leben,
und plötzlich seh ich – ekelhaft! –
wie ohne Rumpf soeben
mein Kopf vorbeiflog ohne Kraft.

Das Café, das abends zum Bierausschank wurde, steht bildlich für die Abgeschlossenheit des Exils. Durch dickes Glas ist der Beobachter von der fremden Stadt getrennt, in die er wie in ein Aquarium blickt. Einzig als grausige Spiegelung sieht er sich in dieser anderen Welt – als kraftloser Rumpf, ohne Kopf.

Nacht, Regen und Spiegel sind die Motive, die sich durch die Gedichte der Berliner Zeit Chodassewitschs ziehen. Er betrachtete sein Leben außerhalb der Heimat überaus pessimistisch, nicht jedoch aus der Sicht des Trauernden, sondern als Ironiker und Sarkast. Er war einer der wenigen Dichter, die nicht mit elegischem Blick zurück den Untergang der alten Heimat betrauerten. Das Emigrantenmilieu mit seiner weinerlichen Nostalgie nach dem Russland der Zaren und der ständigen Beschwörung des baldigen Zusammenbruchs der Sowjetherrschaft ging ihm auf die Nerven.

Dennoch dachte auch er noch ein Jahr nach seiner Ausreise an eine Rückkehr in die Heimat. Die deutsche Hauptstadt hatte er von Anfang an nur als Zwischenstation empfunden, als Ort, wo er sich erholen, Kräfte sammeln wollte für ein neues Leben in Russland. Doch er kehrte nicht dorthin zurück. Stattdessen folgte er gemeinsam mit Nina Berberowa im November 1923 Gorki, der nach einem kurzen Zwischenaufenthalt im tschechischen Marienbad weiter ins italienische Sorrent zog.

1925 verließen Chodassewitsch und Nina Berberowa Italien und ließen sich in Paris nieder. Dort verfasste er kaum noch Lyrik. Stattdessen wurde er zu einem der profiliertesten und auch streitbarsten Literaturkritiker der Exilpresse. 1931 verließ Nina Berberowa Chodassewitsch, wenig später heiratete er die russische Jüdin Olga Margolina. Nach langer Krankheit starb er im Juni 1939 in einer Klinik bei Paris. Olga Margolina kam im Zweiten Weltkrieg in einem deutschen KZ um. Chodassewitsch, dessen Gedichte erst während der Perestroika in seiner Heimat erscheinen durften, gilt heute als einer der größten Lyriker Russlands.

Nina Berberowa überlebte die deutsche Besatzung in Frankreich. 1950 emigrierte sie in die USA, wo sie Professorin für russische Literatur wurde. In den achtziger Jahren wurden ihre Erzählungen über das Leben der Emigranten, die ein halbes Jahrhundert zuvor in Kleinstauflage erschienen waren, wiederentdeckt und in viele Sprachen übersetzt. 1989 besuchte sie ihre russische Heimat, in der sie als letzte Zeitzeugin einer großen Kulturepoche gefeiert wurde. Damals kam sie auch nach Berlin. Sie stellte die deutsche Ausgabe ihrer Memoiren vor, in denen sie ein langes Kapitel den zwanziger Jahren gewidmet hat. Sie hatte damals Tagebuch geführt und nicht nur das literarische Leben in der russischen Emigrantenkolonie aufgezeichnet, sondern auch die Intrigen, Skandale und Liebeshändel unter den Schriftstellern. Mit dem lebendig geschriebenen Buch, das voller ironischer und gelegentlich boshafter Seitenhiebe ist, wurde sie zur wichtigsten Chronistin des russischen Berlin. Sie starb 1993 im Alter von 92 Jahren in Philadelphia.

Der Unentschlossene. Boris Pasternak

1890–1960. Hauptwerke: *Meine Schwester – das Leben* (Gedichte, 1922, dt. 1976), *Themen und Variationen* (Gedichte, 1923), *Nachdichtung von Goethes Faust* (1953), *Doktor Schiwago* (Roman, 1957, dt. 1958).
Nobelpreis für Literatur 1958.
In Berlin von August 1922 bis Februar 1923.
Berliner Adresse:
– Pension Fasanen-Eck, Fasanenstraße 41

»Berlin erschien mir wie eine Stadt von Halbwüchsigen, die tags zuvor Stutzsäbel und Helme, Rohrstöcke und Tabakspfeifen, richtige Fahrräder und Gehröcke zum Geschenk erhalten hatten, wie bei den Erwachsenen. Ich traf sie bei ihrem ersten Ausgang an, sie waren noch nicht an den Wechsel gewöhnt und jeder tat sich wichtig mit dem, was ihm gestern zuteil geworden war.«

Boris Pasternak hatte als Jugendlicher seine ersten Eindrücke von Berlin gesammelt, als er 1906 seine Eltern dorthin begleitete. Sie hatten Freunde besuchen wollen, darunter auch Maxim Gorki, der wie viele andere Russen nach der gescheiterten Revolution von 1905 erst einmal im Ausland die weitere Entwicklung in der Heimat abwarten wollte und in Berlin als »Stimme des jungen Russland« gefeiert wurde.

Die Eltern ließen dem Sechzehnjährigen genügend Freiraum, die große Stadt allein zu erkunden. Er sah sich nicht nur die Sehenswürdigkeiten an, sondern versuchte auch sein in der Schule erlerntes Deutsch in der Praxis zu erproben: »Bald hatte ich mich an Berlin gewöhnt, ich schlenderte über unzählige Straßen und durch einen grenzenlosen Park, ich sprach Deutsch, lernte zu berlinern, tief atmete ich diese Mischung aus Dampf von Lokomotiven, Laternengas und Bierschaum ein.« Besonders zogen ihn die Konzertsäle und Opernhäuser der deutschen Hauptstadt an. Richard Wagner war sein Lieblingskomponist. Der junge Mann träumte damals davon, selbst Komponist zu werden.

Anfang der zwanziger Jahre hatte Pasternak diesen Traum längst aufgegeben und sich stattdessen für das Schreiben entschieden. Auch die von ihm beschriebene »Stadt der Halbwüchsigen« gab es nicht mehr. Man spürte in der Stadt die Folgen des Ersten Weltkriegs, der eine ganze Generation vorzeitig hatte altern lassen.

Im Sommer 1922 kam Pasternak in die nervös pulsierende Hauptstadt der Weimarer Republik. Eigentlich wollte er nach Marburg weiterreisen, wo er studiert hatte; er wollte die Stadt, die ihm so viel bedeutete, seiner Frau Jewgenia Lourié zeigen. Das Ehepaar hatte vor, nur ein paar Tage in Berlin zu bleiben, um Pasternaks Eltern zu besuchen, die als Gegner des Regimes der Bolschewiken emigriert waren. Auch Pasternaks Schwestern Josefina und Lidia lebten in der Stadt.

Aus dem ursprünglich geplanten kurzen Zwischenstopp wurde mehr als ein halbes Jahr. Pasternak tauchte tief in das Leben der russischen Emigrantenkolonie ein. Er befand sich damals in einer Phase der Depression. Seit mehreren Jahren schon hatte er nichts mehr geschrieben, was ihn selbst zufrieden gestellt hätte. Gerade 32 Jahre alt, fühlte er sich geistig erschöpft und leer. Die Revolutionsereignisse, die andere Kollegen stark inspiriert hatten, bewirkten bei ihm nur eine innere Blockade. Seine Deutschland-Reise sollte ihm helfen, seine Schreibhemmung zu überwinden. Er hoffte, durch den Besuch der Stätten seiner Studentenzeit neue Anstöße zu erhalten, erhoffte sich Inspiration.

Nach Marburg war er 1912 gekommen, um sein in Moskau begonnenes Philosophie-Studium abzurunden. Er hatte den Gedanken an eine Zukunft als Komponist und Musiker aufgegeben, nachdem ihm bewusst geworden war, dass er nicht über das absolute Gehör verfügte. In dem kleinen hessischen Universitätsstädtchen lief er anfangs begeistert zu allen Seminaren und Vorlesungen. Doch dann nahmen die Zweifel an seinem Studium zu. Er spürte immer mehr, dass die Philosophie ihm nicht die Antwort auf die Fragen nach dem Sinn des Lebens, dem Sinn der Liebe und der Trauer geben konnte. Nach nicht einmal einem Jahr, wenige Monate vor Ausbruch des Weltkriegs, verließ Pasternak Marburg und kehrte nach Moskau zurück.

Er hatte sich entschieden, Dichter zu werden. Da seine Eltern wohlhabend waren – der Vater war Maler und Kunstprofessor, die Mutter Pianistin –, brauchte er sich um das tägliche Brot nicht zu sorgen. Als der Krieg begann, wurde er nicht zu den Fahnen gerufen; wegen einer Beinverkürzung wurde er als untauglich eingestuft. Er wurde jedoch verpflichtet, in einer Munitionsfabrik im Ural zu arbeiten. In der öden Industrieregion begann er wie ein Besessener zu schreiben. Er verfasste Gedichte und Prosa, vor allem über die unberührte Natur und die Einsamkeit des Künstlers, mit denen er die Literaturkritiker auf sich aufmerksam machte.

Belehrungen von Leo Trotzki

Nach der Februarrevolution von 1917 zog Pasternak nach Petrograd, ins Zentrum der russischen Avantgarde, wo sich Künstler aller Richtungen einfanden, um bei der Gestaltung der neuen Epoche mitzuwirken. Er fühlte sich damals zu den Futuristen um Majakowski hingezogen. Doch war ihm deren politisches Engagement fremd, an ihren lärmenden Auftritten nahm er nicht teil. Auch bei den großen Debatten über Politik, Kunst und Gesellschaft ergriff er nicht das Wort.

Anfang der zwanziger Jahre, als sich die Herrschaft der Bolschewiken stabilisierte, schien Pasternak seinen Platz in der Gesellschaft gefunden zu haben. Er arbeitete als Bibliothekar, was ihm erlaubte, sich nebenher ganz seiner Berufung als Dichter hinzugeben. In dieser Zeit heiratete er die junge Malerin Jewgenia Lourié. »Sie war anmutig und schlank, hatte eine schöne Stirn, ein feines ovales Gesicht, schwarze dichte Haare, die nach hinten gekämmt waren. Sie war voller Charme, in ihren Bewegungen wie in ihrer Redeweise, und hatte eine sehr melodiöse, leicht dunkel gefärbte Stimme«, erinnerte sich eine Bekannte.

Vom Temperament war sie das Gegenteil ihres Mannes: Er war grüblerisch und ein Zauderer, sie hingegen fällte rasch Entscheidungen und ging Alltagsprobleme energisch an.

Obwohl Pasternak öffentliche Auftritte schwer fielen, rang er sich zu Dichterlesungen durch, wie sie damals in Petrograd ein großes Publikum anzogen. Als er an einem Abend angesichts der aus dem Publikum kommenden Kritik an seinen »mangelhaften Gedichten« für alle sichtbar erbleichte und zu zittern anfing, stand Majakowski auf und verteidigte ihn lautstark.

Der Einsatz des berühmten Revolutionsdichters für den scheuen Kollegen trug mindestens ebenso wie seine Gedichte selbst dazu bei, dass Pasternak mit einem Mal über die Petrograder Literaturzirkel hinaus bekannt wurde. Das Lob Majakowskis machte auch führende Parteifunktionäre auf ihn aufmerksam. Leo Trotzki, der mächtige Kriegskommissar, der großen Anteil an den aktuellen Literatur- und Kunstdebatten nahm, lud ihn zu einem Gespräch ein. Sehr direkt habe Trotzki ihn gefragt, warum er sich in seinen Gedichten nicht mit gesellschaftlichen Themen befasse, berichtete Pasternak in einem Brief, den er wenige Tage nach der Begegnung schrieb. Der Dichter äußerte in dem Brief Verständnis für den Standpunkt Trotzkis und Zweifel, dass es ihm selbst gelungen sei, den Parteiführer mit dem Argument zu überzeugen, Individualismus sei eine »neue soziale Zelle eines neuen sozialen Organismus«.

Pasternak war verunsichert, sogar ein wenig erschrocken über die Aufmerksamkeit, die er nun genoss. Er schrieb von einer »gänzlich unverdienten und nicht nachvollziehbaren Höhe«, auf die er ohne sein Dazutun gezogen worden sei und von der er rasch wieder abstürzen könne. Seine Fahrt nach Berlin war also auch eine Art Flucht vor der plötzlichen Berühmtheit. Marina Zwetajewa hielt fest: »Pasternak wollte keinen Ruhm. Er fürchtete wohl auch den bösen Blick des allgegenwärtigen, unbeteiligten, gegenstandlosen Auges des Ruhms.«

Zwischen den Stationen Gleisdreieck und Bülowstraße.

Ordnungsgemäß hatte er ein Visum für die Reise nach Deutschland beantragt und hielt sich somit die Rückreise offen. Als Reisegrund gab er »Verwandtenbesuch« an. Mitte Juli 1922 schiffte er sich in Petrograd nach Stettin ein. Seine Frau sollte ein paar Tage später nachkommen. Die Fahrt über die Ostsee war äußerst stürmisch, doch Pasternak wurde nicht seekrank. Er dachte an Richard Wagner, den das Erlebnis einer Fahrt über die stürmische Ostsee zum *Fliegenden Holländer* inspiriert hatte. Mutig stand er am Bug des Schiffes, »der bald zum Himmel, bald in den sich öffnenden Abgrund schnellte«, beobachtete eine Mitreisende. Mit dem Zug fuhr er weiter nach Berlin. In der deutschen Hauptstadt fand er ein Zimmer in der Pension Fasanen-Eck in der Fasanenstraße 41.

Vom ersten Tag an nahm Pasternak in Berlin an Dichterlesungen und privaten Treffen der Russen teil. Eigentlich hatte er gehofft, Marina Zwetajewa zu treffen, die ihm mehrere enthusiastische Briefe aus Berlin geschickt hatte, nachdem sie seinen Gedichtband *Meine Schwester – das Leben* gelesen hatte. Doch war sie am Tag vor seiner Ankunft nach Prag abgereist. So suchte Pasternak zunächst Kontakt zu Andrej Bely, mit dem die Zwetajewa in Berlin eng befreundet war. Bald machte er auch die Bekanntschaft von Wladislaw Chodassewitsch und dessen Lebensgefährtin Nina Berberowa. Bely und Chodassewitsch, die damals unter Anleitung Gorkis über dem Projekt der neuen Kulturzeitschrift *Besseda* brüteten, hörten geduldig zu, wenn Pasternak frühere Gedichte vortrug oder seine Sicht vom Lauf der Welt darlegte. Der Dichter machte auf sie offenbar den Eindruck eines Menschen, der mit sich selbst nicht im Reinen war. Nina Berberowa erinnerte sich, dass Pasternak sehr unreif gewirkt habe. Bely habe sich beklagt, der Dichter komme nur sehr mühsam zum Kern einer Sache, und wenn er dort angelangt sei, stelle sich meist heraus, das es sich um etwas gänzlich Uninteressantes handle. Ein Literaturkritiker beobachtete: »Pasternak erschien damals noch sehr naiv, er besaß eine Kindlichkeit, die ihn alles ungemein frisch erleben ließ. Jeden Tag erschloss sich ihm die Welt neu. Er glaubte den Leuten, glaubte daran, dass sich immer alles von allein einrenkte.«

Pasternak haderte nicht nur mit sich selbst, er war sich auch unschlüssig, ob er nach Moskau zurückkehren sollte. Manchmal soll er allein durch die Straßen gegangen sein und im lauten Selbstgespräch das Für und Wider einer Rückkehr erörtert haben. Eine Mitarbeit in der russischen Exilpresse lehnte er ab, nicht nur aus Angst vor einer Schreibblockade, sondern auch weil er fürchtete, sich politisch festlegen zu müssen.

Auch seine Frau Jewgenia Lourié vermochte ihn nicht aus seiner Lethargie zu reißen. Sie fühlte sich in Berlin zunächst von ihm vernachlässigt und ging dann bald in der Stadt ihre eigenen Wege. Pasternaks Vater Leonid, der in Berlin als Porträtmaler reüssierte – zu seinen Kunden gehörte zum Beispiel Albert Einstein –, machte sie mit zahlreichen Künstlern bekannt. Bald begann sie selbst wieder zu malen.

Pasternak fühlte sich durch die Leichtigkeit, mit der seine Frau an ihr früheres künstlerischen Schaffen anknüpfte, noch mehr verunsichert. Er wirkte nervös, als ob er auf etwas wartete, stellte Viktor Schklowski fest, der in Berlin wegen seiner unglücklichen Liebe zu Alia Triolet ebenfalls mit dem Schicksal haderte: »In Berlin ist Pasternak voller Unruhe. Er ist ein Mensch westlicher Kultur, zumindest versteht er sie, er hat auch schon früher in Deutschland gelebt, bei ihm ist nun eine junge, gute Frau – und dennoch ist er voller Unruhe.«

Pasternak hielt sorgfältig Distanz zu den exponierten Gegnern der Bolschewiken, suchte aber zunehmend den Kontakt zu Kollegen, die offen mit der Sowjetregierung sympathisierten, wie Alexej Tolstoi und Viktor Schklowski. Er wollte sich ganz offensichtlich den Weg zurück in die Heimat nicht verschließen und auf keinen Fall bei den allgegenwärtigen Beobachtern aus der sowjetischen Handelsmission anecken.

Selbstzweifel und Schreibhemmung

Seine Zweifel und seine Unentschlossenheit lähmten indes weiterhin seine Schaffenskraft. In einem Brief, den er fast ein halbes Jahr nach seiner Ankunft in Berlin an den Redakteur einer Petrograder Zeitschrift schrieb, beklagte er seine anhaltende Schreibhemmung. Vor seiner Abreise hatte er sich verpflichtet, für die Zeitschrift über die Berliner Kulturszene und die russische Emigrantenkolonie zu berichten. Man hatte ihm sogar einen Vorschuss gezahlt. In dem Brief schrieb er wehleidig von der »seelischen Last«, die ihn von der Arbeit abhalte, und erging sich weitschweifig in Selbstvorwürfen. Kleinlaut bot er an, den Vorschuss zurückzuzahlen und stellte umständlich Überlegungen an, wie dies zu bewerkstelligen sei.

Doch schon in dem nächsten Brief eine Woche später konnte Pasternak ein kleines Wunder vermelden: Er habe sich hingesetzt und wieder angefangen zu schreiben. Den Anstoß dazu hatte der

Schriftsteller Boris Saizew gegeben, ein leiser, einfühlsamer und tief religiöser Kollege, der wohl begriff, dass man Pasternak nur ganz behutsam aus seiner Sackgasse herauslotsen konnte. Er hatte den Leidenden ganz harmlos gebeten, etwas für ihn ganz persönlich zu schreiben und ihn in die Geheimnisse der modernen Poesie einzuweihen. Später erklärte er, er habe sich um Pasternak bemüht, weil er ihn einfach für liebenswert gehalten habe, von seiner Dichtung habe er damals kaum etwas gekannt. Von Saizew, dem genauen Beobachter, stammt auch die folgende Beschreibung Pasternaks: »Groß, plump, etwas eckig, mit stark ausgeprägten Gesichtszügen. Nicht ganz regelmäßig, aber männlich, fast grob ließen sie auf Einfachheit und Geradlinigkeit schließen … Er gefiel mir gerade wegen seiner Ungefügtheit und seines ungewöhnlichen Gesichtsausdrucks. Er erinnerte mich an einen großen klugen Hund – einen sehr menschlichen.« Ein anderes Bild hatte Marina Zwetajewa vor Augen: »Die äußere Erscheinung Pasternaks ist herrlich: in seinen Zügen ist gleichzeitig etwas von einem Araber und einem (seinem) Pferd: gespannte Aufmerksamkeit, Wachheit, – und dazu: die volle Bereitschaft davonzujagen. Eine mächtige, pferdhafte, wilde und scheue Schräge der Augen. Der Eindruck, er lausche immerfort, nicht nachlassende Aufmerksamkeit und – plötzlich – der Durchbruch zum Wort – meist zu unvermittelt, früh: als hätte ein Fels gesprochen oder ein Baum.«

Dank der subtilen Bemühungen Saizews gewann Pasternak den Glauben an seine dichterische Kraft zurück. Einem der Gedichte, die er in Berlin zu Papier brachte, gab er den deutschen Titel *Gleisdreieck*. An diesem U-Bahnhof, dem Schnittpunkt zweier zentraler U-Bahnlinien, dem auch Viktor Schklowski ein literarisches Denkmal gesetzt hat, war Pasternak selbst oft ein- und ausgestiegen. Ihn faszinierte an diesem Ort das zufällige Zusammentreffen von Menschen ebenso wie das Nebeneinander von Natur und Technik.

Gleisdreieck
Wovon, zum Teufel, existiert der Kauz
Der Tag für Tag um kleinen Lohn
Das Dachloch überm brüllenden Abgrund gibt
Ans potsdamher gehetzte Abendrot?

Vors Fenster stellt er Rosen und Reseda
Da kilometerlang der Korb sich zieht
Wo Schienenlampen sich in Schönheit streiten
Mit all dem Schnee, benzinbesprüht.

Den Dächern, Essen, den Zarten zur Hand
Nicht Dämmerung – Stifte in Schminke getaucht
Wohin aus dem Dunkel die U-Bahn bricht
Als Knäuel von Gesichtern auf Flügeln des Rauchs.

Dieses Gedicht blieb das einzige, in dem sich die Eindrücke von Pasternaks siebenmonatigem Berlin-Aufenthalt widerspiegeln. Wenige Tage nachdem er es geschrieben hatte, fuhr er mit Jewgenia nach Marburg. Wieder und wieder hatte er die Reise verschoben, nun wollte er seiner Frau endlich seine Studienstadt zeigen. Doch es wurde ein hektischer Kurzbesuch. Offensichtlich fasste das Ehepaar in dem hessischen Städtchen den endgültigen Entschluss, Deutschland zu verlassen.

Wenig Qualität, zu viel Quantität

Boris Pasternak und Jewgenia Lourié fuhren nur noch kurz nach Berlin zurück, um ihre Sachen zu packen. Pasternak saß seinem Vater noch für ein Porträt Modell, ein paar Tage später dann bestieg das Ehepaar den Zug nach Moskau. Die Eltern und Schwestern Pasternaks blieben in Berlin zurück. Den letzten Ausschlag für die Rückreise hatte vermutlich ein Brief aus einem Moskauer Verlag gegeben, in dem man dem Schriftsteller den Druck seiner bisherigen Werke vorschlug. Mit der Ankunft in der vertrauten Stadt wich endgültig die Lähmung, die Pasternak vor und in Berlin so zu schaffen gemacht hatte. Er schrieb wieder Gedicht um Gedicht und dachte immer mehr über einen großen Revolutions- und Bürgerkriegsroman nach, den er aber erst mehr als drei Jahrzehnte später beenden sollte: *Doktor Schiwago*.

Pasternak setzte von Russland aus seine Korrespondenz mit Marina Zwetajewa fort, die ihm auch nach Berlin flammende Briefe geschrieben hatte. Erst im Juni 1935 kam es zu der ersten und einzigen Begegnung zwischen den beiden, in Paris. Marina Zwetajewa war mit ihrer Familie in die französische Hauptstadt übergesiedelt, Pasternak kam als Mitglied einer sowjetischen Delegation, um auf einem antifaschistischen Kulturkongress zu sprechen.

Auf der Fahrt zu dem internationalen Kongress in Paris hatte Pasternak ein paar Stunden Aufenthalt in Berlin. Im Haus seiner Eltern, die er zwölf Jahre nicht gesehen hatte, traf er auch seine Schwester Josefina wieder. Das kurze Gespräch zwischen beiden blieb oberflächlich, er wollte nur schlafen. »Es war klar, dass er sich im Zustand tiefster Depression befand ... Als Boris aufwachte, schien sich seine Verfassung leicht gebessert zu haben, obwohl er sich wieder über Schlaflosigkeit beklagte, worunter er offenbar schon die letzten Monaten gelitten hatte«, erinnerte sie sich. Die Schwester bat in der Sowjetbotschaft für ihn um die Erlaubnis, vor der Weiterfahrt nach Paris ein paar Tage in Berlin auszuruhen. Doch die Bitte wurde abgeschlagen.

Es war Pasternaks letzte Reise ins Ausland. Alle weiteren Reiseanträge wurden von den Behörden abgelehnt. Ob er jemals seinen 1923 gefassten Entschluss, in die Heimat zurückzukehren, bereut hat, ist nicht bekannt. Damals hatte er die deutsche Hauptstadt mit den Worten verlassen: »Berlin ist für mich völlig unnütz, es hat zu wenig Qualität und zu viel Quantität.«

Boris Pasternak sah nach seiner letzten Auslandsreise seine Eltern und Schwestern nie wieder. Lidia hatte Berlin bereits 1934 in Richtung England verlassen, zwei Jahre später kamen die Eltern nach. Die Schwester Josefina erkannte die Bedrohung, die für sie als Jüdin von den Nazis ausging, erst nach der Reichsprogromnacht 1938; unverzüglich verließ sie Deutschland.

In dieser Zeit sah sich Boris Pasternak in Moskau zunehmendem Druck von Seiten der Kulturfunktionäre ausgesetzt, die von ihm Werke zum Lobe Stalins verlangten. Doch hielt Stalin aus einer seiner unerklärlichen Launen heraus seine Hand über diesen »Gottesnarren«. Während des »Tauwetters« nach dem Tode Stalins gelang es Pasternak, das Manuskript seines Romans Doktor Schiwago *in den Westen zu schmuggeln – womit er sich den Zorn der Staatsmacht zuzog. Er wurde gezwungen, den ihm 1958 zugesprochenen Nobelpreis für Literatur abzulehnen. Ermüdet von den Kämpfen mit den Kulturfunktionären starb er nur zwei Jahre später.*

Immerhin aber hatte er kurz vor seinem Tod wieder brieflichen Kontakt zu Boris Saizew aufnehmen können, mit dem er sich in Berlin angefreundet hatte. Saizew war nach Paris gegangen, wo er zum »Nestor« der Exilschriftsteller wurde. Er starb 1972 im Alter von 91 Jahren.

Revolution und KaDeWe. Wladimir Majakowski

1893–1930. Hauptwerke: *Wolke in Hosen* (Versepos, 1915, dt. 1976), *Mysterium buffo* (Drama, 1918, dt. 1960), *Darüber* (Versepos, 1923, dt. 1985), *Die Wanze* (Drama, 1928, dt. 1980), *Das Schwitzbad* (Drama, 1929, dt. 1982).
In Berlin insgesamt acht Mal zwischen Oktober 1922 und Februar 1929.
Berliner Adresse:
– Kurfürsten Hotel, Ansbacher Straße 57 (Ecke Kurfürstenstraße)

Im Wagen
den Kurfürstendamm hinsausend,
reiß ich die Augen auf:
sonderbar, –
ja, Deutschland
hat sich entschieden gemausert,
so war's noch nicht
im vorigen Jahr.
Zunächst erscheint
mir alles glatt:
hier wird nicht gegreint;
der Deutsche ist satt.
Galt früher
der Dollar
als blendendste Strahlung,
heißt's jetzt:
»Wir nehmen nur Reichsmark
in Zahlung.«

Heut stiefelt
der Deutsche
schon nackenstark;
jüngst
rann er noch scheu
wie ein Wässerlein.

Das macht, jawohl,
  die gefestigte Mark,
sogar
  sein Grinsen
    ist Marmorstein.
Doch halt!
  Wenn satte Gesichter
    sich röten –
Wozu ist denn
  überall
    Schupo vonnöten?
Ich schlendre
  durchs Arbeiterreich
    Berlin-Nord.
Die Not
  gibt hier allem
    ihr mageres Maß.
Hier heißt's:
  »Die Wolfs …
ja, Doppelselbstmord …
  samt Kindern …
    vor Hunger …
      vergiftet durch Gas …«
Das dümmste Gör,
  wenn's verwundert hier wandert,
wird sicher aus allem
  den Ratschluss ziehn:
Hier muss es zur Welt kommen,
  hier
    ein andres,
ein besseres,
  drittes,
    ein Rotes Berlin!

Nicht lang wird's
  in Kerkern und Vorstädten nisten,
es bricht durch die Sperren,
  es kommt bestimmt.
Erste Vorbotschaft:
  Für die Kommunisten
haben
  drei Millionen gestimmt!

Das Gedicht *Zweierlei* Berlin, aus dem diese Verse stammen, schrieb Wladimir Majakowski 1924. Er beschreibt darin, wie sich die deutsche Hauptstadt seit der Währungsreform 1923 verändert hat. Im Herbst 1922 war der »Herold der Revolution«, wie ihn die sowjetische Presse nannte, erstmals in die deutsche Hauptstadt gekommen und neun Wochen geblieben. Er hatte erlebt, wie die Deutschen durch die galoppierende Inflation ihre ganzen Ersparnisse verloren, Armut und Elend sich bis zum »Schaufenster der Hauptstadt«, dem Kurfürstendamm, ausbreiteten und die Schutzpolizei, die so genannte Schupo, vor allem die Armutskriminalität in Schach halten sollte. Nur die Besitzer harter Valuta konnten der allgemeinen Not entkommen.

Mit der Einführung der Rentenmark sprang die Wirtschaft wieder an. Zumindest die Geschäftswelt zeigte neues Selbstbewusstsein, die Nutznießer der Reform »stiefelten schon nackenstark«, wie es in dem Gedicht heißt. In den Arbeitervierteln im Berliner Norden allerdings hatte sich offensichtlich nichts geändert. Doch sah Majakowski durchaus einen Hoffnungsschimmer für die Armen und Ausgebeuteten – ein kommunistisches Deutschland. Immerhin, so jubelt er, entfielen bei den Reichstagswahlen im Mai 1924 auf die Kommunistische Partei bereits drei Millionen Stimmen.

Für Majakowski verkörperten die Kommunisten die Hoffnung auf eine bessere Zukunft für die gesamte Menschheit. Der

Dichter war der führende Kopf der russischen Futuristen und hatte sich mit publikumswirksamen, lärmenden Auftritten schon vor der Revolution von 1917 einen Namen gemacht. Mit 1,85 Meter war er auffällig groß, er hatte breite Schultern wie ein Ringer und ein Boxergesicht mit prägnantem Kinn. Seine ausgefallene Kleidung, oft in grellen Farben, trug ihren Teil zu seinem Ruf als »Bürgerschreck« bei. Getreu seinem Motto, die Kunst müsse den Massen dienen, trug er nach der Revolution als erster russischer Dichter seine Verse bei Massenveranstaltungen vor und war auf diese Weise zum bekanntesten Künstler der jungen Generation geworden. Sein Vortrag hatte kaum mehr etwas mit traditionellem Deklamieren und Rezitieren gemein: Majakowski verfügte über eine sehr kräftige, sonore Baritonstimme, sein lauter Sprechgesang füllte jeden Raum bis in den letzten Winkel. Manchmal brüllte er seine Verse heraus, ruderte mit den Armen, rollte mit seinen fast schwarzen Augen, manchmal zerhackte er die Verse zu hämmerndem Stakkato. Oft verließ er schweißgebadet und am Ende seiner Kräfte die Bühne.

Er sah sich selbst als Stimme der Moderne, begeisterte sich für die Technik und sagte dem »romantischen Gefasel« der bisherigen Dichtung den Kampf an.

Die Bolschewiken hielt Majakowski für die Verkörperung der Moderne, ihre Machtergreifung feierte er als urgewaltigen Wendepunkt der Geschichte. In seinem Poem *150 000 000* bejubelte der Dichter das neue Regime, hinter dem er 150 Millionen Menschen, also fast die ganze Bevölkerung Russlands stehen sah. Lenin allerdings war von diesem Poem ganz und gar nicht angetan, er nannte es in kleinem Kreis »eine Erzdummheit und Anmaßung«. Für den Parteiführer, der ein konservatives Kunstverständnis besaß, waren die Futuristen nur Krawallmacher.

Majakowski verfasste im Auftrag der Agitations- und Propagandaabteilung der Arbeiterpartei Gedichte und malte Karikaturen, die ROSTA-Fenster im Stil der auch in Russland einst populären Bilderbögen der Bänkelsänger mit ihren Knittelversen. ROSTA war die Abkürzung für die Russische Telegrafenagentur, die von der Regierung kontrolliert wurde und in erster Linie bolschewistische Propaganda zu verbreiten hatte. Majakowski nahm mit seinen Karikaturen und Versen vor allem den Adel, die Fabrik- und Grundbesitzer sowie Kleriker aufs Korn. Auch goss er seinen Spott über die Landsleute aus, die in die Emigration gegangen waren.

Ein Liebesdreieck

Der Dichter wusste Anfang der zwanziger Jahre sehr wohl, dass die Parteiführung weiterhin auf eine Revolution in Deutschland wartete; Lenin hatte oft genug erklärt, die deutschen Arbeiter müssten zur Avantgarde der Weltrevolution werden. 1922 wollte Wladimir Majakowski seinen persönlichen Beitrag dazu leisten und zur deutschen Arbeiterklasse sprechen. Anfang Oktober fuhr er mit dem Zug von Moskau nach Petrograd und von dort weiter nach Tallinn. In der estnischen Hauptstadt bestieg er den Dampfer »Rügen«, der Kurs auf Stettin nahm, von wo ihn dann der Zug nach Berlin brachte. Am 11. Oktober traf der Dichter am Bahnhof Zoo ein. Auf dem Bahnsteig warteten nicht nur mehrere Landsleuten, sondern auch deutsche Verlagsvertreter, die seine Werke in Übersetzung herausbringen wollten. Durch die Wartenden drängte sich eine junge Frau. Sie lief auf Majakowski zu und stürzte sich in seine Arme: Es war Lilja Brik.

Die beiden waren seit mehreren Jahren ein offenkundig leidenschaftlich verliebtes, sich aber auch heftig streitendes Paar. Lilja Brik wohnte ebenfalls in Moskau, war aber schon vor Majakowski nach Berlin gereist, um ihre Schwester Alia Triolet zu treffen, die seit vier Jahren in Westeuropa lebte. Majakowski hatte sein deutsches Visum erst einige Tage später erhalten als seine Geliebte. Der Dichter hatte bei seinem Antrag eine Heilkur in Bad Kissingen als Reisezweck angegeben. Kuraufenthalte im

Deutschen Reich waren damals für die neue sowjetische Elite durchaus an der Tagesordnung, das Gesundheitswesen in Sowjetrussland lag nach Revolution und Bürgerkrieg im Argen. Majakowski verhehlte allerdings nicht, dass er keineswegs beabsichtigte, in das Heilbad zu fahren, sondern sich vielmehr in Berlin umsehen wollte. Bei einem seiner letzten Auftritte vor der Abreise nach Deutschland hatte er bei einer Dichterlesung im Moskauer Konservatorium verkündet: »Ich fahre als ein Herr nach Europa, um die dortige Kunst zu inspizieren und zu kontrollieren.«

Die dunkelhaarige zierliche Schönheit Lilja Birk nannte den hünenhaften Majakowski nicht nur mit dem Kosenamen »Wolodja«, sondern auch »mein Bär«. Dieser bezeichnete sich selbst in Briefen an sie als ihr »Hündchen« und zeichnete neben seine Unterschrift in wenigen Strichen einen zusammengerollten Welpen. Beide waren sich 1915 in Moskau begegnet. Majakowski hatte zunächst ihre jüngere Schwester Alia umworben, bis er Lilja zum ersten Mal sah. Die beiden Mädchen stammten aus einer reichen jüdischen Kaufmannsfamilie, hatten sehr gute Schulen besucht, sprachen mehrere Fremdsprachen, darunter Deutsch, und hatten eine klassische Kunsterziehung genossen.

Lilja hatte auffällig große dunkelbraune Augen und fast schwarze Haare, die im Licht rötlich schimmerten. Sie sprühte vor Energie, war nie um ein Bonmot verlegen und wurde in jeder Gesellschaft schnell zum Mittelpunkt. Sie war mit dem Juristen Ossip Brik verheiratet, der sich auch in der Künstlerszene einen Namen als Regisseur, Rezensent und vor allem als Organisator von Ausstellungen und Kunstaktionen gemacht hatte, auch hatte er mehrere Erzählungen geschrieben. Brik war mit Majakowski befreundet und realisierte mit ihm zusammen verschiedene Kunstprojekte. Ob es ein *ménage à trois* war oder ob Ossip und Lilja Brik nur noch formal ein Paar waren, darüber gingen die Meinungen der Zeitgenossen auseinander. Lilja Brik wiederholte gegen Ende ihres Lebens immer wieder: »Ich habe nie je-

Lilja Brik und Wladimir Majakowski.

manden anderen geliebt als Wolodja. Ich habe ihm immer gesagt, dass ich ihn auch im Alter, das er so gefürchtet hat, so lieben werde.« Eine Moskauer Künstlerin, die alle Beteiligten sehr gut kannte, war allerdings anderer Meinung: »Die Tragödie in diesem Dreieck, das Majakowski seine ›Familie‹ nannte, bestand darin, dass Lilja den ihr angetrauten Brik liebte, er sie aber nicht. Und Majakowski liebte Lilja, die aber niemand anderen als Brik lieben konnte. Ihr ganzes Leben lang liebte sie also einen Mann, dem sie wiederum körperlich gleichgültig war.« Ein gemeinsamer Freund der drei kam zu dem gleichen Schluss: »Das ganze Drama bestand darin, dass Lilja doch Brik liebte und nicht Majakowski. Es ist möglich, dass sie versuchte, sich einzureden, dass sie ihn liebt. Aber sie liebte ihn nicht.«

Lilja hatte neben Brik und Majakowski noch unzählige Affären und Liebschaften. Für sie war es selbstverständlich, mit einem Mann die Nacht zu verbringen, wenn er ihr gefiel und ihr danach war. Allem Anschein nach war sie hin- und hergerissen zwischen der romantischen Idee einer ewig währenden Liebe und dem Konzept der freien Liebe, das eine Frauenfraktion in der Arbeiterpartei vehement propagierte.

Freimütig erzählte sie ihren Freunden, wenn sie sich wieder einmal verliebt hatte. Ein halbes Dutzend Mal kündigte sie an, sie wolle ihren Liebhaber heiraten, weil er der Mann fürs Leben sei. Diese Pläne verloren jedoch sehr schnell wieder an Aktualität, ihre Romanzen endeten rasch, sie fand immer wieder den Weg zurück zu Majakowski und Brik, deren gegenseitige Freundschaft wiederum durch nichts zu erschüttern war. Majakowski war bei jeder von Liljas Romanzen krank vor Eifersucht und drohte ihr wiederholt mit Selbstmord. »Gelegentlich langweilt er mich mit Eifersuchtsszenen«, beklagte sich Lilja einmal über ihren Geliebten. Aber wenn er ein wenig leide, so sei dies andererseits nur gut für Majakowski, denn dann schreibe er besonders schöne Gedichte. Brik schien sich für all das nicht weiter zu interessieren. In dem Freundeskreis der drei, die in Moskau viele Jahre zusammen in einer Wohnung lebten, wurde damals spekuliert, er sei impotent.

Im Dienste der Tscheka

Erst vor wenigen Jahren wurden Dokumente veröffentlicht, die belegen, dass die beiden Briks im Dienste der sowjetischen Geheimpolizei Tscheka standen. In Emigrantenkreisen war dies schon Anfang der zwanziger Jahre vermutet worden. Es war bekannt, dass Ossip Brik seine berufliche Laufbahn als »Rechtskonsultant« in der Petrograder Tscheka begonnen hatte. Zweifellos wusste auch Majakowski davon, doch betrachtete er damals die Tschekisten durchaus als positive Kraft, als kraftvollen Arm der Partei, die sich anschickten, das gesamte gesellschaftliche Leben zu revolutionieren. Auch nahm er wohl die Erzählungen seines Freundes Ossip über den Alltag der Tscheka nicht sonderlich ernst, was sie aber offensichtlich waren: Brik schilderte den Zynismus der Tschekisten gegenüber den tatsächlichen oder vermeintlichen Gegnern des Regimes, unmenschliche Folterungen und grausame Qualen der Opfer.

Lilja Brik hatte ein zweifellos naiveres Verhältnis zu den Vollstreckern des von Lenin erdachten »roten Terrors«. Ein halbes Jahrhundert später, als sie vom Buch des Dissidenten Alexander Solschenizyn über den Archipel Gulag erfuhr, sagte sie: »Mein Gott, für uns waren die Tschekisten damals heilige Leute!« Ein anderes Mal entfuhr ihr die Frage: »Wer konnte denn ahnen, dass diese Leute so schrecklich waren?« Wie andere junge Frauen im jungen Sowjetstaat fühlte sie sich von diesem düsteren, geheimnisvollen Milieu irgendwie angezogen. Sie betrachtete einige der Tschekisten als »gute Freunde«, tat ihnen hin und wieder »einen kleinen Gefallen« und erzählte ihnen bereitwillig über ihre Freunde. Boris Pasternak meinte später, die Moskauer Wohnung der Briks und Majakowskis sei im Grunde nichts anderes als eine »Abteilung der Polizei« gewesen, womit er die Tscheka meinte. Offenbar ist es dem zunehmend zum Zyniker gewordenen Brik gelungen, sein Wissen von der düsteren Seite der Revolution, in deren Dienst sich das Ehepaar gestellt hatte, vor seiner Frau geheim zu halten.

Auch Majakowski stand auf dem Standpunkt, dass die Frau an seiner Seite an seinen politischen Gedanken und Aktionen nicht teilhaben müsse. Sie hatte ihm zur Verfügung zu stehen, ihn zu bewundern, sich aber nicht in seine Mission als »Kulturbeauftragter« der Revolution, wie er sich selbst nannte, einzumischen. Er nahm Lilja Brik in Berlin grundsätzlich nicht mit zu seinen Treffen mit Vertretern der KPD oder mit Künstlern.

Karten spielen und Zechtouren

In der deutschen Hauptstadt stiegen die beiden auf Kosten des der Kommunistischen Partei nahe stehenden Malik-Verlags im teuren Kurfürsten Hotel in der Ansbacher Straße ab. Lilja beschreibt in ihren Memoiren diesen ersten gemeinsamen Berlin-

Aufenthalt mit großem Unbehagen: »Mir schwebte vor, dass wir gemeinsam all die neuesten Wunder von Kunst und Technik besichtigen gingen ... Aber wir haben kaum etwas zu Gesicht bekommen. Majakowski machte ein paar Lesungen, und die übrige Zeit ... Es stellte sich ein Spielkumpel ein, ein Russe, und Majakowski hockte Tag und Nacht auf dem Zimmer und pokerte mit ihm. Aus dem Haus ging er nur, um Blumen für mich zu bestellen – Riesenkörbe, die knapp durch die Tür passten, oder Sträuße, die er gleich samt ihren Vasen aus dem Schaufenster des Blumengeschäftes bringen ließ. Die deutsche Mark galt damals nichts, so dass wir mit unserem Geld in unerwartetem Reichtum schwelgten.« In Gegenwart Lilja Briks leerte er mit seinem Spielkameraden zahlreiche Flaschen Wodka, die eigens für ihn herangeschafft wurden. Wein und Bier trank er nur in Notfällen, wenn es keinen Wodka gab.

Wollte er damit seine Verachtung für den Kapitalismus zeigen oder machte es ihm einfach Spaß, mit vollen Händen Geld auszugeben? Jedenfalls lud der Dichter seine meist zufällig zusammengewürfelte Gefolgschaft immer wieder zu Gelagen in teure Restaurants ein, etwa in das exklusive Horcher in der Lutherstraße. Lilja Brik erinnerte sich: »Majakowski hielt alle frei, was mir peinlich war, ich fand, er führte sich wie ein Kaufmann oder Mäzen auf. Herr Horcher und der Kellner sprachen ihn mit ›Herr Majakowski‹ an und rissen sich schier ein Bein aus, um es ihm – ein reicher Kunde schließlich! – in allem recht zu machen. Zum Nachtisch brachte ihm der Kellner, als wäre es die größte Selbstverständlichkeit der Welt, fünf Portionen Melone oder Kompott, etwas, was Majakowski vor den schweren Jahren stets in Unmengen gegessen hatte. Als wir das erste Mal dort waren und jeder sein Dessert bestellte, trompete Majakowski: ›Iech fjunf Porzion Mjelon uund fjunf Porzjonn Kampott. Iech biin ajn ruussischer Djichter, bekaant im ruussischen Laand.‹« Noch einen anderen Spruch hatte er für diese Gelegenheiten auswendig gelernt, einen leicht abgewandelten Vers Heines: »Gejben Sie mirr ajn Mittagäässen, mirr uund majnem Genius.«

Nicht alle fanden das mehr oder weniger ernst gemeinte großspurige Auftreten lustig. Der eigenbrötlerische und in Berlin etwas verlorene Boris Pasternak etwa, für den Majakowski eine fürsorgliche Zuneigung empfand und der seit vielen Jahren mit Lilja Brik befreundet war, störte sich daran. Pasternak, der seinen Förderer halb bewundernd, halb ironisch »Leuchtturm« (russisch: *majak*) nannte, sah hinter Majakowskis Verhalten auch die tiefe Verunsicherung des sonst vor Selbstbewusstsein Überschäumenden: »Trotz der unglückseligen Blasierheit des Leuchtturms, die ihn nie verlässt und ihm überall vorauseilt (er bestellte beispielsweise bei den verarmten, von anderen Dingen geplagten Deutschen Bier für zwei mit den Worten: ›Für mich und mein Genie.‹) wirkte er nackt wie ein kleines Kind, entwaffnet, gerührt und gefangen von der lebenden Riesenhaftigkeit der Stadt, von dem urdeutschen romantischen Hintergrund der Not, die sie erfasst hat, aber am meisten von diesen Dingern, die sich durch die Erde schrauben oder über den Dächern der Bahnhofsdächer dahinfliegen, U-Bahn. So ging er auf entzückende und rührende Weise eine Woche lang durch die Stadt.«

Doch fasste Majakowski seine Eindrücke von Berlin nicht in Worte, auch nicht gegenüber Lilja Brik. Manchmal habe er stundenlang geschwiegen, berichtete sie. Oft spürte Majakowski auch das Bedürfnis, allein loszuziehen. Dann schloss er hin und wieder, eifersüchtig wie er war, Lilja einfach im Hotelzimmer ein. Allein blieb er jedoch nie bei seinen Spaziergängen, immer wieder wurde er von Landsleuten angesprochen, die von weitem »seine forsche, manchmal an einen Boxer erinnernde Herkulesgestalt« erkannten, »– doppelt auffallend zwischen den Spaziergängern an der Gedächtniskirche –, mit seinen weit ausholenden Schritten und seinem wiegenden Gang wie ein Seemann an Land, nicht aber wie ein Dichter«. Oft kam er dann nach durchzechter

Nacht erst am frühen Morgen schweren Schrittes in das Kurfürsten Hotel zurück, ließ sich ins Bett fallen und schlief sofort ein.

Revolutionäre Kunst

Ein paar Tage nach der Ankunft Majakowskis in Berlin wurde am 15. Oktober 1922 in der Galerie Von Diemen & Co. (Unter den Linden 21) die »Erste Russische Kunstausstellung« eröffnet. Organisiert wurde sie vom Russischen Kommissariat für Volksbildung und Kunst und dem »Auslandskomitee zur Organisation der Arbeiterhilfe für die Hungernden in Russland«. Ausgestellt wurden Arbeiten von mehr als hundert Künstlern, darunter Chagall, Kandinsky, Malewitsch, Rodtschenko und Tatlin. Ossip Brik hielt aus Anlass der Ausstellung auf Deutsch mehrere Vorträge über die russische Malerei der Gegenwart.

Erstmals zeigte man den deutschen Besuchern auch eine Auswahl von ROSTA-Fenstern, darunter zehn von Majakowski. Für die gesamte links orientierte Berliner Presse war die Ausstellung ein Ereignis ersten Ranges. Majakowski wurde als herausragender Vertreter der revolutionären Kunst gefeiert. Berliner Künstler, die mit Sympathie die Umwälzungen in Sowjetrussland beobachteten, drängten sich danach, den Dichter kennen zu lernen, ihn zu Lesungen oder in ihre Ateliers einzuladen. Majakowski machte Bekanntschaft mit dem sozialkritischen Maler George Grosz, er nahm einige seiner Grafiken mit nach Moskau und ließ sie dort veröffentlichen. Er nannte Grosz einen »großartigen Künstler, hervorgegangen aus den linkesten Kunstströmungen des Westens«. Unterhalten konnte er sich mit ihm allerdings nur mit Hilfe eines Dolmetschers. Die Versuche einer jungen Übersetzerin, dem Dichter in Berlin ein wenig Deutsch beizubringen, scheiterten kläglich; Majakowski machte sich lieber über die Regeln der deutschen Grammatik lustig, die seiner Meinung nach äußerst konfus und geradezu absurd waren. Zeitlebens hat er keine Fremdsprache gelernt und sich auch nie ernst-

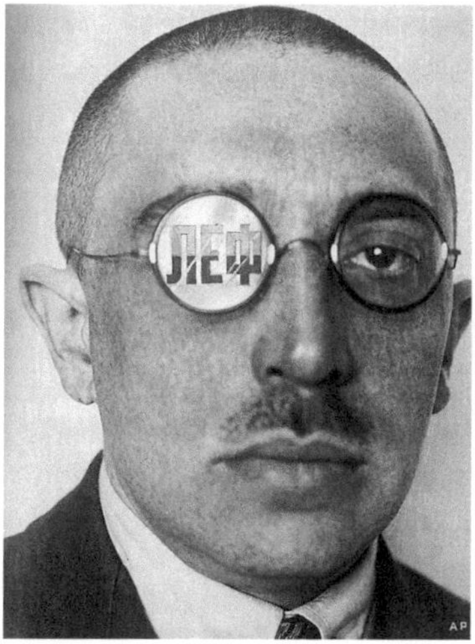

Ossip Brik. Collage von Alexander Rodtschenko.

Wladimir Majakowski am ROSTA-Fenster.

haft darum bemüht. So brauchte er auch einen Dolmetscher, um sich mit dem jungen Dichter Johannes R. Becher zu verständigen, der einen Teil seiner Gedichte ins Deutsche übertrug. Becher, der später der erste Kulturminister der DDR werden sollte, sprach damals kaum Russisch, er orientierte sich bei der Übertragung an einer Rohübersetzung.

Wie eine Urgewalt brach Majakowski über die Berliner Emigrantenszene herein. Insgesamt fünfmal trat er 1922 in der Reichshauptstadt öffentlich auf, jedes Mal war der Saal zum Brechen voll. Der konstruktivistische Maler El Lissitzky, mit dem der Dichter mehrmals in Berlin zusammentraf, schrieb über Majakowski: »Er verhielt sich in Deutschland wie auf einer Agitationsreise in der UdSSR. Wohin man ihn auch immer einlud, überall trug er seine agitatorischen Verse vor.«

Zwar wurde Majakowski von der antibolschewistischen Exilpresse heftig angegriffen, doch überwog bei den meisten gebildeten Emigranten wohl die Neugier, den »Herold der Revolution« einmal persönlich zu sehen. Vor allem jüngere Zuhörer befragten ihn zum Alltag in der Sowjetunion, und Majakowski schilderte ihn in den leuchtendsten Farben. Mehrmals besuchte er auch Dichterlesungen und Vorträge im »Haus der Künste«, die im Café Leon stattfanden. Er machte sich einen Spaß daraus, die Vortragenden mit Zwischenrufen aus dem Konzept zu bringen. Die emigrierten Schriftsteller provozierte er mit den Worten: »Ein russischer Dichter und Erzähler kann nur der sein, der in Russland und mit Russland lebt.«

An einem Abend, als es im »Haus der Künste« um das Thema »Die moderne russische Kunst und die russische Ausstellung in Berlin« ging, kam es zum Streit zwischen Majakowski und dem Symbolisten Andrej Bely. Der Streit brach aus, nachdem Viktor Schklowski die Bilder eines jungen sowjetischen Künstlers als Ramsch bezeichnet hatte. Majakowski verlangte schließlich von Bely, der die Veranstaltung leitete, mehrmals lautstark, alle, die den jungen Künstler beleidigt hätten, zu kritisieren. Ganz offensichtlich wollte er damit den Tumult noch vergrößern. Bely aber bemerkte diplomatisch, er habe keine beleidigenden Zurufe aus dem Publikum vernommen, und schlug vor, wieder zur Tagesordnung überzugehen. Majakowski verließ daraufhin wütend den Saal. Ein Teil der Anwesenden folgte ihm.

Ein junger Literaturkritiker, der Majakowski mehrere Male bei öffentlichen Auftritten erlebt hatte, stellte fest: »Majakowski benahm sich unverschämt und grob, er hatte keine Schwierigkeiten, schwächere Opponenten bis auf die Knochen zu blamieren. Doch hartnäckige und geschickte Disputanten ließen ihn gelegentlich hilflos aussehen, dann regte er sich maßlos auf.« Der Hüne, der mit seinen starken Armen nicht nur Lilja Brik ständig beschützen wollte, sondern hin und wieder auch missliebige Gesprächspartner einfach zur Seite schob, war erstaunlich leicht aus der Fassung zu bringen.

Zeitgenossen schilderten ihn überdies als Hypochonder, der ständig Angst vor Krankheiten hatte. Ilja Ehrenburg schrieb über

Majakowski: »Er wirkte ungewöhnlich stark, gesund, lebensfroh. Und doch befielen ihn zuweilen unerträgliche Depressionen. Sein Ekelgefühl grenzte ans Krankhafte. In der Hosentasche trug er stets eine Seifendose. Hatte er einem Menschen die Hand geben müssen, der ihm körperlich zuwider war, ging er hinaus und wusch sich mit aller Sorgfalt die Hände. Um das Glas nicht mit den Lippen berühren zu müssen, schlürfte er den heißen Kaffee wie ein Eisgetränk durch den Strohhalm. Er machte sich lustig über den Aberglauben, aber er selbst war abergläubisch und hatte eine Vorliebe für Glückspiele – Wappen oder Zahl, Gerade oder Ungerade.«

Konkurrenten und Widersacher

Mehrmals begegnete Majakowski in Berlin Sergej Jessenin. Die beiden Dichter kannten sich bereits aus Moskau, wo sie aus ihrer gegenseitigen Abneigung nie einen Hehl gemacht hatten. Sie zielten jeweils auf ein völlig unterschiedliches Publikum. Majakowski war zum Agitator geworden. In Berlin trat er nun in Anzug und Weste auf und predigte Disziplin beim Aufbau des Sozialismus. Allerdings ließ er fehlende Jackenknöpfe nicht wieder annähen, was Ilja Ehrenburg zu der spöttischen Bemerkung veranlasste: »Ein anständiger, geschäftiger Bürger, ... dessen ganzer ›Futurismus‹ im Mangel von Knöpfen an der Jacke besteht. Wo ist der frühere Rebell in der gelben Damenstrickjacke?«

Jessenin hatte zwar auch die Revolution begrüßt, sie aber als metaphysischen Urknall begriffen, der die Grenzen des menschlichen Bewusstseins sprengt und sämtliche Normen und Traditionen zerstört. In seinen Augen hatte Majakowski mit seiner politischen Agitation die Dichtkunst verraten. Majakowski dagegen hielt Jessenin für einen Weichling, der sich, statt seine gesellschaftliche Pflicht zu erfüllen, in Alkoholexzesse und Orgien flüchtete. Nach Meinung mancher Zeitgenossen war Majakowski neidisch, dass Jessenin mit seinem jungenhaften Charme mühelos Frauen eroberte: »Jessenin ließ sich von den Frauen gefangen nehmen ... Majakowski aber konnte und wollte sich nicht gefangen nehmen lassen«, erklärte ein Bekannter die Probleme des großen starken Mannes mit dem schwachen Geschlecht. Majakowski sei das Gegenteil eines Don Juan gewesen.

Zu der Rivalität der beiden Männer kam die zwischen ihren damaligen Gefährtinnen hinzu. Sowohl Jessenins Frau Isadora Duncan als auch Lilja Brik beanspruchten in den ersten wilden Jahren nach der Revolution, die Muse des wichtigsten russischen Dichters zu sein, sie strebten selbst immer danach, im Mittelpunkt zu stehen. Doch hatten die beiden Frauen zur Revolution und zu den Bolschewiken ein anderes Verhältnis als ihre Männer. Während die Amerikanerin, die nur wenige Worte Russisch sprach, die Parteiführer mit einer Mischung aus Fanatismus und Romantik geradezu vergötterte, sie mit Helden aus den griechischen Göttersagen oder gar mit Jesus Christus verglich, achtete Lilja Brik eher rational, nach Meinung einiger sogar berechnend, darauf, welche Kontakte ihr und Majakowski nutzten. Sie fand es auch spießbürgerlich, dass Jessenin und die Duncan geheiratet hatten. Sie kokettierte dagegen gern mit ihren zahlreichen »offenen Beziehungen«.

Kaum besser als zu Jessenin waren Majakowskis Beziehungen zu Maxim Gorki. Dieser soll, so berichtete Lilja Brik, verbreitet haben, Majakowski habe ein junges Mädchen mit Syphilis angesteckt. Jedenfalls hatte ihr das Viktor Schklowski, der in Liljas Schwester Alia verliebt war, erzählt. Lilja stellte Majakowski zur Rede, der sprach von übler Verleumdung. Also machte sich Majakowskis Geliebte gemeinsam mit Schklowski zu Gorki auf, der sich drehte und wand und schließlich erklärte, er habe die Information von dem Arzt des Mädchens. Der aber sei ins Ausland verreist und im Moment nicht zu erreichen. Die schon vorher angespannten Beziehungen zwischen beiden Schriftstellern waren damit endgültig zerstört. In Berlin ging Majakowski eigens zu einem Gorki-Abend in das Café Landgraf und rief ins Publikum: »In der Literatur gibt es keinen Schriftsteller dieses Namens mehr, er ist tot!« Dann stürmte er aus dem Lokal.

Nicht minder vernichtend äußerte sich Majakowski gegenüber Presseleuten über das literarische Talent Ilja Ehrenburgs. Bei der Lektüre seiner Werke könne man »sich den Magen verderben«, es handle sich um Beispiele »poetischer Impotenz«, sie seien oberflächlich und enthielten keine Idee. Es versteht sich, dass die bösen Worte Majakowskis über Gorki und Ehrenburg zu Sowjetzeiten der Schere des Zensors zum Opfer fallen mussten, galten sie doch alle drei als Meister der Sowjetliteratur und als Stützen des Systems.

Während sich in Berlin das Verhältnis Majakowskis zu Jessenin, Gorki und Ehrenburg verschlechterte, konnte der Revolutionsdichter einen Konflikt mit seinem alten Freund Boris Pasternak beilegen. Der einflussreiche Majakowski hatte den um drei Jahre älteren, aber sehr scheuen Kollegen zunächst gefördert, doch hatten sie sich noch in Moskau zerstritten, weil Pasternak, wie auch Jessenin, die Hinwendung Majakowskis zur profanen politischen Propaganda für unvereinbar mit der Dichtkunst hielt. Gleich bei ihrem ersten, eher zufälligen Treffen im Café Leon versöhnten sich Majakowski und Pasternak; nach ein paar Worten schon fielen sie sich in die Arme.

Erlebnisse aus zweiter Hand

Mitte November 1922 fuhr Majakowski mit dem Ost-West-Express nach Paris. Sieben Tage verbrachte er an der Seine, eine Woche »zum Platzen von Erlebnissen gefüllt«: Er traf die Maler Picasso, Delaunay, Braque, Léger, den Komponisten Igor Strawinsky, den Tänzer und Choreografen Djaghilew, nahm am Begräbnis des ihm bis dahin unbekannten Schriftstellers Marcel Proust teil, besuchte Galerien, Theater, die Folies-Bergères, den Flughafen Le Bourget. Es wurden Abendessen und Empfänge für den Dichter gegeben, die französische Presse feierte ihn als den bedeutendsten Vertreter des »neuen Russland«.

Mit dem Zug fuhr Majakowski wieder zurück nach Berlin, wo er sofort seine Koffer und Kisten packen ließ. Es drängte ihn, nach Moskau zurückzukehren. Er wollte in der Heimat von seinen Reiseeindrücken berichten – und möglichst rasch Lilja Brik wiedersehen, die bereits abgereist war.

Wenige Tage nach seiner Rückkehr kündigten in ganz Moskau Plakate einen Vortrag Majakowskis zum Thema »Was macht Berlin?« an. Majakowski sprach im Politechnikum und leitete seine Ausführungen mit einem heftigen Angriff auf Andrej Bely ein, der damals noch in Berlin zwischen Exil und Rückkehr in die Heimat schwankte. Anschließend berichtete Majakowski von der deutschen Kunst-, Theater- und Literaturszene.

Lilja Brik, der es im letzten Moment gelungen war, sich in den überfüllten Saal zu drängen, glaubte ihren Ohren nicht zu trauen. Majakowski erzählte nämlich von Künstlern, Galerien und Theateraufführungen, die er größtenteils gar nicht selbst gesehen hatte, sondern nur aus Erzählungen Liljas und ihres Mannes kannte. »Das waren Erlebnisse und Beobachtungen aus zweiter Hand!«, fuhr sie ihn nach dem Vortrag wütend an. Sie hielt ihm vor, in Berlin nur Karten gespielt und gezecht zu haben. In ihren Erinnerungen schreibt sie: »Majakowski war wie eine Gewitterwolke. Wir hatten eine lange Aussprache, wurden heftig und bitterernst. Beide weinten wir, glaubten umzukommen! Alles war zur Gewohnheit geworden – die Liebe, die Kunst, die Revolution!«

Majakowski und Lilja Brik beschlossen, sich vorerst nicht mehr zu sehen – zwei Monate lang. Der Dichter litt unter der Trennung und schrieb ein langes Poem über Freuden und Nöte des Verliebtseins, dem er den Titel *Das bewusste Thema* gab. Alexander Rodtschenko illustrierte den Umschlag der Buchausgabe und verwendete dafür ein Foto von Lilja Brik, auf dem sie mit weit aufgerissenen Augen in die Kamera schaut.

In diesen beiden Monaten schrieb Majakowski auch den Bericht *Das heutige Berlin*. Darin vermied er jeglichen Hinweis auf das kulturelle Leben, ganz offenbar wollte er Lilja nicht noch einmal erzürnen. Er beschränkte sich auf ein politisches Stimmungsbild. Das Ergebnis war ein farbloser, unpersönlicher Text, in dem es heißt: »Bei der Einfahrt nach Berlin überrascht einen die Friedhofsstille. (Vergleichsweise gesprochen.) Sie ist zuvörderst ein Ergebnis des Friedens von Versailles. Da liegt, zum Beispiel, unweit von Berlin ein so genannter Flugzeugfriedhof: lauter nagelneue Flugzeuge, die nutzlos daliegen, rosten und modern, denn die Franzosen sind mit Keilhämmern umhergegangen und haben die fabrikneuen Motoren zertrümmert!

So überall. Darum kann es niemanden wundernehmen, dass allmählich Stille, Dunkelheit und Grabesstimmung in die Gassen einzieht, dass unter den Straßenbahngleisen das Gras hervorzuwuchern beginnt und Pünktlichkeit und zuverlässiges Gleichmaß des Lebens auseinanderfallen ... In keinem Land der Welt gibt es so viel bettelarmes Volk, das einen fast zu Tränen rührt, wie in Deutschland. Auswurf der Verelendung und Verstümmelte des Schlachtfeldes. Verständlich darum, dass denn auch Deutschland der Boden ist, den die Revolution am meisten zum Vulkan gewandelt hat. Woche für Woche flammen hier revolutionäre Massenkundgebungen auf – während meiner Anwesenheit, beispielsweise, hat es beim Zirkus Busch eine regelrechte Schlacht gegeben; die Arbeiter verjagten eine Schar Deutschnationaler, die sich drinnen festgesetzt hatten. Von Tag zu Tag wächst die Zahl der Streiks; alles steht im Kampf, von den Beamten der Untergrundbahn bis zu den Schauspielern.«

Mussolinierende Faschistenfräulein

Majakowskis Voraussagen trafen nicht ein: Es gab keine deutsche Revolution, obwohl eine ganze Armada sowjetischer Agenten und Agitatoren nach Berlin abgeordnet worden war, um den deutschen Kommunisten beizustehen. Vielmehr hatte sich die Lage deutlich beruhigt, als der Dichter gemeinsam mit Lilja Brik, mit der er sich längst versöhnt hatte, im Juli 1923 wieder ihr Zimmer im Kurfürsten Hotel bezogen. Dieses Mal waren sie nicht mit der Eisenbahn gekommen, sondern mit der Lufthansa, mit Zwischenlandung in Königsberg. Es war für beide der erste Flug. In Berlin blieben sie nur ein paar Tage, dann fuhren sie weiter nach Bad Flinsberg, um ein paar Tage im Riesengebirge zu wandern. Von dort ging es wieder über Berlin, wo sich Schklowski zu ihnen gesellte, in Richtung Nordwest. Lilja Brik hatte einen Tipp für den Sommerurlaub bekommen: Norderney. Fast einen ganzen Monat blieben die drei auf der Nordseeinsel, weitere russische Bekannte stießen zu ihnen. Majakowski schrieb das Gedicht *Norderney*. In ihm beschwor er zwar die »Kraft des glitzernden Delfins«, doch hörte er auch hinter den Sanddünen die »Kronstädter Matrosen«, vor deren Schritt »die an Hummern saugenden Bankherren und die frech mussolinierenden Faschistenfräulein« allen Grund hätten, sich zu fürchten.

Nach der Rückkehr nach Berlin kam Majakowski wieder nicht dazu, die Kunst und die modernen technischen Einrichtungen der Stadt eingehend zu studieren, wie er es Lilja Brik versprochen hatte. Er ließ sich nur in der sowjetischen Gesandtschaft über die politische Lage informieren. Bereits Mitte September 1923 fuhr er nach Moskau zurück.

Kaufrausch und KaDeWe

Im April 1924 kam der Dichter wieder nach Berlin, wieder mit Lilja Brik und wieder mit der Lufthansa. Er hatte zunächst gar nicht die Absicht, in der Stadt zu bleiben, sondern wollte in die USA weiterreisen. In der amerikanischen Botschaft hatte er ein Visum beantragt. In der sowjetischen Botschaft trug er seine neuesten Gedichte vor. Auch die prosowjetische »Berliner Abteilung des allrussischen Arbeiterbundes« lud zu einem Majakowski-

Abend ein, der im Großen Saal des ehemaligen Preußischen Herrenhauses in der Leipziger Straße 3 stattfand. Die liberale Emigrantenzeitung *Rul* berichtete über den Abend und machte im Publikum eine neue Art von Spießbürgern aus: »Sowjetdamen und Sowjetherren mit den allerneuesten Schals aus Crêpe de Chine, sie halten stilvolle Handtäschchen mit ägyptischem Muster à la Tut-ench-Amun, die Männer tragen Lackschuhe, haben die Arme wichtigtuerisch auf der Brust verschränkt.«

Auch führte Majakowski wieder Verhandlungen mit dem Malik-Verlag. An einem Morgen wollte der Verlagsleiter Wieland Herzfelde Majakowski im Kurfürsten Hotel abholen, um ihn zu einem Porträtfotografen zu bringen: »Als ich ins Hotel kam, ließ er mich in sein Zimmer bitten. Dort stand er am Waschbecken und tat die letzten Striche mit dem (damals sehr modernen und noch umstrittenen) Rasierapparat. Ein an Hals und Achseln weit ausgeschnittenes Netz-Unterhemd, wie Matrosen es tragen, umspannte den braunen, muskulösen Oberkörper. Man hätte den russischen Dichter für einen amerikanischen Sportsmann halten können. Mit dem Rasieren fertig, griff Majakowski, ehe er sich weiter anzog, noch zwei Weinflaschen am Fußende des Bettes. Dort stand eine ganze Reihe. In jeder Hand eine, schlug er beide Flaschen gleichzeitig gegen die Kante des Waschbeckens, derart, dass die Hälse glatt absprangen. Er reichte mir die eine und führte die andere an den Mund. Ich tat dasselbe, vorsichtig, um mir nicht die Lippen zu schneiden. Seinem Beispiel folgend, setzte ich die Flasche erst ab, als sie leer war. Er stellte beide zu den anderen zurück, von denen einige, wie mir erst jetzt auffiel, schon geköpft waren. Das ist wahrscheinlich ein russischer Brauch, sagte ich mir.«

Mit Herzfelde besuchte Majakowski auch das KaDeWe: »In der Abteilung für Damenwäsche machte er durch Gesten verständlich, die Verkäuferin möge aus jedem Fach ein Stück der darin gestapelten Sachen auf den langen Verkaufstisch legen. Als dies geschehen war, sah er Stück für Stück scharf an, bedeutete dann: ›Schreiben Sie!‹, und langsam und kritisch schritt er, wie ein die Truppe musternder Feldherr, diktierend den Tisch entlang. Das Fräulein auf der anderen Seite des Tisches ging mit kürzeren Schritten, anscheinend daher weniger langsam, neben ihm her und lernte dabei – gleich mir – auf Russisch von eins bis sechs zu zählen, Majakowskis große Finger unterstützten den Unterricht, indem sie klar machten, wie viele von den verschiedenen Strümpfen, Strumpfbändern, Höschen und Hemdhosen, Büstenhaltern, Spitzentüchlein und Dessous und was sonst noch vor uns lag, er zu kaufen wünschte ... Nachher fragte ich Majakowski, warum er so vielerlei und manches gleich ein paar Mal kaufte und warum er dabei so ernst und versunken war. Ja, so lautete sinngemäß die Antwort, er wolle nach Moskau nicht ohne Geschenke zurück-kommen, und es sei doch wichtig, keine Bekannte zu vergessen und das Richtige in der richtigen Größe zu bringen.«

Als Majakowski seine Großeinkäufe im KaDeWe tätigte, wusste er bereits, dass seine geplante USA-Reise nicht zustande kommen würde. Die Amerikaner hatten ihm kein Visum erteilt. So kehrte er nach Moskau zurück, diesmal gemeinsam mit den Briks, und schrieb das eingangs zitierte politische Gedicht *Zweierlei Berlin*. Lilja Brik eröffnete ihm in Moskau, dass sie sich in einen anderen verliebt habe, dieses Mal sei es ihr wirklich ernst, sie müsse sich endgültig von ihm trennen.

Zwischen Konsum und Depression

Und wieder litt Majakowski. Auch viele Reisen kreuz und quer durch die Sowjetunion rissen ihn allenfalls vorübergehend aus seiner Trübsal. Im folgenden Jahr beantragte er noch einmal ein Visum für die USA – und dieses Mal hatte er Erfolg. Vier Monate blieb er in Amerika, bereiste sogar Mexiko. Die Rückreise von Le Havre führte ihn wieder über Berlin. Dort war er für das erste Novemberwochenende 1925 mit Lilja Brik verabredet, die ein

Pasternak und Eisenstein (hinten), Majakowski und Lilja Brik (vorne).

Das Kurfürsten Hotel, Majakowskis Domizil in Berlin.

paar Wochen in Italien verbracht hatte. Er hatte wieder das Zimmer im Kurfürsten Hotel reserviert. Dort baute er die Geschenke für sie auf: bunt bemaltes Holzspielzeug aus Mexiko, mexikanische Zigaretten und ein amerikanisches Reisebügeleisen, eine technische Neuheit. Er holte sie vom Bahnhof Zoo ab. Sie flogen sich in die Arme. Er gestand ihr, dass er in den USA eine Affäre gehabt habe. Sie nickte verständnisvoll, und er glaubte, es werde alles wie früher. Doch im Hotel machte sie ihm schnell und energisch klar, dass er sich ihr nicht mehr nähern solle. Majakowski begriff nun: Dies war ihr letzter gemeinsamer Aufenthalt im Kurfürsten Hotel, und es war das Ende ihrer Liebe.

Majakowski kam in den nächsten Jahren noch ein paar Mal allein nach Berlin, trat bei Kulturabenden der Sowjetbotschaft und der KPD auf und sprach vor der prosowjetischen »Gesellschaft der Freunde des neuen Russland« und mehreren Arbeitervereinen. Der Dichter staunte über die »Vermehrung der Lichtreklamen« in der Stadt. Reklame und Werbung interessierten ihn sehr, er dachte darüber nach, wie sich ihre Techniken und Mechanismen auf die politische Arbeit übertragen ließen. In dem Essay *Agitation und Reklame*, den er unter dem Eindruck eines Besuchs in Berlin verfasste, kritisiert er den »hölzernen Kanzleistil« der staatlichen sowjetischen Werbeagentur. Als Beispiel für eine gelungene und lustige Reklame führte er die Bilderfolge eines deutschen Gummihosenträgerherstellers an: »In Hannover erreicht ein Mann im letzten Moment den Zug nach Berlin. In der Eile aber bemerkt er nicht, dass seine Hosenträger an einem Nagel auf der Bahnhofstoilette hängen geblieben sind. Er kommt nach Berlin, steigt aus dem Zug – batz, schon ist er wieder in Hannover, die Hosenträger haben ihn zurückkatapultiert.«

Die Warenwelt des bourgeoisen Westens hatte den Revolutionsdichter immer fasziniert. Das KaDeWe gehörte zu seinen Lieblingsorten in Berlin. Jedes Mal hatte er eine lange Einkaufsliste dabei. Dabei bedachte er auch immer Lilja Brik, die für ihn auch nach der Trennung die beste Freundin und einzige Vertraute blieb. Vor seiner Reise nach Berlin und Paris im Herbst 1928 gab sie ihm folgende Liste mit:

IN BERLIN
– Strickkostüm Größe 44, dunkelblau (nicht über den Kopf anzuziehen), dazu einen Wollschal und ein Halstuch
– Strümpfe, sehr dünn, nicht zu hell (wie beigelegtes Muster)
– drrr – 2 kurze und 1 langen [gemeint waren Reißverschlüsse].

IN PARIS
– zwei originelle Wollkleider aus weichem Material
– einen sehr eleganten, exzentrischen Überwurf,
am besten geblümt und bunt. Besser mit langen Ärmeln,
aber er kann auch ärmellos sein.
Für das Neujahrsfest
– Strümpfe; eine Perlenkette (hellblau, falls man dies dort noch trägt), Handschuhe

– ein paar höchst aktuelle Kleinigkeiten, Taschentücher
– eine Tasche (vielleicht gibt es die im KaDeWe billiger)
– Parfüm: Rue de la Paix, Mon Boudoir, und das, was
Alia sagt. Etwas mehr davon und verschiedene.
2 Döschen Agache-Puder. 1 Augenstift Brun, Augenstifte
von Haubigant.

AUTO
Am besten ein geschlossenes mit sämtlichen Ersatzteilen,
mit zwei Reserverädern, einem aufschnallbaren Reisekoffer
– am besten ein Renault
– ein Maskottchen für das Rückfenster
– Uhr mit Laufzeit von einer Woche
– Autofahrerhandschuhe
– jede Art von leichter Autofahrerbekleidung.

Lilja Brik sandte Majakowski nach Berlin noch mehrere Telegramme mit technischen Einzelheiten zu dem Auto, das er für sie kaufen sollte. Und er kaufte es tatsächlich. Die Zollformalitäten für den Wagen erledigte die Sowjetbotschaft, die die Weisung hatte, Majakowski wie ein Mitglied der Kremlführung zu umsorgen.

Von seiner schnöden Freude an Konsumgütern aus der bourgeoisen Welt sollten Majakowskis Zeitgenossen und auch die Nachgeborenen natürlich nichts erfahren. Die *Rote Fahne*, das Organ der KPD, berichtete stattdessen über seine Besuche in den Arbeitervierteln. Bei seiner Berlin-Reise im Frühjahr 1929 bestand der Dichter ausdrücklich darauf, dass sein Vortragsabend »nicht in einem von den mit Literaturparfüm geschwängerten Theatersäle der besseren Viertel«, sondern an der Hasenheide, im Arbeitermilieu stattfinden solle. Mit seinem dröhnenden Bariton trug Majakowski aus voller Kehle sein Poem *Linker Marsch* vor. Die Zuhörer verstanden zwar kein Russisch, aber der Saal raste trotzdem vor Begeisterung. Majakowski steigerte sich von Gedicht zu Gedicht. Am Ende des Abends war er völlig erschöpft, doch freudig erregt rief er aus: »Sie haben mich verstanden, weil sie gemerkt haben, dass ich einer von ihnen bin!«

Es war Majakowskis letzter Aufenthalt in Berlin und seine letzte Auslandsreise überhaupt. Er erhielt nach seiner Rückkehr nach Moskau keine Reisegenehmigung mehr. Zwar hatte er in den Jahren zuvor den neuen Kremlherrn Stalin in mehreren Versen verherrlicht, so wie er es zuvor mit Lenin getan hatte, doch galt er den Behörden als Sicherheitsrisiko. Zunehmend hatte er die Parteibürokratie kritisiert, sie in den satirischen Dramen *Die Wanze* und *Das Schwitzbad* sogar karikiert. Die offizielle Kritik reagierte auf die Stücke sehr kühl, sie seien Wasser auf die Mühle der Revolutionsfeinde und der Autor solle stattdessen gefälligst die Aufbauleistungen der Partei preisen. Parteifunktionäre und bald auch die Geheimpolizei bedrängten Majakowski. Zur Jahreswende 1929/30 verfiel er in eine tiefe Depression, die durch eine unglückliche Liebesgeschichte noch verstärkt wurde.

Seine Vertraute Lilja Brik, mit der er immer alle seine Probleme besprochen hatte, war für ihn nicht zu erreichen – sie war wieder einmal in Berlin. Am 14. April 1930 erschoss sich Majakowski in seiner Moskauer Wohnung. Lilja Brik erhielt wenige Stunden später im Kurfürsten Hotel, in dem sie mit Majakowski so viele Tage und Nächte verbracht hatte, ein Telegramm, abgeschickt von einer Bekannten in Moskau: »Heute morgen hat sich Wolodja umgebracht.«

Nach Majakowskis Tod wollten Literaturfunktionäre seine Werke zunächst von den Listen der geplanten Neuveröffentlichungen und Neuauflagen streichen. Als Lilja Brik davon erfuhr, schrieb sie einen Brief an Stalin und bat um die Rehabilitierung ihres früheren Geliebten. Stalin ließ den Brief an die GPU-Führung weiterleiten. An den Rand hatte er zuvor geschrieben: »Majakowski ist und bleibt der begabteste Dichter unseres sowjetischen Zeitalters.«

Lilja Brik ließ sich von ihrem Mann Ossip Brik scheiden, um einen Brigadeführer der Roten Armee, Vitali Primakow, zu heiraten. Doch zog Brik dann bei dem jungen Paar ein. Primakow wurde 1933 zu einem Lehrgang an die deutsche Generalstabsakademie in Berlin abkommandiert und Lilja Brik begleitete ihn. Vier Jahre später fiel er den von Stalin befohlenen Säuberungen im Offizierskorps der Roten Armee zum Opfer.

Ossip Brik starb 1945. Er erlitt einen Herzinfarkt, als er die Treppe zu der Wohnung in Moskau hochstieg, in der er gemeinsam mit Lilja und deren neuem Lebensgefährten lebte. Seine frühere Frau erlebte noch viele Partnerschaften, bevor sie 1978 im Alter von 86 Jahren starb. An der Trauerfeier in Moskau nahm auch der letzte Überlebende aus den alten Zeiten teil, Viktor Schklowski.

Blaue Abende, braune Spießer. Vladimir Nabokov

1899–1977. Hauptwerke: *Luschins Verteidigung* (Roman 1930, dt. 1961), *Die Mutprobe* (Roman 1932, dt. 1977), *Einladung zur Enthauptung* (Roman 1936, dt. 1970), *Die Gabe* (Roman 1938, dt. 1993), *Lolita* (Roman 1955, dt. 1959), *Pnin* (Roman 1957, dt. 1960), *Erinnerung, sprich* (Autobiographie 1966, dt. 1984), *Ada oder das Verlangen* (Roman 1969, dt. 1974).
In Berlin von März 1922 bis Januar 1937.
Berliner Adressen:
– Egerstraße 1,
– Sächsische Straße 67
– Pension Helene Andersen, Lutherstraße 21
– Pension Elisabeth Schmidt, Trautenaustraße 9
– Luitpoldstraße 13
– Motzstraße 31
– Passauer Straße 12
– Luitpoldstraße 27
– Westfälische Straße 29
– Nestorstraße 22

»Blaue Abende in Berlin, der blühende Kastanienbaum an der Ecke, Verwirrungen, Armut, Liebe, der Mandarinenschimmer frühreifer Ladenbeleuchtungen und eine geradezu physisch schmerzende Sehnsucht nach dem noch frischen Geruch Russlands.«

Dieser Satz steht für Vladimir Nabokovs Erinnerungen an seine »russischen Jahre«, als er russisch dachte, sprach und schrieb. Er trifft sehr genau den Grundton der Prosa und Lyrik seiner fünfzehn Berliner Jahre. Nabokovs Memoirenband, erschienen unter dem Titel *Erinnerung, sprich*, umfasst den Zeitraum von 1903 bis 1940, von den ersten im Gedächtnis bewahrten Eindrücken des Vierjährigen bis zur Flucht des Vierzigjährigen aus dem von der Wehrmacht bedrohten Paris. Mit seiner Familie erreichte er in Le Havre noch einen Ozeandampfer nach New York. In den USA begann er ein neues Leben, seine »amerikanischen Jahre«, in denen er nur noch auf Englisch publizierte, von zwei Dutzend Gedichten und einigen Übersetzungen abgesehen, darunter sein Welterfolg *Lolita*, den er selbst ins Russische übertrug. Englisch war für ihn wie eine zweite Muttersprache, er war mit englischen Kindermädchen groß geworden, außerdem hatte er in Cambridge studiert.

Dass in der Beschreibung der »blauen Abende in Berlin« die Menschen, die Berliner fehlen, ist kein Zufall. Nabokov schrieb später, in den fünfzehn Jahren in dieser Stadt habe er unter ihnen keine Freunde gefunden, die meisten Kontakte hätten zu Amtspersonen, Hausbesitzerinnen, Marktfrauen und Stubenmädchen bestanden. Ebenso wiederholte er gern, dass er nicht mehr als ein paar Brocken Deutsch gelernt habe. Zur Begründung führte er an: »Nach meiner Übersiedlung nach Berlin wurde ich von der panischen Angst befallen, ich könnte irgendwie meinen kostbaren russischen Lack ankratzen, wenn ich fließend Deutsch sprechen lernte. Die Aufgabe, mich sprachlich abzuschotten, wurde erleichtert durch den Umstand, dass ich in einem geschlossenen Emigrantenzirkel von russischen Bekannten verkehrte.«

Damals veröffentlichte er nicht unter seinem richtigen Namen, sondern unter dem Pseudonym Sirin. Für die Wahl eines Pseudonyms hatte er einen einleuchtenden Grund: Er wollte nicht mit seinem Vater verwechselt werden, dem bekannten Politiker, der ebenfalls Vladimir Nabokov hieß. Sirin ist der Name eines Vogels in altrussischen Sagen; das Wort bezeichnet auch eine griechische Gottheit, und schließlich spielt das Wort in seiner Mehrfachbedeutung eine zentrale Rolle in der symbolistischen Dichtung Russlands.

Nabokov schrieb eine Reihe von Erzählungen sowie sieben Romane, die in Berlin spielen. Die Hauptfiguren der Romane *Maschenka* (1926), *Luschins Verteidigung* (1930), *Die Mutprobe* (1932) und *Die Gabe* (1938) sowie des Theaterstücks *Der Mann aus der UdSSR* (1927) sind Emigranten. Deutsche kommen in ih-

»V. Sirin im 6. Jahr des Exils«.

Ein Roman für den deutschen Leser.

nen nur als Randfiguren vor: Bahnschaffner, Postbeamte, Verwaltungsangestellte, Hauswirtinnen – keine Individuen, sondern Funktionsträger, die einzig und allein das Ziel zu haben scheinen, mit ihren Vorschriften und Formularen den russischen Emigranten das Leben möglichst schwer zu machen, oder nur unangenehm auffallen, etwa weil sie ständig betrunken sind oder an Verstopfung leiden.

Dagegen spielen die ebenfalls in Berlin angesiedelten Romane *König Dame Bube* (1928), *Gelächter im Dunkeln* (1932) und *Verzweiflung* (1936) im deutschen Milieu. Offenbar hatte Nabokov beim Entwurf dieser Bücher ihre Übersetzung im Blick, deshalb schrieb er hier hauptsächlich für eine deutsche Leserschaft.

Auch in den wenigen Gedichten Nabokovs, in denen Berlin schlaglichtartig und beiläufig aufscheint, werden keine Eindrücke wiedergegeben, die auf die Stadt als Ensemble von Gebäuden und Straßen verweisen, es spiegeln sich vielmehr Stimmungen des Autors wider. Ein einziges Gedicht hat er der Stadt gewidmet: *Berliner Frühling* (1924). Dieses frühe Gedicht reißt dieselben Themen an, die er in seinen Berliner Romanen und Erzählungen immer wieder gestaltete: Heimweh nach Russland, Ärger mit den deutschen Klein- und Spießbürgern, die Freiheit des Künstlers.

Berliner Frühling

Meine Armut, meine Sorgen,
sind mir lieb im fremden Land.
Sitz nicht hinterm Pult am Morgen
irgendwo in einem Amt.
Durch die öden Frühlingstage
lass ich ohne Ziel mich wehn,
fühl mich zu lang nicht in der Lage,
früh zur Freundin heimzugehen.

Stoß den Stuhl um, als es dämmert,
taste schwankend nach dem Licht –
wie der Nachbar wütend hämmert,
dass die Zimmerwand fast bricht.

Morgens öffnet er gewöhnlich
halb sein Fenster, und heraus
kommt sein Bettzeug, sieht ganz ähnlich
wie 'ne rote Zunge aus.

Straßenmusikanten geigen
Morgens auf dem Hof sich warm,
unterstützend von den Zweigen
tschilpt ganz wild ein Sperlingsschwarm.
Die Leute scheinen zu verstehen,
was für mich vor allem zählt:
muss durch Unwegsames gehen,
hab der Armut Gold gewählt.

Dass Nabokov sich in diesem als abweisend empfundenen Berlin niedergelassen hat, hing vor allem mit dem Schicksal seines Vaters zusammen, eines bekannten Petersburger Juristen. Im Berliner Exil wollte er den politischen Kampf gegen die Bolschewiken fortführen. Als einer der Führer der Konstitutionell-Demokratischen Partei (nach der Abkürzung KD »Kadetten« genannt), der nach der Februarrevolution 1917 vorübergehend die Kanzlei des Kabinetts leitete, als Herausgeber einer einflussreichen liberalen Zeitung sowie als Sohn eines russischen Justizministers unter dem letzten Zaren hatte er allen Grund, nach dem Oktoberputsch und dem Sieg der Bolschewiken im anschließenden Bürgerkrieg mit der Familie seine Heimat zu verlassen. Der Name Nabokov war den neuen Machthabern verhasst. Doch er war auch den Monarchisten verhasst, hatten die »Kadetten« doch maßgeblich zum Ende der Zarenherrschaft beigetragen. Und sie traten im Exil für eine parlamentarische Demokratie in Russland ein.

Das Attentat

Am 28. März 1922 begrüßte der liberale Politiker Nabokov in Berlin den Vorsitzenden der Pariser Organisation der »Kadetten«, Pawel Miljukow, der unmittelbar nach der Februarrevolution 1917 für drei Monate Außenminister war. Am Abend hielt Miljukow vor rund 1500 russischen Emigranten einen Vortrag in der Philharmonie. Als er eine Pause machte, weil er Atembeschwerden hatte, lief plötzlich ein Mann aus dem Publikum zur Bühne, rief »Für die Zarenfamilie und Russland!« und schoss mehrmals auf den Redner. Er traf ihn jedoch nicht, da Miljukow von einem seiner Begleiter zu Boden gerissen wurde. Vladimir Nabokov senior sprang zu dem Attentäter und fiel ihm in den Arm. Beide stürzten zu Boden. Ein zweiter Bewaffneter stürmte auf die Bühne, er gab mehrere Schüsse auf Nabokov ab und traf ihn tödlich. Einen Augenblick später wurden die beiden Täter überwältigt. Die Menge schlug auf sie ein, bis sie bluteten, dann wurden sie auf Stühlen festgebunden. Wenige Minuten später trafen die deutsche Polizei und ein Krankenwagen ein. Sieben Personen hatten Schussverletzungen erlitten.

Die beiden Schützen wurden als die ehemaligen zaristischen Offiziere Pjotr Schabelski-Bork und Sergej Taboritzki identifiziert. Beide gehörten einer russischen Monarchistenorganisation an und pflegten Kontakte zu den damals politisch noch unbedeutenden Nationalsozialisten. Sie führten in Berlin eine nach dem Vorbild der antisemitischen Schwarzen Hundertschaft gegründete Gruppe an, die terroristische Akte gegen missliebige Emigrantenkreise vorbereitete. Beide Attentäter sahen in Miljukow einen der Drahtzieher der Februarrevolution, durch die der Zar zur Abdankung gezwungen worden war, auf ihn hatten sie es abgesehen. Dass Nabokov ihr Opfer wurde, war nur ein unglücklicher Zufall. Für die Mordtat erhielten die beiden ehemaligen Offiziere lange Zuchthausstrafen. Allerdings wurden beide bereits Anfang der dreißiger Jahre vorzeitig aus der Haft entlassen.

Stadtführer durch Berlin

Vladimir Nabokovs ältester Sohn, der zu dieser Zeit in Cambridge studierte, hielt sich an jenem 28. März gerade in Berlin auf. Er war während der Semesterferien zu seinen Eltern gekommen. Wenige Tage nach dem Mord fand in der Kirche der russischen Botschaft Unter den Linden, die damals noch nicht an die Vertreter Moskaus übergeben worden war, der Trauergottesdienst für den Vater statt. Anschließend wurde er unter großer Anteilnahme der Emigrantenkolonie auf dem Tegeler Friedhof beigesetzt. Sein Grab befindet sich noch heute dort.

Einige Tage später kehrte der junge Nabokov nach Cambridge zurück, um sein Studium abzuschließen. Er bestand die Prüfungen in französischer und russischer Literatur sowie in Geschichte problemlos. Ende Juni 1922 traf er wieder in Berlin ein, um der Mutter bei der Bewältigung des Alltags zu helfen. Nach dem Tod des Vaters versuchte Vladimir, die Verantwortung für seine jüngeren Geschwister – seine Brüder waren 22 und 12, die Schwestern 19 und 16 Jahre alt – mit zu übernehmen. Gleichzeitig bemühte sich der 23-Jährige, etwas zum Familieneinkommen beizutragen. Bekannte vermittelten ihm und dem ein Jahr jüngeren Bruder Sergej ein Vorstellungsgespräch in einer Berliner Bank. Beide wurden zur Probe eingestellt. Sergej hielt es eine Woche aus, Vladimir aber floh schon nach drei Stunden aus dem Büro.

Nabokov stürzte sich nun in verschiedene Arten nicht geregelter Arbeit: Er gab Französisch- und Englischstunden, Tennis- und Boxunterricht; außerdem verdingte er sich als Komparse in den Ufa-Filmstudios und schrieb Sketche sowie Kurzdramen für das russische Theater und das Kabarett »Blauer Vogel«. Etwas Geld verdiente er auch mit der Abfassung einer russischen Kurzgrammatik für Ausländer, während sein *Stadtführer durch Berlin* (1926) kein kommerzieller Erfolg wurde. Es handelte sich nämlich nicht um einen Leitfaden für Touristen, sondern um einen feuilletonistischen Text mit Alltagsbeobachtungen, den *Rul* abdruckte. Der *Stadtführer* besteht aus fünf kurzen Skizzen – über eine Baustelle mit großen Eisenröhren, die Straßenbahn, den Zoo, Arbeiter und Handwerker, eine Kneipe –, die keinen besonderen Bezug zu Berlin haben; es kommt kein Berliner Wahrzeichen, keine bekannte Straße darin vor. Der Titel führt den Leser also bewusst in die Irre – es handelt sich um keinen klassischen Touristenführer, sondern um beliebige Momentaufnahmen aus dem Alltag der Stadt.

Der *Stadtführer durch Berlin* ist durchaus typisch für die russischen Romane und Erzählungen Nabokovs, die nach seinen eigenen Worten einen »Berliner Hintergrund« haben: In ihnen wird die Stadt eben nicht porträtiert. Dass es sich um Berlin handelt, wird nur in wenigen Andeutungen und durch wenige Ortsbezeichnungen ersichtlich. So wird in *König Dame Bube* nicht einmal der Name der Stadt erwähnt, sie ist trotzdem eindeutig zu identifizieren: Es gibt gelbe Doppeldeckerbusse, dunkelgrüne Taxen mit einem schwarz-weißen Karo-Band und dunkelblaue Quadrate mit einem weißen U, die auf die U-Bahn hinweisen. In seinem bedeutendsten Werk der Berliner Zeit, dem Roman *Die Gabe*, spart der Autor nicht mit lakonisch-spöttischen Beobachtungen: etwa über den ewig durch Bauarbeiten verunstalteten Potsdamer Platz, der auf den Postkarten mit den glücklich aussehenden Droschkenkutschern so großzügig aussieht, oder dem »Pseudo-Pariserischen« Charakter der Straße Unter den Linden.

Muse und Managerin

Die Stadt interessierte Nabokov als Schriftsteller offenbar nicht besonders. Vermutlich hat er sie auch gar nicht richtig kennen gelernt. Weder aus seinen Werken noch aus seiner umfangreichen Korrespondenz lässt sich entnehmen, dass er weit über die Bezirke Wilmersdorf, Charlottenburg und Schöneberg hinausgekommen wäre, in denen er über anderthalb Jahrzehnte lebte. In Wilmersdorf, in der Nähe des Bayrischen Platzes, befand sich auch die Privatklinik, in der am 10. Mai 1934 Nabokovs Sohn Dmitri zur Welt kam, im neunten Jahr seiner Ehe mit Vera Slonima. Erst von der Geburt Dmitris an habe Berlin für ihn grafische Gestalt angenommen, in deren Mittelpunkt die Klinik lag, schrieb er später.

Nabokov beschränkte sich auch weiter auf seinen Bezirk, während seine Frau für die kleine Familie zur Wegweiserin und Führerin durch ganz Berlin wurde. Sie war nicht nur seine Lebensgefährtin, sondern auch Sekretärin, Korrektorin, Managerin sowie Stichwortgeberin und Muse. Dabei erledigte sie, die ausgezeichnet Deutsch sprach, die lästigen Behördengänge und war auch an den Verhandlungen mit dem Ullstein-Verlag beteiligt – mit Erfolg: Die zu dem Verlag gehörende liberale *Vossische Zeitung* übernahm als Fortsetzungsgeschichte *Maschenka* (unter dem Titel *Sie kommt – kommt sie?*) und *König Dame Bube*, dann kamen beide Romane auf Deutsch in Buchform heraus. Dieser Erfolg stieß allerdings einigen von Nabokovs Landsleuten bitter auf: Ein Teil der Literaturkritiker der Exilpresse warf ihm vor, das »Russentum« verraten zu haben.

Nabokov war ein solches Denken jedoch fremd. Es wäre sonst wohl nicht 1925 auf dem Standesamt Wilmersdorf zur Eheschließung mit Vera Slonima gekommen. Denn Vera war russische Jüdin, ihr Vater ein vermögender Geschäftsmann, der anfangs in Berlin glänzende Geschäfte machte, mit der Währungsreform 1923 allerdings bankrott ging.

Wie ihr liberal eingestellter Mann verfolgte Vera das Erstarken des Nationalsozialismus mit Argwohn, hatte aber selbst nach der Machtübernahme der Nazis zunächst das Gefühl, nicht persönlich betroffen zu sein. Bei Vorstellungsgesprächen in deutschen Firmen wies sie sogar darauf hin, dass sie Jüdin sei, selbst wenn man sie gar nicht danach fragte. Möglicherweise wollte sie auch unter Beweis stellen, dass sie sich in einer zunehmend feindlich gesonnenen Umgebung behaupten könne.

Gegner der Bolschewiken

Erst allmählich wurde den Nabokovs klar, dass die Nazis sich intensiv für die russischen Emigranten in Deutschland interessierten; es gab schon lange Überlegungen auf nationalsozialistischer Seite, die Weißen Offiziere im Kampf gegen den Bolschewismus zu instrumentalisieren. Die Nabokovs begrüßten durchaus diesen Kampf, sie waren erklärte Antikommunisten. Vera etwa berichtete, dass sie an einem Anschlag auf den sowjetischen Revolutionsführer Leo Trotzki in Berlin habe teilnehmen sollen; dessen Reise wurde jedoch abgesagt. Ihr Mann machte aus seiner Ablehnung des neuen Regimes in Moskau ebenfalls keinen Hehl. Er trat sogar einer Organisation namens VIR bei, die sich zum Ziel setzte, sowjetische Agenten in der Emigrantenkolonie aufzuspüren. Allerdings blieb es nur bei dem Vorsatz, der Geheimbund zerfiel sehr rasch, ohne dass er irgendwelche Aktivitäten entwickelt hätte.

Dass Nabokov wie sein prominenter Vater ein überzeugter Liberaler war, dem sowohl die Roten wie auch die Braunen zuwider waren, war anscheinend nicht bis nach Moskau gedrungen. Offenbar strebte die Führung des sowjetischen Geheimdienstes an, den »aufsteigenden Stern am russischen Literaturhimmel«, der überdies Sohn eines prominenten Regimegegners war, zur Rückkehr in seine Heimat zu bewegen – was sich propagandistisch sehr gut hätte ausschlachten lassen. Nabokov berichtete selbst von einer Begegnung mit dem kommunistischen Schriftsteller »Tarassow-Soundso« (es handelte sich um Alexander Tarassow-Rodionow), der ihm in einem Berliner Café die Vorzüge des Lebens in der Sowjetunion ausgemalt und ihm sogar vorgelogen habe, dass die Kirchengemeinden blühten und er selbst oft den Gottesdienst besuche. Auf die Frage, ob man wieder ausreisen könne, falls man keinen Gefallen an den Verhältnissen in der Sowjetunion fände, habe er erwidert, dass man gar nicht den Wunsch danach verspüren würde. Und auf die Frage, ob er dieselbe künstlerische Freiheit genieße wie im Exil, habe Tarassow-Rodionow geantwortet: »Wir garantieren die beste Freiheit, die existiert, die Freiheit im Rahmen der Kommunistischen Partei.« Das Gespräch wurde von einem russischen Emigranten unterbrochen, der Schuhbänder verkaufte. Tarassow-Rodionow hielt ihn offenbar für einen Spitzel und flüchtete aus dem Café.

Bis zum Ende seines Lebens hatte Nabokov nur Häme für das Sowjetsystem übrig, so wie er auch den deutschen Nationalsozialismus entschieden ablehnte. Mit russischen Kommunisten kam er nur wenig in Berührung, dagegen mit Nazis, von denen er sich zunehmend bedroht fühlte. Das Aufkommen des Nationalsozialismus schlug sich etwa in der Erzählung *Der neue Nachbar* nieder, die Nabokov im Sommer 1933 am Kiefernufer des Grunewaldsees schrieb: Zwei dicke Berliner Proleten belästigen zunächst

Vera Slonima und Vladimir Nabokov.

aus lauter Langeweile ihren neuen, mit slawischem Akzent sprechenden Nachbarn, dann quälen sie ihn wegen seines Andersseins, schließlich bringen sie ihn um.

Gutmütigkeit und Geschrei

Zu dieser Geschichte hatten ihn möglicherweise Beobachtungen angeregt, die er bei einem seiner Ausflüge an die Berliner Badeseen gemacht hatte. In seinen Erinnerungen schrieb er spitz: »Graufüßige Hausfrauen saßen in Unterwäsche auf schmierigem grauem Sand; widerwärtige Männer mit Seehundstimmen hüpften in schlammigen Badehosen umher; bemerkenswert hübschen, aber ungepflegten Mädchen, bestimmt, ein paar Jahre später – Anfang 1946, um genau zu sein – eine unzeitige Brut von Kindern mit turkmenischem oder mongolischem Blut in den unschuldigen Adern zur Welt zu bringen, lief man nach und gab ihnen einen Klaps auf die Hinterpartie (worauf sie ›Auaa!‹ schrien); und die Ausdünstungen dieser unglückseligen, ausgelassenen Ausflügler und ihrer abgelegten Kleidungsstücke (die ordentlich hier und da auf dem Boden ausgebreitet waren) vermischten sich mit dem Gestank stagnierenden Wassers zu einem Inferno von Gerüchen, wie ich es sonst nirgendwo wiedergefunden habe. In den öffentlichen Anlagen und Stadtparks durften sich die Berliner nicht ausziehen; doch immerhin durften die Hemden aufgeknöpft werden, und Reihen junger Männer von betont nordischem Aussehen saßen mit geschlossenen Augen auf Bänken und setzten Pickel auf Stirn und Brust der national anerkannten Wirkung der Sonne aus.«

Der Erzähler des Romans *Die Gabe* kommt am Strand des Grunewaldsees zu einer beunruhigenden Erkenntnis: »Die hoffnungslose, gottlose Leere zufriedener Gesichter; Balgereien, Gelächter, Geplansche – all das fügte sich zusammen zu einer Apotheose jener berühmten deutschen Gutmütigkeit, die mit Leichtigkeit in jedem Augenblick in rasendes Geschrei umschlagen kann.«

Trotz ihres wachsenden Unbehagens blieben die Nabokovs im Gegensatz zu zahlreichen anderen Emigranten und vielen deutschen Nazi-Gegnern im Land. Im Rückblick meinte er: »Wir waren immer träge. Auf nette Art träge im Falle meiner Frau, schrecklich träge in meinem Fall. Wir haben uns an einen Platz gewöhnt und sind einfach geblieben.« Sie waren so sehr auf Deutschland eingestellt, dass sie ein paar Jahre vor der Machtübernahme der Nazis einen Vertrag über den Kauf eines kleinen Grundstücks in der Nähe des südöstlich von Berlin gelegenen Königs Wusterhausen abschlossen, auf dem sie ein Wochenendhaus bauen wollten. Da sie aber die Kaufsumme letztlich doch nicht aufbringen konnten, mussten sie von dem Vertrag wieder zurücktreten. Einer russischen Journalistin vertraute Nabokov Mitte der dreißiger Jahre an, dass er kein Geld für einen Umzug ins Ausland habe. Außerdem seien für ihn und seine Frau als Inhaber von so genannten Nansen-Pässen, wie sie der Völkerbund, auf Initiative des damaligen Hochkommissars Fridtjof Nansen, an staatenlose politische Flüchtlinge ausgegeben hatte, alle Grenzen für die Übersiedlung in ein anderes Land gesperrt.

Für die Ausreise war in der Regel ein Arbeitsvertrag erforderlich, der von den Behörden genehmigt werden musste. Für Nabokov aber war die Vorstellung eines Angestelltenverhältnisses der reine Horror. Außerdem konnte seine Frau Vera in Berlin entscheidend zum Unterhalt der Familie beitragen, sie bekam immer wieder Aufträge als Dolmetscherin, auch noch nach 1933. Die Arbeitgeber (darunter die Anwaltskanzlei Weil, Gans & Dieckmann in der Landgrafenstraße 1) störten sich nicht daran, dass sie Jüdin war, wie sie selbst später berichtete.

Der schweinische deutsche Geist

Erst als die Nazis die »Russische Vertrauensstelle« einrichteten, die alle Emigranten auf ihre politische Zuverlässigkeit hin überprüfen sollte, schrillten bei Nabokov die Alarmglocken, zumal in der Organisation, die Büros in der Bleibtreustraße 27 zugewiesen bekam, die beiden Mörder seines Vaters, Schabelski-Bork und Taboritzki, die wichtigen Sekretärsposten besetzten.

Nun erst entschied sich Nabokov für die Ausreise. Er schrieb zahlreiche Briefe nach Frankreich und in die USA, in denen er Bekannte oder Bekannte von Bekannten um Hilfe bei der Beschaffung einer Stelle bat. In einem Brief hieß es: »Meine Lage ist so schwierig geworden, dass ich jede beliebige Arbeit annehmen würde. Mein Einkommen als Literat ist winzig: Ich könnte nicht einmal allein davon leben, aber ich habe eine Frau und ein Kind ... In einem Wort – meine Lage ist verzweifelt.« Nabokov hatte mit seinen Publikationen – viele von ihnen hatte er in der Badewanne sitzend verfasst – wenig zum Lebensunterhalt beigetragen. Dafür hatte er das Kind gehütet. Bei fast jedem Wetter machte er mit ihm Spaziergänge durch die nahe gelegenen Grünanlagen.

Seine Bittbriefe ins Ausland halfen nichts. Doch von der Ausreise waren die Nabokovs nicht mehr abzuhalten: Am 18. Januar

1937 brach Nabokov zu einer Lesereise nach Brüssel, Paris und London auf, von der er nicht zurückkehrte. Vera und der damals noch nicht einmal drei Jahre alte Dmitri blieben noch einige Wochen in Berlin. Dann fuhren sie in das tschechische Marienbad, wo Nabokov sie abholte. An einen Freund schrieb er damals über Deutschland: »Es ist ein widerwärtiges und furchtbares Land. Ich konnte die Deutschen noch nie ertragen, den schweinischen deutschen Geist, aber in der gegenwärtigen Lage wurde das Leben für mich dort unerträglich, und ich sage das nicht einfach, weil ich mit einer jüdischen Frau verheiratet bin.«

Tod im KZ

Im Gepäck hatte Nabokov bei seiner Ausreise das fast fertige Manuskript seines umfangreichsten Berliner Romans *Die Gabe*. Der Erzähler schildert darin einige Begebenheiten, die nach seiner Meinung für den Hang der Deutschen zu kleinkarierter Ordnung, zu sentimentalem Kitsch und zu Brutalität typisch sind. In dem Roman wirbt ein Berliner Bestattungsunternehmen mit dem Modell eines Krematoriums im Schaufenster: »Vor einer kleinen Kanzel Reihen kleiner Stühle, auf denen kleine Puppen von der Größe eines gekrümmten kleinen Fingers saßen, und vorn, ein wenig abseits, erkannte man die kleine Witwe an dem Quadratzentimeter Taschentuch, den sie vor das Gesicht hielt. Das Deutsche an der Verführungskunst dieses Modells hatte Fjodor seit jeher belustigt.«

Der Emigrant Fjodor, der Held des Romans *Die Gabe*, der Züge seines Schöpfers Nabokov trägt, zählt in Gedanken Gründe auf, warum er die Deutschen hasst, nachdem er in einer überfüllten Berliner Straßenbahn versehentlich von einem Mann mit einer dicken Aktentasche angerempelt worden ist: »Wegen dieser niedrigen Stirn, wegen dieser fahlen Augen; wegen Vollmilch und extrastark, worin das gesetzlich erlaubte Vorkommen von Verdünntem und Künstlichem mitenthalten war; wegen der pulcinellhaften Gebärdensprache (Kindern droht man nicht, wie wir es tun, mit aufgerichtetem Zeigefinger, sondern mit einem waagerechten Zeigefinger, Symbol des Stockschwingens); wegen der Vorliebe für Zäune, Reihen, Mittelmäßigkeit; wegen des Bürokults; deswegen, weil man unweigerlich Zahlen, Geld zu hören bekommt, wenn man seine innere Stimme belauscht (oder eine beliebige Unterhaltung auf der Straße); wegen der Klosettwitze und des rohen Gelächters; wegen der Dicke des Hinterteils beider Geschlechter, selbst wenn die Person ansonsten nicht dick ist; wegen des Mangels an Feingefühl; wegen der Demonstration von Sauberkeit – der blitzenden Kochtopfböden in der Küche und des barbarischen Schmutzes im Badezimmer; wegen der Schwäche für kleine Gemeinheiten; wegen des widerwärtigen Dinges, das akkurat auf den Gittern von Grünauflagen aufgespießt wird; wegen der Katze, die man bei lebendigem Leibe mit einem Draht durchbohrt, um sich beim Nachbarn zu rächen, und der Draht ist geschickt an einem Ende gekrümmt; wegen der selbstzufriedenen, selbstverständlichen Grausamkeit in allem; wegen der unerwarteten, stürmischen Hilfsbereitschaft, mit der Vorübergehende einem helfen, ein paar verlorene Pfennige aufzusammeln; wegen ...«

Der Autor allerdings distanzierte sich mit einem für ihn typischen Kunstgriff von diesen gesammelten Vorurteilen und Klischees: Es stellt sich heraus, dass der Mann mit der niedrigen Stirn und den fahlen Augen, der Fjodor in der Straßenbahn angerempelt hat, ebenfalls Russe ist.

Hingegen blieb die Erzählung *Wolke, Burg, See*, die Nabokov ebenfalls noch in Berlin entworfen hatte, ohne ironische Pointe. Überdeutlich ist sie von der beklemmenden Erfahrung mit den Deutschen geprägt, die die Nazis an die Macht gebracht haben und ihnen zujubelten: Ein russischer Junggeselle gewinnt auf einem Wohltätigkeitsball eines Berliner Emigrantenvereins eine Vergnügungsreise – Zugfahrt und Wanderung –, an der, wie sich herausstellt, außer ihm noch neun Deutsche teilnehmen. Der arme Wassili Iwanowitsch mit den gütigen Augen muss nicht nur deutsche Volksweisen singen und seinen Proviant mit den anderen teilen, sondern er muss auch Zigarettenstummel essen und sich als Schwein titulieren lassen. Als er sich schließlich von der Gruppe absetzen will, wird er von den Deutschen verprügelt und gefoltert. »Alle hatten ihren Heidenspaß.« Wassili kommt völlig zerschlagen nach Berlin zurück, von dem Gedanken überwältigt, dass er nicht mehr die Kraft habe, weiter der Menschheit anzugehören.

Das Thema Deutschland und Berlin ließ Nabokov bis zu seinem Lebensende nicht los. Noch in seinen in Amerika verfassten Romanen und Erzählungen blitzt Berlin in Momentaufnahmen immer wieder auf. In der Erzählung *Der Regieassistent* werden für einen Augenblick die Helden in der Berliner Motzstraße gezeigt – Nabokov hatte zeitweilig dort gewohnt. Der Emigrant Pnin, Held des gleichnamigen Romans, erinnert sich in der amerikanischen Provinz an ein russisches Restaurant auf dem Kurfürstendamm. Gleichzeitig verläßt Pnin nie der Gedanke an seine Verlobte, eine russische Jüdin, die in einem KZ ermordet wurde – so wie ein Teil der Familienmitglieder von Vera Nabokova; auch Nabokovs Bruder Sergej fand den Tod in einem deutschen KZ.

Nach Deutschland kehrte Nabokov nach seiner Abreise vom Bahnhof Zoo im Januar 1937 nie wieder zurück. Er schlug auch Einladungen zu Lesungen in Berlin aus, als nach seinem Welterfolg *Lolita* auch die frühen Berliner Romane auf Deutsch vorlagen. Zur Begründung führte er an: »Solange ich lebe, können auch noch Bestien leben, die Hilflose und Unschuldige gemordet und gefoltert haben. Wie kann ich den Abgrund in der Vergangenheit meines Zeitgenossen kennen, dessen Hand ich zufällig schüttle?«

In den USA fand Nabokov rasch eine Anstellung als Hochschullehrer, nach einigen Jahren wurde er Professor für Literaturwissenschaft. Erst dort erfuhr er Einzelheiten über den Tod seinen Bruders Sergej: Dieser war in Berlin geblieben und als Homosexueller verhaftet worden. 1945 verhungerte er im KZ Neuengamme bei Hamburg.

Nach dem Erfolg von Lolita *gab Nabokov seine Stellung an der Universität auf und siedelte 1960 mit seiner Frau Vera in die Schweiz über. Dort starb er 1977. Vera Nabokova folgte ihm 1991 nach, sie wurde 89 Jahre alt.*

Die beiden Nabokovs überlebten damit um mehrere Jahrzehnte einige Personen aus der Berliner Zeit, mit deren Namen für sie überaus negative Erinnerungen verbunden waren: 1938 wurde bei den von Stalin befohlenen Säuberungen der Schriftsteller Alexander Tarassow-Rodionow erschossen, der Nabokov zur Rückkehr in die Heimat hatte überreden wollen. Im Zweiten Weltkrieg verloren sich die Spuren Sergej Taboritzkis, eines der beiden Mörder seines Vaters, zuvor hatte er für die Gestapo Berichte über seine in Berlin gebliebenen Landsleute geschrieben. Der andere Attentäter, Pjotr Schabelski-Bork, konnte sich nach Kriegsende nach Brasilien absetzen, wo er 1950 starb.

Der Klub der Berliner Poeten (1928–1933)

In den letzten Monaten des Jahres 1923 verließen Zehntausende von Russen Berlin, das ihnen zu teuer und politisch zu unsicher geworden war. Auch alle prominenten Schriftsteller, die in den beiden Jahren zuvor in die Stadt gekommen waren, kehrten ihr nun den Rücken. Der Großteil der russischen Verlage und Buchläden musste schließen, auch die meisten Zeitungen und Zeitschriften wurden eingestellt, darunter *Nakanune*. Eine der letzten Nummern des prosowjetischen Blattes, das heimlich von Moskau finanziert wurde, veröffentlichte am 29. Februar 1924 einen »Totengesang auf das literarische russische Berlin«. Mit Bely, Schklowski und Alexej Tolstoi seien die Repräsentanten der neuen, lebendigen Literatur nach Russland zurückgekehrt, hieß es darin. In Berlin geblieben seien nur kraftlose, ausgezehrte Vertreter des Vergangenen. »Wie einem Toten die Haare noch weiterwachsen«, so werde es noch eine Weile Publikationen und Veranstaltungen geben – doch schon bald werde alles verlöschen.

Wie sich bald herausstellte, kam der Abgesang auf das russische Berlin und seine Literaten indes ein Jahrzehnt zu früh. Zunächst konnte die Tageszeitung *Rul* ihr Überleben sichern. Zwar zog sich 1924 der finanzstarke Ullstein-Verlag gegen eine Kompensationszahlung von 50 000 Reichsmark als Mitgesellschafter zurück, doch fanden sich genügend Kapitalgeber unter den begüterten russischen Emigranten. Im Feuilleton veröffentlichte *Rul* weiterhin regelmäßig Romane in Fortsetzungen, Erzählungen und Gedichte russischer Autoren im Exil, besonders der junge

Vladimir Nabokov, der Sohn des 1922 ermordeten Chefredakteurs, wurde von dem Blatt gefördert.

Auch wollte eine kleine Gruppe junger Literaturfreunde den Beweis erbringen, dass das »literarische russische Berlin« keineswegs untergegangen, sondern vielmehr dabei sei, sich zu erneuern. 1928 schlossen sie sich zum »Klub der Berliner Poeten« zusammen. Die meisten von ihnen waren als Kinder oder Jugendliche mit ihren Eltern emigriert. Sie hofften nun, als junge Stimmen der russischen Literatur von ihren Landsleuten anerkannt zu werden. Immerhin lebten damals noch rund 75 000 Russen in Berlin.

Promoviertes Mauerblümchen

Initiatoren des Klubs waren die damals 29 Jahre alte Raissa Bloch und der erst neunzehnjährige Michail Gorlin. Raissa Bloch war die jüngere Schwester des bekannten und einflussreichen russisch-jüdischen Verlegers Jakow Bloch. Sie stammten aus einer begüterten Familie, ihre Eltern hatten ihnen eine exzellente Schulbildung ermöglicht. Beide sprachen nahezu perfekt mehrere Fremdsprachen, schon als Jugendliche hatten sie ein besonderes Interesse für Literatur, Theater und Geschichte entwickelt. Im Zuge der von Lenin angeordneten Kampagne gegen systemkritische Intellektuelle von 1922 waren beide von den Sowjetbehörden des Landes verwiesen worden.

Zeitgenossen fiel Anfang der zwanziger Jahre an Raissa Bloch auf, dass sie körperlich eher schwerfällig wirkte, dabei allerdings ein zartes Jungmädchengesicht hatte. »Sie war ein großes, plumpes, unattraktives Mädchen, mit dicken Armen, ebenso dicken Handgelenken und Knöcheln. Sie hatte glatte schwarze Haare, eine Himmelfahrtsnase, aber lebendige schwarze Augen. Schon damals konnte sie sich für eine Sache so begeistern, dass es den Personen, die sie damit behelligte, fast peinlich wurde«, berichtete eine Bekannte.

Raissa Bloch.

Michail Gorlin.

In Berlin hielt sich Raissa Bloch zunächst von den Literatencafés fern, sie lebte lange gemeinsam mit ihrer Mutter zurückgezogen bei der Familie Jakows. Männerbekanntschaften machte sie anscheinend nicht. Sie fühlte sich, wie aus Briefen hervorgeht, als Mauerblümchen. Da sie im Gegensatz zu der großen Mehrheit der Emigranten ausgezeichnet Deutsch sprach, hatte sie keine Schwierigkeiten, sich in der neuen Umgebung zurechtzufinden. Zunächst konzentrierte sie sich auf ihr Geschichts- und Philosophiestudium an der Berliner Universität, das sie 1927 mit der Promotion abschloss. Das Thema ihrer Dissertation, bei der sie auch ihre exzellenten Latein-, Altfranzösisch- und Mittelhochdeutschkenntnisse unter Beweis stellen konnte, lautete: »Die Klosterpolitik Leos IX. in Deutschland, Burgund und Italien«.

Mittelalter und Frauenlyrik

Raissa Bloch beschloss, die wissenschaftliche Laufbahn einzuschlagen. Eine erste Anstellung fand sie am Institut für Mediävistik als Mitarbeiterin des Projekts »Monumenta Historiae Germaniae«, in dem Dokumente zur deutschen Geschichte ediert wurden. Aber die Bezahlung war miserabel. Sie gab nebenher noch einige Stunden pro Woche Sprach- und Nachhilfeunterricht. Außerdem übersetzte sie italienische Lyrik ins Russische und versuchte sich mit der Übertragung russischer Texte, darunter Verse Sergej Jessenins, ins Deutsche.

Zudem schrieb sie selbst Gedichte, wie sie es schon in Russland getan hatte, veröffentlichte aber zunächst nichts davon. Sie empfand sich als isoliert. An einen russischen Bekannten schrieb sie: »Hier kann ich mich nicht einmal mit jemandem besprechen, so eine Stadt ist Berlin.« Erst allmählich fühlte sie sich so sicher, dass sie den Entschluss fasste, einige ihrer Gedichte einer kleinen Emigrantenzeitschrift zuzuschicken. Positive Reaktionen auf die Veröffentlichung bestärkten sie darin, den nächsten Schritt zu wagen: sich mit einem Lyrikband ihren Landsleuten im Exil vorzustellen. Das Buch erschien unter dem Titel *Meine Stadt* und war ihren Erinnerungen an das alte St. Petersburg gewidmet, das mittlerweile den Namen des verhassten Revolutionärs Lenin trug.

Die meisten Rezensenten reagierten freundlich, wenn auch manches Unfertige in ihren Versen kritisiert wurde. Doch ausgerechnet *Rul*, die Zeitung, die Raissa Bloch und ihre Berliner Bekannten täglich lasen, veröffentlichte einen Verriss. Verfasser war Nabokov, der damals mit seinen ersten Romanen unter den Emigranten einigen Ruhm erlangt hatte. Er warf Raissa Bloch leere »Wortspielereien« vor sowie die Verwendung abgenutzter Metaphern und »schiefer Symbole«. Außerdem machte er sich ein wenig über »Frauenlyrik« im Allgemeinen lustig. Die unter Nabokovs bekanntem Pseudonym V. Sirin erschienene Rezension verletzte Raissa Bloch zutiefst.

Blonde Locken und blaue Augen

Vermutlich gab Nabokovs Angriff ihr den entscheidenden Anstoß, einen eigenen Literaturkreis zu gründen. Zwar stammte die

Idee von ihr, die Initiative zur Gründung ergriff aber der Student Michail Gorlin, der dem deutsch-russischen Jugendklub *Na Tscherdake* (»Auf dem Dachboden«) angehörte. Er hatte sich dort als Verfasser von humorvollen, gelegentlich satirischen Versen sowie von Stücken für ein Marionettentheater hervorgetan.

Raissa Bloch hatte sich zwar während ihrer ersten Jahre in Berlin äußerlich sehr zum Vorteil verändert – sie war schlank geworden –, doch hatte sie ihre Schüchternheit nicht ablegen können. Gorlin hingegen kannte keine Scheu, Menschen anzusprechen oder vor einer größeren Gruppe aufzutreten. Dabei sah der Neunzehnjährige noch jünger aus, als er war. »Er war ein molliger Junge mit blond gelockten Haaren und langen, feinen Fingern, fast wie bei einem Mädchen.« Er interessierte sich nicht im Geringsten für typisch männliche Hobbys, war auch gänzlich unsportlich und konnte nicht schwimmen; sein Laufstil reizte Zuschauer regelrecht zum Lachen. Doch mit seinen strahlend blauen Augen und seinem jungenhaften Charme gewann er leicht Sympathien und konnte andere Menschen für eine Idee begeistern.

Gorlin stammte wie Raissa Bloch aus einer gebildeten russisch-jüdischen Familie. Der Vater, der in Heidelberg in Chemie promoviert worden war, hatte im Holzhandel reüssiert. Doch mit der Flucht hatte die Familie fast ihr gesamtes Vermögen verloren. 1922 kam sie mit dem großen Flüchtlingsstrom nach Berlin. Auch Michail sprach exzellent Deutsch. Ohne Probleme absolvierte er das Kaiser-Friedrich-Gymnasium und legte dort 1927 sein Abitur ab. Im Jahr darauf begann er ein Studium der Slawistik und Osteuropäischen Geschichte an der Berliner Universität.

Der Maharadscha von Benares

Die Gründung des Klubs beschrieb Raissa Bloch in einem Brief: »Hier ist es so trostlos, dass mir der Gedanke gekommen ist, die in Berlin umherirrenden Dichter von Zeit zu Zeit zusammenzubringen und bei einer Tasse Tee die sie bewegenden Fragen zu besprechen. Ich habe das dem jungen und sehr energischen Dichter Michail Gorlin erzählt, und es vergingen keine drei Tage, und schon war ein Verein ohne Satzung und ohne Namen, ohne feste Zahl von Mitgliedern und ohne Altersgrenze gegründet (die Mehrzahl der Mitglieder ist unter 20 Jahre alt).«

An der Gründungsversammlung am 10. Februar 1928 in einer Privatwohnung in der Pariser Straße 19 nahmen zwölf junge Literaturfreunde teil. Auf acht Pergamentbögen wurde mit roter Tinte in kalligrafischen Lettern die »Sammlung von Verordnungen des Klubs der Poeten« festgehalten. Im Protokoll wurde vermerkt: »Der Klub setzt sich zum Ziel, die jüngeren Dichter und Dichterinnen Berlins (des russischen) zu vereinigen.« Zu den Verordnungen gehörte auch das »Politische Programm« des Klubs, das einen einzigen Punkt umfasste, die »Beziehungen zum Maharadscha von Benares«. Sie sollten laut Programm feindlich sein. Gorlin hat eine Bleistiftzeichnung dieses Maharadschas angefertigt: Er trägt einen Kaiser-Wilhelm-Bart, auf den Kragenspiegeln seiner Uniform prangen Hammer und Sichel, an seinen Ohrringen baumeln kleine Hakenkreuze. Die Botschaft war unmissverständlich: Alle, die das Rad der Zeit zurückdrehen wollten oder mit politischen Extremisten wie den Nationalsozialisten und den Bolschewiken liebäugelten, sollten in dem Klub der Dichter keinen Platz haben.

Man beschloss, sich zweimal monatlich zu treffen. Rasch erweiterte sich der Kreis. Zu den neuen Mitgliedern gehörte Lidia Pasternak, die Schwester des bereits prominenten Dichters Boris, die in Berlin bei ihren Eltern geblieben war. Sie war kurz zuvor im Fach Chemie promoviert worden und war nun auf Arbeitssuche. Auch die Petersburger Dichterin Vera Lourié stieß zu dem Klub. In Berlin war sie als hartnäckige Verehrerin Andrej Belys bekannt geworden; dieser hatte mit ihr gemeinsam literarische Texte verfasst, sie gelegentlich zum Tanzen ausgeführt und sich von ihr die Strümpfe stopfen lassen, ihr Werben aber geflissentlich ignoriert. Seit Petersburger Zeiten war sie mit Nina Berberowa, der Lebensgefährtin des Lyrikers Wladislaw Chodassewitsch, befreundet. Auch stand sie mit Ilja Ehrenburg, der ansonsten von den meisten in Berlin gebliebenen Emigranten geschnitten wurde, auf gutem Fuß.

Der Paradiesvogel

Vom vierten Klubtreffen im April 1928 an kam auch Vladimir Nabokov – und wurde rasch einer der Wortführer bei den Debatten um die Werke, die rezitiert wurden. Nabokov hatte Gorlin schon einige Zeit zuvor kennen gelernt, als er ihm privat Englischunterricht gegeben und ihm die Grundlagen der klassischen Poetik nahe gebracht hatte. Im Kreis der mehr oder weniger dilettierenden jungen Dichter hielt sich Nabokov offenbar bereits für einen Meister. Er hatte schon zwei Romane publiziert, *Rul* druckte seit mehreren Jahren seine Gedichte und Erzählungen ab. Selbstbewusst trug er seine Dichtungen vor. Er neigte dazu, die anderen Klubmitglieder zu belehren, und machte sich gern über ihre Verse lustig. Als der junge Nikolai Eljaschow einmal eines seiner Gedichte vortrug, in dem der Vers *I loschtschad padajet nasad* (»Und das Pferd fällt nach hinten«) vorkam, unterbrach ihn Nabokov und fragte, ob das letzte Wort zusammen oder auseinander geschrieben werde (*nasad* heißt »nach hinten«, *na sad* aber »auf den Hintern«). Ohne die Antwort Eljaschows abzuwarten, fügte er hinzu: »Im übrigen bleibt der Gedanke ja derselbe.«

Mit solchen Auftritten eckte Nabokov immer häufiger an. Raissa Bloch schrieb an einen Bekannten in Anspielung auf sein Pseudonym (*Sirin* heißt der Zaubervogel in den russischen Sagen): »Mich irritiert ein wenig die Anwesenheit eines feindlich gesonnenen Vogels in unserer Gesellschaft. Aber ich habe beschlossen, objektiv zu sein. Der Vogel ist durchaus ein Poet. Aber er ärgert mich, c'est plus fort que moi!« Doch unterdrückte sie ihren Groll, sie verlor kein böses Wort über Nabokov. Nach einigen

Wochen teilte sie einem Bekannten in einem Brief mit: »Übrigens muss man sagen, dass unser Paradiesvogel ganz zahm geworden ist und meine Existenz mit wohlwollendem Lächeln erträgt.«

Allerdings störte die Arroganz Nabokovs nach wie vor einige der jungen Dichter, zumal er im Gegensatz zu den meisten von ihnen der feineren Gesellschaft im Exil angehörte. Auch mag Neid eine Rolle gespielt haben, denn seine Familie hatte ihm ein Studium in England finanzieren können. In einem Spottgedicht, das sich im Nachlass eines der Klubmitglieder erhalten hat, heißt es über Nabokov:

Die Fresse verrät den Dummen auf den ersten Blick,
Sirin sehnt sich nach Oxford zurück.

Von wem diese Verse stammen, ist nicht überliefert. Gorlin, der in der Regel bei den Treffen der jungen Dichter Protokoll führte, schrieb über den Abend, an dem sie entstanden sind, er sei zu betrunken gewesen, um alles ordnungsgemäß zu protokollieren. Wenig später beschloss Nabokov, den Versammlungen des Klubs künftig fernzubleiben. Seiner Frau Vera teilte er dazu lapidar mit: »Ich bin weder jung noch ein Dichter.« So findet sich auch kein Beitrag Nabokovs in den drei Sammelbänden der Berliner Poeten.

Der erste Band erschien 1931 in Kleinstauflage unter dem Titel *Nowosélje*. Das Wort kann zweierlei bedeuten: »neue Wohnung« oder »Einweihungsfeier«. Die meisten Gedichte thematisieren indes keineswegs die Neugierde auf das Neue – gemeint ist Berlin –, sondern wiederum die nostalgische Erinnerung an das untergegangene St. Petersburg. Die Einwohner Berlins sind nur schemenhaft gegenwärtig, etwa im Bild eines Paares, das sich in den Vitrinen des Kurfürstendamms spiegelt.

Deutlich versöhnlicher und freundlicher gestimmt ist der zweite Sammelband der Berliner Poeten, der ein Jahr später unter dem Titel *Hain* erschien. In Nikolai Eljaschows Gedicht *Fehr-*

belliner Platz beispielsweise schimmert geradezu so etwas wie Sympathie für die Stadt durch, in die der Autor alles andere als freiwillig gekommen ist. Eljaschow, der damals im Haus Hohenzollerndamm 276 wohnte, stammte aus der Familie des gleichnamigen liberalen Exilpolitikers, der bei dem Anschlag in der Philharmonie, dem 1922 Nabokovs Vater zum Opfer gefallen war, eine Schussverletzung davongetragen hatte. Zwar beginnt das Gedicht mit dem Hauptmotiv der Emigrantenlyrik, der Trauer um die verlorene Heimat, die beiden letzten Strophen vermitteln allerdings den Eindruck einer Zuwendung zur fremden Stadt, die ihrerseits den Ankömmling zu begrüßen scheint – wobei offen bleibt, ob dies nicht vielleicht doch ironisch gemeint ist:

Fehrbelliner Platz
O Trauer, du vertraute Trauer mein,
du bist heut heller und du liebst das Schweigen
wie jene Wolken dort im rosa Schein,
die sich soeben übern Kirchturm neigen.

Das nasse Ziegelblatt glänzt rundherum
von Sonnenstrahlen, die ihm Purpur schenken;
das Wölklein überm Krematorium
lässt an Verstummen und an Stillstand denken.

Nie war ein Augenblick so innig-schön,
von Stund zu Stund kommt reicheres Erleben;
tief in der Erde hört man Züge gehn,
dass unsichtbar die Bürgersteige beben.

Es schwankt das Laub der Bäume, leicht und kalt,
als grüße es – ich wüsste gern die Gründe.
O du mein Leben: Wolken und Asphalt,
des Fahrdamms Zittern und die hellen Winde!

Der Gegensatz von Natur und Technik – »Wolken und Asphalt« – bestimmt das Lebensgefühl der Emigranten in der deutschen Großstadt. Der Fehrbelliner Platz steht zugleich für Weite und für Freiheit, was der Dichter im tatsächlichen Leben sowohl als Ansporn wie auch als Orientierungslosigkeit empfunden haben mag.

Der Übersetzer D. Mirajew

Die treibende Kraft hinter diesen Publikationen war Raissa Bloch. Ermuntert vor allem von ihren jungen Dichterfreunden im Klub, verließ sie immer öfter die schützenden vier Wände, die Wohnung der Familie des Bruders, in die sie sich in früheren Jahren nach der Arbeit an der Universität fast angstvoll zurückgezogen hatte. In einem Brief schrieb sie an einem Winterabend: »Ich gehe durch das verschneite Berlin, schaue mir die Schaufenster an, wo wirklich alles angeboten wird, und denke, dass es trotz allem besser ist zu leben als nicht zu leben, sogar wenn nichts Gutes passiert. Und dann fallen mir alle möglichen Rhythmen und Strophen ein, die mir früher nie in den Kopf gekommen wären.«

In der Tat schien sich die Dichterin ebenso wie die meisten ihrer jungen Mitstreiter mehr oder weniger mit dem Leben im Exil abgefunden und auch arrangiert zu haben. Sie pflegte weiterhin den Kontakt zur Universität und publizierte wissenschaftliche Aufsätze.

Gorlin, der Sekretär des Klubs, stand ihr darin in nichts nach. Von ihm stammt eine auf Deutsch verfasste umfangreiche Studie mit dem Titel »Die philosopisch-politischen Strömungen in der russischen Emigration«, die bis heute als eine der wichtigsten Arbeiten zu diesem Thema gilt. Gorlins eigentliches Interesse aber galt den Beziehungen zwischen deutscher und russischer Literatur. So schrieb er eine Studie über die Goethe-Rezeption in Russland, in seiner Dissertation untersuchte er den Einfluss E. T. A. Hoffmanns auf Nikolai Gogol. Von seinem Lieblingsautor Hoffmann ließ sich Gorlin auch beim Verfassen von Gedichten inspirieren. 33 von ihnen fasste er in einem Bändchen zusammen, das in deutscher Sprache unter dem Titel *Märchen und Städte* in einem Kleinverlag erschien, den ein Berliner Freund gegründet hatte. In dem Buch ist allerdings der Hinweis zu finden: »Autorisierte Übersetzung von D. Mirajew«. Wer sich hinter diesem Namen verbarg, wurde erst später entschlüsselt. Das D steht vermutlich für« deutsch«, das Mi für »Michail«, die Silbe ra für »Raissa«. Mit diesem Pseudonym haben Gorlin und Raissa Bloch auch gemeinsame Übersetzungen russischer Lyrik unterzeichnet. Es ist also anzunehmen, dass Gorlin die Gedichte, die offensichtlich vom Werk Jessenins beeinflusst sind, zunächst auf Russisch verfasste und dann gemeinsam mit der Freundin *in litteris* ins Deutsche übertrug.

Von E. T. A. Hoffmann bis Wilhelm Busch

Die Sammlung hält, was ihr Titel verspricht. Im ersten Teil treten Zauberer und allerlei andere Fantasiegestalten auf, eine Verbeugung vor dem Meister E. T. A. Hoffmann. Dem Märchenteil schließt sich eine literarische Reise durch mehrere Städte an. Ausgangspunkt und Ziel der Reise ist Berlin.

Berlin, das war für Gorlin vor allem der Klub. Er war für ihn eine Art Familie, für die er sich mit ganzer Kraft einsetzte und auch seine Freizeit opferte – wie auch Raissa Bloch. Gemeinsam organisierten sie öffentliche Lesungen, die meist im Klub Achdut, dem Russisch-Jüdischen Sozial- und Kulturverein, am Kurfürstendamm 50 stattfanden. Der Saal war stets gut gefüllt, obwohl – wie Raissa Bloch in einem Brief festhielt – das frühere Klubmitglied Nabokov Stimmung gegen die jungen Dichter machte: »Es kamen viele Leute, ungeachtet der Intrigen des Paradiesvogels und seiner Spießgesellen. Sie können sich nicht vorstellen, wie viele ›Komplexe‹ diese Leute haben. Alle fühlen sich gekränkt und nehmen aneinander Rache, aber der Paradiesvogel ist der giftigste von allen.«

Um auch das deutsche Publikum zu interessieren, organisierte der Klub einen Abend in deutscher Sprache. Gorlin schrieb immer häufiger auf Deutsch, er gründete gemeinsam mit dem Berliner Dichter Heinz Zucker eine »Deutsch-russische Literaturgemeinschaft«, die zu Vortragsabenden in das Humboldt-Haus in der Fasanenstraße 23 einlud. Auch in seiner Freizeit traf sich Gorlin nun immer öfter mit Raissa Bloch. Gemeinsam übertrugen sie russische Lyrik, darunter wiederum Gedichte Jessenins, ins Deutsche. Zusammen schrieben sie auf Russisch Kinderbücher, darunter eine Fortsetzung von Wilhelm Buschs *Max und Moritz*. Über die Lyrik kamen sich die beiden allmählich persönlich näher. Bald nannte sie ihn »Mein junger Freund«.

»Rassenreinheit« und Nazi-Lieder

Doch Freundschaften mit ihren deutschen Kollegen ergaben sich nicht. Einem russischen Bekannten gegenüber gestand Raissa Bloch: »Schon zehn Jahre lebe ich hier und den ganzen Tag verbringe ich mit ihnen. Und doch sind sie mir so fremd geblieben.« Wiederholt beklagte sie, dass sie mit den deutschen Kollegen eigentlich nur über die gemeinsame Arbeit sprechen könne, über das Kopieren und Edieren alter Dokumente.

Im Sommer 1932 begann sie zu spüren, dass sich vieles in Deutschland zum Schlechteren veränderte. Die Arbeitslosigkeit nahm rapide zu, auch die Universität war nun von Sparmaßnahmen betroffen. Raissa Bloch fürchtete um ihren – ohnehin schlecht bezahlten – Arbeitsplatz. Vor allem aber erfüllte sie der wachsende Einfluss der Nationalsozialisten mit großer Sorge. »Das Volk der Dichter und Denker singt unter den Fenstern laute Lieder – und ich habe dies satt!«, schrieb sie im Juni 1932 an einen Freund. Es fröstelte sie, wenn sie Gespräche über die Form von Schädeln und über »Rassenreinheit« hörte und wenn Bekannte sagten: »Der Mensch muss lernen zu hassen.« Mit Erleichterung vermerkte sie immerhin, dass ihre deutschen Arbeitskollegen ihr

– korrekt, wie sie seien –, mitgeteilt hätten, dass sie die Ansichten der Nazis nicht teilten. Allerdings könne sie ihnen nicht trauen, sie seien einfach zu obrigkeitshörig.

In dieser Zeit der Unsicherheit und der Sorgen bereiteten Raissa Bloch und Michail Gorlin den dritten Sammelband der Berliner Poeten vor, der den Titel *Fischnetz* erhielt. Von der optimistischen Stimmung, die den ein Jahr zuvor erschienenen zweiten Band prägte, ist darin nichts mehr zu spüren. Vielmehr sind die neuen Gedichte vom Abschiedsschmerz und von Fluchtgedanken geprägt, die sich jetzt auch auf Berlin beziehen. Einige Mitglieder des Klubs waren Juden, wie auch Raissa Bloch und Gorlin. Sie machten sich keine Illusionen über die Herrschaft Hitlers.

Der dritte Sammelband erschien im Februar 1933, wenige Tage nach der Ernennung Adolf Hitlers zum Reichskanzler. Während SA-Gruppen durch Berlins Straßen marschierten und »Deutschland, erwache!« grölten, luden die Berliner Poeten noch einmal für den 23. Februar zu einem öffentlichen Lyrikabend in den Klub Achdut ein.

Dann ging es Schlag auf Schlag: Der Russisch-Jüdische Sozial- und Kulturverein wurde verboten. Im März wurde Raissa Bloch von der Universität entlassen; ihr Professor hatte ihr schon lange zuvor gesagt, dass es wohl so kommen werde und er es nicht werde verhindern können. Sie beschloss nach Paris zu gehen. Auch Gorlin musste die geliebte Universität verlassen. Doch gab ihm sein Professor ein Empfehlungsschreiben für einen Pariser Kollegen mit auf den Weg. Gorlin hatte schon seine Koffer gepackt, als seine Dissertation über den Einfluss E. T. A. Hoffmanns auf Gogol erschien. Die meisten jüdischen Mitglieder des Klubs verließen 1933 Berlin, die anderen folgten ihnen bald. Es war das Ende der russischen Literaturszene in Berlin.

1935 heirateten Raissa Bloch und Michail Gorlin, das ungleiche Paar, in Paris. Im Jahr darauf wurde ihre Tochter Dora geboren. Das Glück der jungen Familie zerstörten die Deutschen, die 1940 in Paris einrückten. 1941 wurde Gorlin verhaftet. Seine Frau zog daraufhin in die Auvergne. Dort starb ihre Tochter, gerade fünf Jahre alt, an Diphterie. Raissa Bloch versuchte in die Schweiz zu gelangen, wo ihr Bruder Jakow lebte. Doch die Schweizer Grenzgendarmerie nahm sie fest und lieferte sie an die deutschen Besatzer aus.

Mit vielen französischen Juden wurde sie Ende 1942 nach Osten deportiert. Im folgenden Jahr fand Raissa Bloch, die die deutsche Kultur bewunderte, in den Gaskammern von Auschwitz den Tod. Ebenfalls 1943 wurde Gorlin von einem deutschen Aufseher in einem oberschlesischen Bergwerk erschlagen. Auch die Spuren Nikolai Eljaschows verloren sich im Zweiten Weltkrieg.

Vera Lourié war dagegen in Berlin geblieben. Sie wurde 1938 von der Gestapo verhaftet; ihr damaliger Lebensgefährte Alexej Posnjakow, ein Universitätsdozent, hatte für jüdische Freunde gefälschte luxemburgische Pässe besorgt. Er kam im KZ Dachau um, Vera Lourié aber wurde nach zwei Monaten freigelassen und konnte in ihre Wohnung in der Neuen Kantstraße zurückkehren. Das Haus wurde im Zweiten Weltkrieg nur leicht beschädigt. Sie blieb dort wohnen, bis sie, 97-jährig, im Jahr 1998 starb. In ihren letzten Lebensjahren war sie wiederholt von den Berliner und den Moskauer Medien als Zeitzeugin befragt worden – als letzte Überlebende des russischen Berlins der zwanziger Jahre.

Epilog

Bombardierungen und Flächenbrände haben in den letzten beiden Kriegsjahren die meisten Schauplätze des russischen Berlins der zwanziger Jahre ausgelöscht. Manches, was vom Krieg verschont geblieben war, fiel beim Wiederaufbau den Abrissbirnen und Spitzhacken zum Opfer.

Die Viertel um den Nollendorfplatz und den Prager Platz, deren Cafés einst die Bühne für Dichterlesungen, aber auch für Skandale und Streitereien unter den Literaten waren, haben heute ein völlig anderes Gesicht. Die Architekten des Wiederaufbaus orientierten sich meist nicht einmal an den Grundrissen der früheren Häuser. Das Café Leon und die Prager Diele gehören unwiederbringlich der Vergangenheit an.

Ein Haus in Wilmersdorf aber scheint noch viel vom Geist dieser Zeit bewahrt zu haben: das »Trautenau-Haus« oder »Russenhaus«, wie es die Emigranten damals nannten, in der Trautenaustraße 9. Hier befand sich damals die Pension Elisabeth Schmidt. Im Juni 1922 mietete Marina Zwetajewa mit ihrem Mann Sergej Efron und ihrer Tochter Ariadna in dem Haus zwei Zimmer mit Balkon. Die Dichterin verfasste auf dem Balkon zahlreiche Schreiben, darunter Schwärmereien an Boris Pasternak und ihren Aufsehen erregenden offenen Brief an Alexej Tolstoi. Mit zahlreichen russischen Bekannten trank sie auf dem Balkon Tee, regelmäßig kam Andrej Bely, um ihr sein Liebesleid zu klagen, während sie ihm in der Küche auf der Etage eine Suppe kochte oder ein Butterbrot schmierte.

In diesem Sommer mietete sich auch Ilja Ehrenburg mit seiner Frau Ljubow dort ein. Marina Zwetajewa zog am 31. Juli 1922 wieder aus, um Berlin für immer zu verlassen. Einen Tag nach ihrer Abreise suchte der gerade in der Stadt angekommene Pasternak in dem Haus vergeblich nach ihr.

Um genau einen Tag verpasst haben sich auch Ganin, der Held von Nabokovs Roman *Maschenka*, und die Titelfigur. Maschenka war seine Jugendliebe, in Revolution und Bürgerkrieg hatten die beiden sich aus den Augen verloren. In einer Berliner Pension erfährt Ganin von anderen russischen Gästen, dass eine Maschenka erwartet werde – alles weist auf seine frühere Liebe hin. Doch wenige Stunden vor ihrer Ankunft reist er ab.

Das Bemerkenswerte: Nabokov wohnte im »Trautenau-Haus«, als er *Maschenka* zu schreiben begann. Im August 1924 war er dort eingezogen und blieb bis zu seiner Hochzeit mit Vera Slonima im April 1925. Er gab diese Adresse auch beim Standesamt Wilmersdorf an. Das »Russenhaus von Wilmersdorf« war das Vorbild für die Pension, in der der Roman spielt. In der Trautenaustraße 9 schrieb Nabokov wahrscheinlich auch sein einziges der Stadt gewidmetes Gedicht: *Berliner Frühling*.

Das 1907 erbaute fünfstöckige Haus wurde während des Zweiten Weltkriegs nur geringfügig beschädigt. Die meisten der Jugendstilfenster im Treppenhaus, das sich noch im Originalzustand befindet, blieben erhalten. Die am russischen Berlin interessierten Touristen, die heute in das Haus kommen, gehen also über dieselben Treppen und schauen durch dieselben Scheiben, wie vor acht Jahrzehnten Marina Zwetajewa, Andrej Bely, Ilja Ehrenburg, Boris Pasternak, Vladimir Nabokov und viele andere Berliner Russen. Das »Trautenau-Haus« gehört zu jeder russischsprachigen Stadtrundfahrt und ist auch in den Stadtführern aufgeführt. Auch dies vielleicht nur ein Zufall: Einer der Texte Nabokovs, vermutlich auch in dem Haus skizziert, hieß *Stadtführer durch Berlin*.

Personenregister

Russische Namen sind grundsätzlich in Duden-Umschrift wiedergegeben, mit Ausnahme der Familiennamen, die sich in anderer Schreibweise im deutschen Sprachraum eingebürgert haben.

Literatur zum Thema

Berberowa, Nina: *Ich komme aus St. Petersburg. Autobiographie*, Düsseldorf 1990.
Beyer, Thomas R. u. a. (Hrsg.): *Russische Autoren und Verlage in Berlin nach dem Ersten Weltkrieg*, Berlin 1987.
Burchard, Amory: *Klubs der russischen Dichter in Berlin 1920–1941. Institutionen des literarischen Lebens im Exil, München 2001.*
Ehrenburg, Ilja: *Menschen Jahre Leben. Memoiren*, Bd. II, Berlin/DDR 1982.
Mierau, Fritz (Hrsg.): *Russen in Berlin. Literatur – Malerei – Theater – Film 1918–1933*, Leipzig 1987.
Schlögel, Karl: *Berlin – Ostbahnhof Europas. Deutsche und Russen in ihrem Jahrhundert.* Berlin 1998.
Schlögel, Karl (Hrsg.): *Russische Emigration in Deutschland 1920–1941. Leben im europäischen Bürgerkrieg*, Berlin 1995.
Urban, Thomas: »Berlin – Stiefmutter der russischen Städte«. Die russische Schriftstellerkolonie in Berlin, in: *Berlin in Geschichte und Gegenwart. Jahrbuch des Landesarchivs Berlin 1997*, S. 55–73.

Quellennachweise

Russischer Mikrokosmos am NEPski-Prospekt

»Stiefmutter der russsichen Städte« – in: *Deutsche und Deutschland in der russischen Lyrik des frühen 20. Jahrhunderts*, München 1988, S. 69.
Majakowski entrüstete sich in Berichten für die Moskauer Presse ... – *Iswestija* (Moskau), 6. Februar 1923.
Auch Bely erbitterte sich über die Russen ... – Andrej Bely, *Odna is obitelej zarstwa tenej*, Leningrad 1924, S. 30.
»Die russische Emigrantenkolonie war eine Pyramide ...« – Karl Schlögel: Berlin, »Stiefmutter unter den russischen Städten«, in: *Der große Exodus. Die russische Emigration und ihre Zentren 1917–1941*, München 1994, S. 240.
»wie das ja viele Menschen aus dem Osten tun« – Boris Saizew, *Drewo shisni*, New York 1954, S. 54
Allein in Berlin suchten in diesem Jahr ... – Hans-Erich Volkmann: *Die russische Emigration in Deutschland 1919–1929*, Würzburg 1966, S. 5.
»Wasser und Öl« – Wadim Andrejew: Woswrashtschenie w shisn, in: *Swesda* (Leningrad), 5/1969, S. 121.
»Das Leben war so reichhaltig und intensiv ...« – V. Nabokov, *Erinnerung, sprich*, Reinbek 1991, S. 377.
»Die armen Reichen der Inflation ...« – zitiert nach: Michaela Boehmig: *Das russische Theater in Berlin 1919–1931*, München 1990, S. 39.
»Europa kannte die Kosacken aus dem Varieté ...« – *Frankfurter Zeitung*, 14. September 1926.
Überläufer berichteten von Fälscherwerkstätten ... – Karl Schlögel: *Berlin – Ostbahnhof Europas. Russen und Deutsche in ihrem Jahrhundert*, Berlin 1998, S. 122.
1928 lebten in ganz Deutschland noch 180 000 Russen ... – John Hope Simpson: *The Refugee Problem*, London 1939, S. 111.
1920 erschienen in Berlin bereits neun Zeitschriften ... – Gottfried Kratz: Russische Verlage in Berlin nach dem Ersten Weltkrieg, in: Thomas R. Beyer u. a. (Hrsg.): *Russische Autoren und Verlage in Berlin*, Berlin 1987, S. 39–150.

In einem Verzeichnis von 1923 ... – *Katalog knig wyschedschich wne Rossii*, Hrsg.: Sojus russkich isdatelstw i knigoprodawzew, Berlin 1924, S. IX–XVI.
»Da ihre Werke im Ausland nur einen beschränkten Leserkreis hatten ...« – V. Nabokov, a. a. O., S. 385.
»In einem gewöhnlichen Café trafen sich jeden Freitag ...« – Ilja Ehrenburg: *Menschen Jahre Leben. Memoiren*, Bd. II, Berlin/DDR 1978, S. 19.

Alexej Remisow

»Durch das Fenster klingt hell ...« – Alexej Remisow: *Po karnisam*, Belgrad 1929, S. 22.
»Da war ein Besen ...« – Wladimir Lindenberg: *Bobik in der Fremde*, München 1976, S. 175.
»Naturforscher« – Fritz Mierau: »Affenrat« und »Zwovierson«. Alexej Remisow in Berlin (1921–1923), in: *Berlin – Moskau 1900–1950*. Staatliche Museen zu Berlin (Hrsg.), Berlin 1995. S. 179.
»Kleine Holzstücke, Strohhälmchen ...« – Michail Gorlin: Alexej Remisow, in: *Osteuropa*, 9. Jg. 1933/34, S. 336.
»Ich höre, dass Russen in Berlin ...« – zitiert nach: Fritz Mierau (Hrsg.): *Russen in Berlin. Literatur – Malerei – Theater – Film 1918–1933*, Leipzig 1987, S. 116.
»Alle drei Monate mussten wir die ›gelbe Karte‹...« – Alexej Remisow: Das Gespenst, in: *Neue Schweizer Rundschau* , 21. Jg. 1928, S. 384.
»Ein Kopf mit wirrem borstenartigen Haar ...« – W. Lindenberg, a. a. O.., S. 175.
»Er ist von kleinem Wuchs ...« – Viktor Šklovskij: *Zoo oder Briefe nicht über die Liebe*, Frankfurt/M. 1980, S. 32.
Remisow war, wie ein Besucher bemerkte ...– I. Larski: W emigrantskom Berline, in: *Poslednije Nowosti* (Paris), 26. November 1923.
»Existiere ich oder existiere ich nicht?« – Nina Berberowa: *Ich komme aus St. Petersburg*, Düsseldorf 1990, S. 198.
Ilja Ehrenburg rühmte sich des Titels ... – Ilja Ehrenburg: *Menschen Jahre Leben.*, Bd. II, Berlin/DDR 1978, S. 50.

Alexej Tolstoi

»Wenn man in Deutschland lebt ...« – Iwan Bunin: *Wospominanija*, Paris 1950, S. 233.
»Die Prostituierten schlenderten in Scharen ...« – Alexej Tolstoj: *Blaue Städte. Erzählungen*, Berlin / Weimar 1979, S. 287.
»Die schon in den achtziger Jahren gebaute Passage ...« – ebd., S. 287–288
»Ich wundere mich, warum ...« – I. Bunin, a. a. O, S. 234.
Demonstrativ pflegte er seine jeweilige Frau ... – Alexander Bachrach: *Po pamjati, po sapisjam. Literaturnye portrety*, Paris 1980, S. 113.
In Berlin machte damals die Geschichte die Runde ... – Roman Gul: *Ja unes Rossiju. Apologija emigrazii*, Bd. I, New York 1981, S. 248–249.
Der asketisch veranlagte Thomas Mann ...– Thomas Mann: *Gesammelte Werke*, Bd. 10, Frankfurt/M. 1960–1974, S. 593.
»Er verstand es, fast alle Zuhörer zu amüsieren ...« – I. Bunin, a. a. O, S. 202.
»Ich hasste die Bolschewiken physisch ...« – *Nakanune*, 14. April 1922.
»Oder sind Sie wirklich ein dreijähriges Kind ...« – *Golos Rossii* (Berlin), 7. Juni 1922.
Eindeutig bewiesen ist mittlerweile nur ... – Grigori Fajman: Sineje sukno »Nakanunje«, in: *Russkaja Mysl* (Paris), 7.– 21. April 1994.
»Hören Sie mal, was für einen Anzug ...« – Nina Berberowa: *Ich komme aus St. Petersburg*, Düsseldorf 1990, S. 206.
»Aus Berlin ist Graf Tolstoi gekommen ...« – A. N. Tolstoi: *Nowye materialy i issledowanija*, Moskau 1995, S. 139.
»Kehre ich zurück in das Glück?...« – *Nakanune*, 27. Juli 1923.

Ilja Ehrenburg

»Im Berlin des Jahres 1921 ...« – Ilja Ehrenburg, *Menschen Jahre Leben.*, Bd. II, Berlin/DDR 1978, S. 8–9.
»Stadt der abscheulichen Denkmäler ...« – Ilja Ehrenburg, *Visum der Zeit*, Leipzig 1929, S. 41.
»Als ich mich erstmals Berlin näherte ...« – ebd., S. 57.
»Ich weiß nicht, warum all diese Leute in Berlin leben! ...« – ebd., S. 45.
»In Europa gibt es nur eine zeitgemäße Stadt ...« – ebd., S. 31.
»Die Kriegsversehrten waren bemüht ...« – I. Ehrenburg, *Menschen*, a. a. O, S. 9.
»Wir wussten schließlich, dass er sich oft direkt ...« – S. Arbatow: »Nollendorfplatzcafé« (Literaturnaja mosaika), in: *Grani* (Frankfurt), 41 (1959), S. 107.
»Die Natur hat Ehrenburg großzügig beschenkt ...« – Viktor Šklovskij: *Zoo oder Briefe nicht über die Liebe*, Frankfurt/M. 1980, S. 105.
»Nachdem er sich vom jüdischen Katholiken ...« – ebd., S. 106.
»Struwwelkopf« – Roman Gul: *Ja unes Rossiju. Apologija emigrazii*, Bd. I, New York 1981, S. 76.
»Ich goss in aller Ehrlichkeit meinen Spott über alle ...« – I. Ehrenburg, *Menschen*, a. a. O, Bd. I, S. 420.
Bucharin habe ihm, erinnerte sich der Schriftsteller später ... – ebd., Bd. IV, S. 199.
»An der Wand hingen die Bildnisse verschiedener Personen ...« – I. Ehrenburg: *Die ungewöhnlichen Abenteuer des Julio Jurenito*, Frankfurt/M. 1976, S. 98.
»Im Grunde sei es doch dasselbe ...« – ebd., S. 100.
»Töten, das ist eine unangenehme Notwendigkeit ...« – ebd., S. 195.
»Zwölf Jahre vor dem Machtantritt Hitlers ...« – I. Ehrenburg, *Menschen*, a. a. O, Bd. I, S. 419.
In der prosowjetischen Tageszeitung *Nakanune* ... – *Nakanune*, 29. Oktober 1922.
»ekelhafte Hände ...« – Ilja Ehrenburg: *Die Liebe der Jeanne Ney*, Berlin 1931, S. 128.
»Es ist die bequemste Stadt Europas ...« – I. Ehrenburg, *Visum*, a. a. O, S. 41.
»Berlin ist der Apostel des Amerikanismus« – ebd., S. 41.

Maxim Gorki

»Hier in Deutschland herrscht eine Atmosphäre ...«– zitiert nach: *Vorwärts*, 8. Januar 1922.
»Der Herzbeutel ist aus irgendeinem Grund ...« – zitiert nach: Geir Kjetsaa: *Maxim Gorki. Eine Biographie*, Hildesheim 1996, S. 288.
»Kaufen Sie für Gorki bitte Pauspapier ...« – *A. M. Gorki i M. I. Budberg. Perepiska (1920–1936)*, Archiv A. M.Gorkogo, Bd. XVI, Moskau 2001, S. 78.
»Ohne sie wäre ich wie ohne Hände und ohne Zunge.« – G. Kjetsaa, a. a. O, S. 291.
»ungewöhnlich willensstark« – *A. M. Gorki i M. I. Budberg*, a. a. O, S. 16.
»Wo sind die langen Haare ...« – ebd., S. 287.
Dazu zählte seine frühere Geliebte Warwara Schaikjewitsch ... – Arkadi Waksberg: *Gibel burewestnika. M. Gorki: Poslednije dwadzat let*, Moskau 1999, S.148–149.
»Mit Gorki zu streiten war nicht möglich ...« – Neiswestnaja Berberowa, *Roman – stichi – statji*, St. Petersburg 1998, S. 192–193.
»Er zeigte ein herablassendes, oft unangenehmes Lächeln ...« – ebd., S. 186.
»Trotz ihres Alters war sie noch schön ...« – ebd., S. 191.
»Geduldig und Schritt für Schritt ...« – Wladislaw Chodassewitsch: *Nekropol. Wospominanija*. Moskau 1996, S. 212.
»Was für ein widerwärtiges, vermodertes Publikum ...« – A. Waksberg, a. a. O, S. 174.
»Kosten für Heilbehandlung« – ebd., S. 171.
In der Moskauer Geheimdienstzentrale ... – Witali Schentalinski: *Das auferstandene Wort. Verfolgte russische Schriftsteller in ihren letzten Briefen, Gedichten und Aufzeichnungen*. Bergisch Gladbach 1996, S. 470.
Als er erfährt, dass die Schriften ... – G. Kjetsaa, a. a. O, S. 299.

Lenin nannte demnach Gorkis offenen Brief ... – A. Waksberg, a. a. O, S. 162.
Trotzki allerdings wies die Presse an ... – G. Kjestaa, a. a. O, S. 296.
»Solch eine Zeitschrift ist absolut notwendig ...« – Iossif Wainberg: Berlinskij shurnal »Besjeda« i swoi sotrudniki, in: *Jewrei w kulture Russkogo Sarubeshja*, Jerusalem 1995, Bd. IV, S. 187.
Trotzki nannte *Besseda* »bürgerlich und schädlich« ... – Iossif Wainberg: Shisn i gibel berlinskogo shurnala Gorkogo »Besjeda«, in: *Nowoje Literaturnoje Obosrenije* (Moskau) 21/1996, S. 369.
»Sie haben Gorki einfach an der Nase herumgeführt.« – ebd., S. 371.
»Ich verspüre nicht den geringsten Wunsch ...« – *M. Gorki i R. Rollan*, Archiv A. M. Gorkogo, Bd. XV, Moskau 1995, S. 59.

Andrej Bely

»Vom Bahnhof geriet man in den Teil Berlins ...« – zitiert nach: Fritz Mierau (Hrsg.): *Russen in Berlin*, Leipzig 1988, S. 56.
»Die ganze Nacht konnte ich kein Auge zutun ...« – Jossif Gessen: *Gody isgnanija. Shisnenny otschot*, Paris 1979, S. 54.
Sie erklärte jedem, der sie danach fragte ... – Roman Gul: *Ja unes Rossiju. Apologija emigrazii*, Bd. I, New York 1981, S. 79.
»Kussikow ist ein besonders schlimmer Rüpel ...« – zitiert nach: Raschit Jangirow: Berlinskoje perekrjostok Andreja Belogo, in: *Russkaja Mysl*, 5. April 2001.
»Sie setzte alles daran, den Bruch mit ihrem Gefährten ...« – Alexander Bachrach: Andrej Belyj in Berlin, in: *Kontinent* (Frankfurt) 3 (1975), S. 167.
»Glauben Sie etwa, sie brauche ihn ... – Marina Zwetajewa: Der Gefangene Geist, in: *Kontinent*, a. a. O, S. 189.
Sie sei eine herbe Frau ... – A. Bachrach, a. a. O, S. 183.
»Seine Trunksucht, sein endloses Gerede ...« – Nina Berberowa: *Ich komme aus St. Petersburg. Autobiographie*, Düsseldorf 1990, S. 190.
»In der Nacht verlangte Bely laut vor der Tür Einlass ...« – N. Berberowa, ebd.
»In den Vitrinen, arrangiert von den Händen der Dekorateure ...« – Andrej Bely, Wie schön es in Berlin ist, in: *Russen in Berlin*, a. a. O, S. 57–58.
»Wer aus Russland kommt ...« – ebd., S. 59.
»Nacht! Tauentzien! Kokain! ...« – ebd., S. 58.
»Ein Mann kommt vorbei ...« – ebd., S. 61–62.
»Eine Zeit lang ging ich gern in ein ärmliches Bierlokal ...« – ebd., S. 62.
»Was stehst hinter der Theke du ...« – Nachdichtung von J. R., in: *Kontinent*, a. a. O, S. 173.
»In jedem, der ihm bei diesem Treiben zusah ...« – A. Bachrach, a. a. O, S. 171.
Ehrenburg fiel auf, dass er »deutsche Verkäuferinnen erschreckte« – Ilja Ehrenburg: *Menschen Jahre Leben.*, Bd. II, Berlin/DDR, S. 42.
»Alle sahen ihn wie in einem Schauspiel ...« – *Russen in Berlin*, a. a. O, S. 47.
»ein sadistisches Vergnügen« – A. Bachrach, a. a. O, S. 175.
»Erstaunlich war Belys körperliche Kondition ...« – ebd.
»Silber, Kupfer, Lasur ...« – M. Zwetajewa, a. a. O, S. 39.
»Schon lange nervenkrank ...« – zitiert nach: R. Jangirow, a. a. O, 12. April 2001.
»Sein Berliner Leben wurde letztlich ein Misserfolg ...« – Boris Saizew: *Daljokoje*, Washington 1965, S. 36.
»Über ›Russland‹ in Russland und ›Russland‹ in Deutschland« – Andrej Bely: O »Rossii« w Rossii i o »Rossii« w Germanii, in: *Besseda* 1(1923), S. 211–237.
»Große, weit aufgerissene Augen ...« – I. Ehrenburg, a. a. O, S. 40.
»Schwierigkeiten mit dem Wohnungsamt« – zitiert nach: Konstantin Motschulski: *Andrej Bely*, Paris 1955, S. 246.
»Am liebsten würde ich nach Dornach fahren ...« – zitiert nach: ebd., S. 247.

»poetisches Wunder« – zitiert nach: Anna Saakjanz: Wstretscha poetow, in: *Woprosy literatury* (Moskau) 4, 1982, S. 276.
»Ich bin gemartet! ...« – M. Zwetajewa, a. a. O, S. 51.
»um sich für die russische Literatur kreuzigen zu lassen ...« – N. Berberowa, a. a. O, S. 198–199.
»Aber bitte nicht für mich! ...« – ebd.
»Bely ist tot« – Lew Trotzki: *Literatura i rewoljuzija*, Moskau 1922, S. 40.
»Nicht jetzt, nicht jetzt, nicht jetzt!« – N. Berberow, a. a. O, S. 199.
»All das liegt in einem braunen ...« – Andrej Bely: *Odna is obitelej zarstwa tenej*, Leningrad 1924, S. 7.
Berlin blieb für Bely ein »organisierter, systematisch in die Realität ...« – ebd., S. 36.
»Auge Gottes« – Nachdichtung von J. R., in: Lew Kopelew (Hrsg.): *Deutsche und Deutschland in der russischen Lyrik des frühen 20. Jahrhunderts*, München 1988, S. 50–53.

Viktor Schklowski

»Ich wollte ehrlich leben ...« – Viktor Šklovskij: *Zoo oder Briefe nicht über die Liebe*, Frankfurt/M. 1980, S. 6.
»Asphalt, das war neu für mich ...« – ders.: *Sobranije sotschinenij w 3 tomach*, Moskau 1974, Bd. III, S. 111.
»Und nun lebe ich unter Emigranten ...« – ders.: *Sentimentalnoje puteschestwije 1917–1922*, Moskau/Berlin 1923, S. 391.
»Ich bin jetzt verwirrt ...« – ders.: *Zoo*, a. a. O, S. 21.
Triolet habe sich mehr für Pferde ... – Ilja Ehrenburg: *Menschen Jahre Leben. Memoiren*, Bd. II, Berlin/DDR, 1978, S. 23.
»Es gab die morgendlichen Gehsteige ...« – V. Šklovskij: *Zoo*, a. a. O, S. 8.
»Mit ihm ist es unkompliziert ...« – zitiert nach: Fritz Mierau: *Zwölf Arten, die Welt zu beschreiben. Essays zur russischen Literatur*, Leipzig 1988, S. 110.
»Marsbewohner« – Alexej Remisow, Das Gespenst, in: *Neue Schweizer Rundschau* 21, Jg. 1921, S. 380.
»verirrtes Pferd« – Alexander Bachrach: *Po pamjati, po sapisjam. Literaturnye portrety*, Paris 1980, S. 121.
»Er trug ständig ein Lächeln im Gesicht ...« – Nina Berberowa: *Ich komme aus St. Petersburg. Autobiographie*, Düsseldorf 1990, S. 234.
»kleiner Tatar« – V. Šklovskij: *Zoo*, a. a. O, S. 39.
»Diesen Verehrer werde ich überhaupt nicht los ...« – ebd., S. 22.
»Ich liebe dich nicht ...« – ebd., S. 26.
»Die U-Bahn fliegt aus der Erde empor ...« – ebd., S. 76.
»Der Weg ist weit ...« – ebd., S. 78.
»Es geht sich gut an diesen Kanälen entlang ...« – ebd., S. 104.
»Die Russen in Berlin ...« – ebd., S. 75.
»Er schrieb mehrere Bücher auf einmal ...« – Warlam Schalamow: *Wospominanija*, Moskau 2000, S. 74.
»Nirgendwohin fährt das russische Berlin ...« – V. Šklovskij: *Zoo*, a. a. O, S. 72.
»Der Hering war so hart ...« – N. Berberowa, a. a. O, S. 235.
»Im Angesicht der mächtigen, fremden See« – V. Schklowski: *O Majakovskom*, Moskau 1940, S. 177.
»Ich kann nicht in Berlin leben ...« – V. Šklovskij: *Zoo*, a. a. O, S. 122.
»ohne Bitterkeit, sogar mit einem Anflug von Übermut« – I. Ehrenburg: *Menschen Jahre Leben.* a. a. O, S. 23.
Der enttäuschte und ernüchterte Schriftsteller ... – N. Berberowa, a. a. O, S. 198.

Sergej Jessenin

»Die Berliner Atmosphäre hat mich total überreizt ...« – Sergej Jessenin: *Gesammelte Werke*, Bd. 3, Berlin 1995, S. 140.
»stammelnde, dreckige, schreckliche Russland« – zitiert nach: Fritz Mierau: *Sergej Jessenin*, Leipzig 1991, S. 262.
»Seine Augen? Jessenin sieht sie blau wie ›Kornblumen im Felde‹...« – ebd., S. 229–231.
»Sie sah noch gut aus ...« – Natalja Tolstaja-Krandijewskaja: S. Jessenin i I. Duncan, in: *S. A. Jessenin w wospominanijach sowremennikow*, Bd. 2, Moskau 1986, S. 17–18.
»Sie war die Verkörperung all dessen ...« – Maxim Gorki: Sergej Jessenin, in: *Literarische Porträts*. Berlin/Weimar 1966, S. 338.
»Im Falle meines Todes ...« – Irma Duncan, Allan Ross MacDugall: *Russkije dni Isadory Duncan i ejo poslednije gody w Franzii*, Moskau 1995, S. 93.
»Ihr schafft es trotzdem nicht, uns auszupfeifen ...« – Roman Gul: *Ja unes Rossiju. Apologija emigrazii*, Bd. I, New York 1981, S. 157.
»Ein merkwürdiges Paar ...« – zitiert nach: Viktor Petelin: *Sudba chudoshnika. Shisn, litschnost, twortschestwo Alekseja Nikolajewitscha Tolstogo*, Moskau 1985, S. 237.
»Mein Zylinder ...« – S. Jessenin, a. a. O, S. 145.
»Von dem lockigen, verspielten Knaben ...« – zitiert nach: N. Primotschkina: *Pisatel i wlast. M. Gorki w literaturnom dwishenii 20-ch godow*, Moskau 1996, S. 49.
»Man sagt von mir, ich sei eine Sau ...« – Ilja Ehrenburg: *Menschen Leben Jahre. Memoiren*, Bd. II, Berlin/DDR 1978, S. 24.
Kussikow schilderte, dass er sich einmal ... – F. Mierau, a. a. O, S.262–263.
»Leer. Nichtig. Besser nicht lesen.« – in: *S. A. Jessenin w wospominanijach*, a. a. O, S. 255.
»Ich war nie in der Kommunistischen Arbeiterpartei ...« – zitiert nach: *S. A. Jessenin w Wospominanijach*, a. a. O, S. 197.
»Hol sie doch der Teufel ...« – S. Jessenin, a. a. O, S. 145.
»Ich fahre nicht nach Moskau ...« – R. Gul, a. a. O, S. 166.
»Ich freue mich sehr. Nur tut es mir leid ...« – ebd., S. 159.
»Sie warf die Hälfte ihrer Tücher von sich ...« – V. Petelin, a. a. O, S. 242.
»Was soll ich euch über diese schauderhafte Herrschaft ...« – S. Jessenin, a. a. O, S.142.
»Alle ihre Banken und Schlösser ...« – ebd., S.151.
»Ihr verdammten Jidden, bindet mich los!« – Abracham Jarmolinski, Jessenin w New Yorke, in: *Nowy Shurnal* 95(1969), S. 112–119.
»Bombenschocks« und »Prohibitions-Whiskey« – F. Mierau, a. a. O, S. 282.
ISADORA BROWNING DARLING ... – Sergej Jessenin: *Pisma i dokumenty w stichach i shisni*, Moskau 1995, S. 123.
»Das Leben ist nicht dort, es ist bei uns.« – S. Jessenin, a. a. O, S.140.

Marina Zwetajewa

An Berlin – Nachdichtung von Maria Razumovsky, in: *Deutsche und Deutschland in der russischen Lyrik des frühen 20. Jahrhunderts*, München 1988, S. 195.
»Die ganze Welt schließt sich zusammen ...« – Nachdichtung von Josef Müller, in: ebd., S. 191.
»Ein sonniger Tag ...« – Ariadna Efron: *Stranizy wospominanij*, Paris 1979, S. 116.
»kleines Nipferd« – ebd., S. 127.
»aber kein Wort über die Liebe« – zitiert nach: Anna Saakjanz: *Marina Zwetajewa. Shisn i twortschestwo*, Moskau 1997, S. 306–307.
»zärtlich liebte« – M. Zwetajewa: *Sobranije sotschinenij w 7 tomach*, Moskau 1995, Bd. 6, S. 227.
»In der Eingangshalle ...« – A. Efron, a. a. O, S. 127.
»Wie lange standen sie da! ...« – ebd., S. 130.
»Wenn ich mit ihm zusammen bin ...« – M. Zwetajewa: *Sobranije*, a. a. O, S. 570.

»Jede meiner Beziehungen ist – eine Lawine ...« – ebd., S. 607.
»Welch ein Dämon ...« – zitiert nach: A. Saakjanz, a. a. O, S. 305.
»Sie war maßlos in der Liebe ...« – A. Efron, a. a. O, S. 117.
»Wir Männer sind schließlich Husaren ...« – A. Saakjanz, a. a. O, S. 305.
»Für eine Frau ist sie eher groß ...« – Roman Gul: *Ja unes Rossiju. Apologija emigrazii*, Bd. I., New York 1981, S. 60.
Anderen Zeitgenossen fielen ihre breiten Schultern ... – Mark Slonim, O Marine Zwetajewoj, in: *Nowy Shurnal* 100 (1970), S. 155.
Die damals junge und attraktive Dichterin Nina Berberova ... – Nina Berberowa: *Ich komme aus St. Petersburg. Autobiographie*, Düsseldorf 1990, S. 246.
»Pasternak ist gewaltiger ...« – A. Saakjanz, a. a. O, S. 311.
»Ich trage es mit mir ...« – M. Zwetajewa: *Prosa*, Zürich/Köln 1973, S. 12.
»Wir begannnen mit dem Karussell ....« – A. Efron, a. a. O, S. 135.
»Die beste Erinnerung an die Berliner Zeit ...« – M. Zwetajewa: *Sobranije*, a. a. O, S. 227.
»Es war die Flucht der Nymphe ...« – A. Efron, a. a. O, S. 162.
»Im Leben wie im Schaffen ...« – zitiert nach: M. Zwetajewa: *Das alte Haus am Pimen*, Leipzig 1989, S. 174.
»Ich riss mich von Berlin los ...« – M. Zwetajewa: *Sobranije*, a. a. O, S. 569.

Wladislaw Chodassewitsch

»Alles aus Stein« – Nachdichtung von Kay Borowsky, in: *Deutsche und Deutschland in der russischen Lyrik des frühen 20. Jahrhunderts*, München 1987, S. 69.
»nackte Schildkröte« – Roman Gul: *Ja unjos Rossiju. Apologija emigrazii*, Bd. I., New York 1981, S. 73.
»Wiederherstellung der Gesundheit«, »Vervollkommnung der Bildung« – Nina Berberowa: *Ich komme aus St. Petersburg. Autobiographie*, Düsseldorf 1990, S. 181.
»Chodassewitsch ist überhaupt kein Mensch ...« – Marina Zwetajewa: *Sobranije sotschinenij w 7 tomach*, Moskau 1995, Bd. 6, S. 579.
»besten der modernen Dichter« – Maxim Gorki: *Literaturnoje nasledstwo*, Bd. 70, Moskau 1963, S. 285.
»Ein merkwürdiger Mensch ...« – M. Gorki, a. a. O, S. 567.
Berlinerisches – Nachdichtung von Kay Borowsky, in: *Deutsche und Deutschland*, a. a. O, S. 71.

Boris Pasternak

»Berlin erschien mir wie eine Stadt ...« – Boris Pasternak: *Gedichte, Erzählungen »Sicheres Geleit«*, Frankfurt/M. 1959, S. 135.
»Bald hatte ich mich an Berlin gewöhnt ...« – ders.: *Prosa 1915–1958*, Ann Arbor 1961, S. 19.
»Sie war anmutig und schlank ...« – *Wospominanija o Borise Pasternake*, Moskau 1993, S. 111.
»mangelhaften Gedichten« – Ilja Ehrenburg: *Menschen Jahre Leben. Memoiren*, Bd. I, Berlin/DDR 1978, S. 275.
Sehr direkt habe Trotzki ihn gefragt ... – Pasternak i Brjussow. K istorii otnoschenij, in: *Russia/Rossija* 3 (1977), S. 248–249.
»gänzlich unverdienten und nicht nachvollziehbaren Höhe« – ebd., S.247.
»Pasternak wollte keinen Ruhm ...« – Marina Zwetajewa: *Nessobrannye proiswedenija*, München 1971, S. 641.
»der bald zum Himmel, bald in den Abgrund schnellte« – Margarita Woloschin: *Die grüne Schlange. Lebenserinnerungen*, Stuttgart 1954, S. 369.
Bely habe sich beklagt ... – Nina Berberowa: *Ich komme aus St. Petersburg. Autobiographie*, Düsseldorf 1990, S. 236.
»Pasternak erschien damals noch sehr naiv ...« – Alexander Bachrach: *Po pamjati, po sapisjam*, Paris 1980, S. 64–65.

Manchmal soll er allein durch die Straßen gegangen sein ... – Roman Gul: *Ja unes Rossiju. Apologija emigrazii*, Bd. I., New York 1981, S. 76.
»In Berlin ist Pasternak voller Unruhe ...« – Viktor Šklovskij: *Zoo oder Briefe nicht über die Liebe*, Frankfurt/M. 1980, S. 72.
In dem Brief schrieb er wehleidig ... – B. Pasternak: *Sobranije sotschinenij w 5 tomach*, Bd. 5, Moskau 1992, S. 137.
Doch schon eine Woche später konnte Pasternak ... – ebd.
»Groß, plump, etwas eckig ...« – Boris Saizew: O Pasternake, in: *Russkaja Mysl*, 29. März 1958.
»Die äußere Erscheinung Patsernaks ...« – Marina Zwetajewa: *Prosa*, Zürich/Köln 1973, S. 114.
Gleisdreieck – Nachdichtung von Richard Petraß, in: *Russen in Berlin*, Leipzig 1987, S. 69.
»Es war klar, dass er sich im Zustand ...« – *Wospominanija*, a. a. O, S. 26.
»Berlin ist für mich völlig unnütz ...« – B. Pasternak: *Sobranije*, a. a. O, S. 139–140.

Wladimir Majakowski

»Im Wagen/ den Kurfürstendamm hinsausend ...« – Wladimir Majakowski: *Gesammelte Werke*, Hrsg. u. übersetzt von Hugo Huppert, Bd. 1, Berlin/DDR 1966, S.95–97.
»Heilkur« und »Bad Kissingen« – Arkadi Waksberg: *Lilja Brik. Shisn i sudba*, Moskau 1998, S. 124.
»Ich habe nie jemanden anderen geliebt als Wolodja ...« – ebd., S. 136.
»Die Tragödie in diesem Dreieck ...« – Wassili Katanjan: *Lilja Brik – Wladimir Majakowski i drugie mushtschiny*, Moskau 1998, S. 37.
Ein gemeinsamer Freund der drei kam zum selben Schluss ... – A. Waksberg, a. a. O, S.136–137.
»Gelegentlich langweilt er mich mit Eifersuchtsszenen« – Alexej Michailow: *Totschka puli w konze. Shisn Wladimira Majakowskogo*, Moskau 1993, S. 305.
In Emigrantenkreisen war dies ... – Roman Gul: *Ja unes Rossiju. Apologija emigrazii*, Bd. I, New York 1981, S. 155
»Mein Gott, für uns waren die Tschekisten ...« – A. Waksberg, a. a. O, S. 122.
Boris Pasternak meinte später ... – R. Gul, a. a. O, S. 155.
»Mir schwebte vor, dass wir gemeinsam ...« – Lilja Brik: *Schreib Verse für mich. Erinnerungen an Majakowski und Briefe*, Berlin 1991, S. 79.
Wein und Bier trank er nur ... – Viktor Schklowski: *Sobranije sotschinenij w 3 tomach*, Bd. 3, Moskau 1974, S. 112.
»Majakowski hielt alle frei ...« – L. Brik, a. a. O, S. 81.
Noch einen anderen Spruch ... – *Majakowski in Deutschland. Texte zur Rezeption 1919 1930*, Berlin/DDR 1986, S. 163.
Nicht alle fanden das mehr oder wenig ernst gemeinte großspurige Auftreten ... – W. Katanjan, a. a. O, S. 31.
»Trotz der unglückseligen Blasierheit ...« – Jewgeni Pasternak: *Boris Pasternak. Bografija*, Moskau 1997, S. 350.
Manchmal habe er stundenlang geschwiegen ... – L. Brik, a. a. O, S. 102.
»seine forsche, manchmal an einen Boxer erinnernde Herkulesgestalt ...« – *Erinnerungen an Majakowski*, Leipzig 1977, S. 265.
»großartigen Künstler ...« – *Majakowski in Deutschland*, a. a. O, S. 141.
»Er verhielt sich in Deutschland ...« – *Erinnerungen*, a. a. O, S. 161.
»Ein russischer Dichter und Erzähler ...« – A. Michailow, a. a. O, S. 299.
Bely aber bemerkte diplomatisch ... – *Dni*, 7. November 1922.
»Majakowski benahm sich unverschämt ...« – Warlaam Schalamow: *Wospominanija*, Moskau 2000, S. 48.
»Er wirkte ungewöhnlich stark ...« – *Erinnerungen*, a. a. O, S. 223.

»Ein anständiger, geschäftiger Bürger...« – Ilja Ehrenburg: *Portrety russkich poetow*, Berlin 1922, S. 113.
»Jessenin ließ sich von den Frauen gefangen nehmen ...« – A. Michailow, a. a. O, S. 344.
Dieser soll, so berichtete Lilja Brik, verbreitet haben ... – ebd., S.401.
»In der Literatur gibt es keinen Schriftsteller ...« – W. Katanjan: *Lilja Brik. Shisn*, Moskau 2002, S. 38.
»sich den Magen verderben«, »poetische Impotenz« – A. Michailow, a. a. O, S. 338–339.
Majakowski sprach im Politechnikum ... – A. Michailow, a. a. O, S. 303.
»Das waren Erlebnisse und Beobachtungen aus zweiter Hand! ...« – L. Brik, a. a. O, S. 82.
»Bei der Einfahrt nach Berlin ...« – W. Majakowski: *Werke in zehn Bänden*, Bd. 7, Frankfurt/M., S. 35.
»Sowjetdamen und Sowjetherren ...« – *Rul*, 2. Mai 1924.
»Hier steht ein revolutionärer Künstler ...« – *Berliner Begegnungen. Ausländische Künstler in Berlin 1918–1933*, Berlin/DDR 1987, S. 39.
»Als ich ins Hotel kam ...« – *Berliner Begegnungen*, a. a. O, S. 40–41.
»In der Abteilung für Damenwäsche ...« – ebd., S. 41.
»In Hannover erreicht ein Mann im letzten Moment ...« – A. Michailow, a. a. O, S. 393.
IN BERLIN: Strickkostüm Größe 44 ... – W. Katanjan: *Lilja Brik – Wladimir Majakowski*, a. a. O, S. 78–79.
»Sie haben mich verstanden ...« – Hugo Huppert: *Majakowski. In Selbstzeugnissen und Bilddokumenten*. Reinbek 1965, S. 135.

Vladimir Nabokov

»Blaue Abende in Berlin...« – Vladimir Nabokov: *Erinnerung, sprich. Wiedersehen mit einer Autobiographie*. Reinbek 1991, S. 382.
»Nach meiner Übersiedlung nach Berlin ...« – ders.: *Deutliche Worte*, Reinbek 1993, S.294–295.
Berliner Frühling – Nachdichtung von Kay Borowsky, in: *Deutsche und Deutschland in der russischen Lyrik des frühen 20. Jahrhunderts*, München 1988, S. 81.
Am 28. März 1922 begrüßte der liberale Politiker ... – Jossif Gessen: *Gody isgnanija. Shisnenny otschot*, Paris 1979, S. 134–135.
Erst von der Geburt Dmitris an ... – V. Nabokov: *Erinnerung*, a. a. O, S.402–403.
Vera etwa berichtete, dass sie an einem Anschlag ... – Andrew Field: *VN – The Life and Art of Vladimir Nabokov*, New York 1986, S. 108.
»Wir garantieren die beste Freiheit ...« – V. Nabokov: *Deutliche Worte*, a. a. O, S.156–157.
»Graufüßige Hausfrauen saßen in Unterwäsche ...« – V. Nabokov: *Erinnerung*, a. a. O, S. 414.
»Die hoffnungslose, gottlose Leere ...« – V. Nabokov: *Die Gabe*, Reinbek 1993, S. 548.
»Wir waren immer träge ...« – A. Field, a. a. O, S. 155.
Einer russischen Journalistin vertraute ... – Sinaida Schachowskaja: *W poiskach Nabokova*, Paris 1979, S. 35.
Die Arbeitgeber (darunter die Anwaltskanzlei ...) – A. Field: *Vladimir Nabokov in Part*, New York 1977, S.199–200.
»Meine Lage ist so schwierig geworden ...« – Brian Boyd: *Vladimir Nabokov – The Russian Years*, Princeton NJ 1990, S. 460.
»Es ist ein widerwärtiges und furchtbares Land ...« – A. Field: *V. Nabokov in Part*, a. a. O, S. 201.
»Vor einer kleinen Kanzel ...« – V. Nabokov: *Die Gabe*, a. a. O, S. 507.
»Wegen dieser niedrigen Stirn ...« – ebd., S. 133–134.
»Alle hatten ihren Heidenspaß« – V. Nabokov: *Erzählungen 2. 1935–1951*, Reinbek 1989, S. 118.
»So lange ich lebe ...« – Dieter E. Zimmer: Despot in meiner Welt. Ein Gespräch mit Vladimir Nabokov, in: *Die Zeit*, 28. Oktober 1966.

Der Klub der Berliner Poeten

»Wie einem Toten die Haare ...« – *Nakanune*, 29. Februar 1924.
»Sie war ein großes, plumpes, unattraktives Mädchen ...« – Sergej Sutschkow, Nado shit – ne nado wspominat, in: *Russkaja Mysl*, 9. Dezember 1999.
»Hier kann ich mich nicht einmal ...« – zitiert nach: Amory Burchard: *Klubs der russischen Dichter in Berlin 1920–1945*, München 2001, S. 241.
Meine Stadt – Raisa Bloch: *Moj gorod*, Berlin 1928.
»Wortspielereien« und »schiefe Symbole« – *Rul*, 7. März 1928.
Die unter dem bekannten Pseudonym V. Sirin ... – A. Burchard, a. a. O, S. 243.
»Er war ein molliger Junge ...« – Jewgenija Kannak, Berlinskij krushok poetow (1928–1933), in: *Russki Almanach*, Paris 1981, S. 363.
»Hier ist es so trostlos ...« – A. Burchard, a. a. O, S. 244.
»Der Klub setzt sich zum Ziel ...« – ebd., S. 244–246.
Als der junge Nikolai Eljaschow ... – J. Kannak, a. a. O, S. 364.
Raissa Bloch schrieb an einen Bekannten ...– A. Burchard, a. a. O, S. 251.
»Übrigens muss man sagen ...« – ebd., S. 252.
»Die Fresse verrät den Dummen ...« – Nachdichtung von A. Burchard, ebd., S. 253.
»Ich bin weder jung, noch ein Dichter ...« – Brian Boyd: *Vladimir Nabokov. The Russian Years*, Princeton NJ 1990, S. 354.
»Sie – ein Petersburger Träumer ...« – Nachdichtung von A. Burchard, a. a. O, S. 257.
Fehrbelliner Platz – Nachdichtung von Kay Borowsky, in: *Deutsche und Deutschland in der russischen Lyrik des frühen 20. Jahrhunderts*, München 1987, S. 91.
»Ich gehe durch das verschneite Berlin ...« – T. P. Woronowa, Raissa Bloch – russkaja poetessa i istorik sapadnego srednewekowja, in: *Problemy istoschnikowedtscheskogo isutschenija istorii russkoj i sowjetskoj literatury*, Leningrad 1989, S. 63.
»Die philosopisch-politischen Strömungen in der russischen Emigration« – *Osteuropa* 8. Jg. 1932/33, S. 279–294.
»Es kamen viele Leute ...« – A. Burchard, a. a. O, S. 274.
»Mein junger Freund« – T. Woronowa, a. a. O, S. 65.
»Schon zehn Jahre lebe ich hier ...« – ebd., S. 71–72.
»Das Volk der Dichter und Denker ...« – ebd., S. 70.
Mit Erleichterung vermerkte sie ... – Viktor Kelner, »Sdes schumjat tschushie goroda i tschuszaja plestschotsja woda ...«. O poetesse Raisse Bloch, in: *Jewrei w kulture Russkogo Sarubeshja*, Bd. I, Jerusalem 1992, S. 258.

Bildnachweis

akg-images, Berlin: 66 (rechts), 85 (links), 88, 120, 179 (rechts)
Berlinische Galerie, Landesmuseum für Moderne Kunst, Photographie und Architektur, Photographische Sammlung: 166
Bildarchiv Preußischer Kulturbesitz, Berlin: 27, 53 (links), 159
Landesarchiv Berlin: 35 (rechts), 43 (links), 104 (rechts)
Dmitri Nabokov Archive, Montreux, The Nabokov Estate: 194, 197 (links), 197 (rechts), 205
Polish Scientific Publishers PWN, Warschau: 35 (links)
ullstein bild, Berlin: 13
VG Bild-Kunst, Bonn, © 2003 für die Werke von Alexander Rodtschenko: 104 (links), 166, 179 (links)

Umschlagfotos:

Sergej Jessenin, Vladimir Nabokov, Marina Zwetajewa (Vorderseite, von links nach rechts)
Wladimir Majakowski, Boris Pasternak, Maxim Gorki (Rückseite, von links nach rechts)

akg-images, Berlin: Maxim Gorki, Wladimir Majakowski
Dmitri Nabokov Archive, Montreux, The Nabokov Estate: Vladimir Nabokov

Hinterlegung:

Berliner Stadtplan. Pharus-Plan Berlin 1925

akg-images, Berlin

Frontispiz:

Isadora Duncan und Sergej Jessenin

Lektorat: Uta Rüenauver, Berlin
Bildredaktion: Katja Klier, Berlin
Einbandgestaltung: Pauline Schimmelpenninck, Berlin
Repro: Mega-Satz-Service, Berlin
Druck und Bindung: Bosch Druck, Ergolding

ISBN 3-89479-097-0